合同审查与修改实务

杨司和——著

法律出版社 LAW PRESS·CHINA
北京

图书在版编目(CIP)数据

合同审查与修改实务 / 杨司和著. -- 北京:法律出版社,2022
ISBN 978-7-5118-8413-8

Ⅰ.①合… Ⅱ.①杨… Ⅲ.①合同法-研究-中国 Ⅳ.①D923.64

中国版本图书馆 CIP 数据核字(2021)第 274130 号

合同审查与修改实务
HETONG SHENCHA YU XIUGAI SHIWU

杨司和 著

策划编辑 周 洁 朱轶佳 余群化
责任编辑 周 洁 朱轶佳 余群化
装帧设计 马 帅

出版发行 法律出版社
编辑统筹 司法实务出版分社
责任校对 王晓萍
责任印制 胡晓雅
经　　销 新华书店

开本 710 毫米×1000 毫米 1/16
印张 20.5 **字数** 300 千
版本 2022 年 3 月第 1 版
印次 2022 年 3 月第 1 次印刷
印刷 固安华明印业有限公司

地址:北京市丰台区莲花池西里 7 号(100073)
网址:www.lawpress.com.cn
投稿邮箱:info@lawpress.com.cn
举报盗版邮箱:jbwq@lawpress.com.cn
销售电话:010-83938349
客服电话:010-83938350
咨询电话:010-63939796

书号:ISBN 978-7-5118-8413-8
定价:78.00 元

自　序

笔者所在的律师事务所是一家以非诉讼业务为特色的律师事务所，而在非诉讼业务中又以合同审查最是繁忙，在主任律师以及创始合伙人的带领下，审查合同数量之多，审查人数之多，可谓超乎想象，有时候审查合同的数量仅一年就达五百余份。而笔者审查合同的数量则相形见绌。也许正是闲暇的缘故才可能腾出时间写点东西。

合同审查与修改，绝非有什么统一标准，仁者见仁，智者见智，每个律师有每个律师的审查方法，每个律师有每个律师的修改心得，各有千秋，只要符合当事人的交易目的，就算合格。没有最好，只有适合，适合当事人的需求才是合格。

本书分为上下两篇，上篇主要介绍所有合同的一般审查与修改思路，共四章，第一章是合同审查背景，包括审查角度、审查范围、修改幅度和修改高度。第二章是合同整体审查的基本方法，包括审查合同框架是否完整、多余。第三章是合同条款审查的基本方法，包括规范性审查、合法性审查、倾向性审查、实用性审查、完备性审查、简洁性审查、语言歧义审查及其修改示例。第四章是合同常用条款的审查与修改，包括主体条款的审查与修改、标的条款的审查与修改、价款条款的审查与修改、履行期限条款的审查与修改、履行方式条款的审查与修改、质量条款的审查与修改、违约责任条款的审查与修改、免责条款的审查与修改、送达与通知条款的审查与修改等。下篇主要介绍各类有名合同的审查与修改方法，共九章，包括买卖合同、租赁合同、借款合同、保证合同、仓储合同、广告合同、委托合同、承揽合同、运输合同九类合同的审查与修改方法。每章的主要结构为合同的框架审查与修改，具体条款的审查与修改，综合审查与修改，同时，每一部分均有示例，包括示例原稿、示例审查建议、示例修改示范。

本书的出版得到法律出版社周洁编辑的大力支持，在此表示由衷的感谢，同时感谢湖南奥谱隆股份有限公司的诸多帮助。

本书起草的目的，主要是对笔者本人执业中的一个小结，有不同的思考想与大家一起分享，由于本书笔者的水平有限，书中难免出现不足，欢迎大家批评指正。批评意见稿请邮至：13707454495@126. com，十分感谢。

杨司和

2021 年 12 月

目　录

上　篇

第一章　合同审查背景 …… 3
第一节　合同审查角度 …… 3
一、合同审查角度的意义 …… 3
二、合同审查角度示例 …… 3
第二节　合同审查范围 …… 5
一、合同审查范围的确定 …… 5
二、合同审查范围示例 …… 5
第三节　修改幅度 …… 8
一、修改幅度的意义 …… 8
二、修改幅度示例 …… 9
第四节　修改高度 …… 13
一、修改高度的意义 …… 13
二、修改高度示例 …… 13

第二章　合同整体审查的基本方法 …… 16
第一节　审查合同框架是否完整 …… 16
一、审查必备条款是否具备 …… 16
二、审查主要条款是否具备 …… 18
三、审查特需条款是否具备 …… 20

四、审查风险防范条款是否具备…………………………………… 21
五、审查配套条款是否具备……………………………………………… 22
第二节 审查合同框架是否多余……………………………………………… 23
一、审查有无重复条款……………………………………………………… 23
二、审查有无无用条款……………………………………………………… 24
三、审查有无矛盾条款……………………………………………………… 24
四、审查合同内容是否已有法律规定………………………………… 25
五、审查有无违法条款……………………………………………………… 26

第三章 合同条款审查的基本方法…………………………………………… 27
第一节 规范性审查…………………………………………………………… 27
一、规范性审查的审查要点………………………………………………… 27
二、规范性审查示例………………………………………………………… 27
第二节 合法性审查…………………………………………………………… 29
一、合法性审查的审查要点………………………………………………… 29
二、合法性审查示例………………………………………………………… 29
第三节 倾向性审查…………………………………………………………… 33
一、倾向性审查的审查要点………………………………………………… 33
二、倾向性审查示例………………………………………………………… 33
第四节 实用性审查…………………………………………………………… 37
一、实用性审查的审查要点………………………………………………… 37
二、实用性审查示例………………………………………………………… 37
第五节 完备性审查…………………………………………………………… 39
一、完备性审查的审查要点………………………………………………… 39
二、完备性审查示例………………………………………………………… 39
第六节 简洁性审查…………………………………………………………… 43
一、简洁性审查的意义……………………………………………………… 43
二、简洁性审查的审查要点………………………………………………… 44
三、简洁性审查的方法及审查示例……………………………………… 44

第七节　语言歧义审查……45
一、语言歧义审查的意义……45
二、语言歧义审查的要点及审查示例……45

第四章　合同常用条款的审查与修改……48
第一节　合同主体条款的审查与修改……49
一、合同主体条款的形式审查……49
二、合同主体条款的实质性审查……50
三、合同主体条款审查与修改示例……51
第二节　合同标的条款的审查与修改……52
一、合同标的条款的审查要点……52
二、合同标的的表述方法……52
三、合同标的条款审查与修改示例……54
第三节　价款条款的审查与修改……55
一、价款条款的审查要点……55
二、价款条款审查与修改示例……56
第四节　履行期限条款的审查与修改……56
一、履行期限条款的审查要点……56
二、履行期限条款审查与修改示例……57
第五节　履行方式条款的审查与修改……58
第六节　质量条款的审查与修改……58
一、质量条款的审查要点……58
二、质量条款审查与修改示例……60
第七节　违约责任条款的审查与修改……60
一、违约责任的类型……60
二、违约责任的具体应用……62
三、违约责任条款审查与修改示例……65
第八节　免责条款的审查与修改……66
一、免责条款的审查要点……66

二、免责条款审查与修改示例 …… 66
第九节 送达与通知条款的审查与修改 …… 67
一、送达与通知条款的作用 …… 67
二、送达、通知条款的审查要点与审查修改示例 …… 68

下 篇

第一章 买卖合同的审查与修改 …… 71
第一节 买卖合同的概念与主要特征 …… 71
一、买卖合同的概念 …… 71
二、买卖合同的主要特征 …… 71
第二节 买卖合同的框架审查与修改 …… 72
一、买卖合同主要框架的依据 …… 72
二、买卖合同的主要框架 …… 74
三、买卖合同的框架审查与修改 …… 74
第三节 买卖合同具体条款的审查与修改 …… 79
一、买卖合同主体条款的审查与修改 …… 79
二、标的条款的审查与修改 …… 81
三、交付条款的审查与修改 …… 83
四、质量条款的审查与修改 …… 85
五、质量异议条款的审查与修改 …… 86
六、包装条款的审查与修改 …… 88
七、价格条款的审查与修改 …… 90
八、保修条款的审查与修改 …… 92
九、质量保证金条款的审查与修改 …… 93
第四节 买卖合同综合审查与修改示例 …… 94
一、买卖合同原稿 …… 95
二、买卖合同修改过程稿（代表买受人审查修改） …… 96
三、买卖合同修改意见稿 …… 101

第二章 租赁合同的审查与修改 …… 104
第一节 租赁合同的概念与主要特征 …… 104
一、租赁合同的概念 …… 104
二、租赁合同的主要特征 …… 104
第二节 租赁合同的框架审查与修改 …… 105
一、租赁合同主要框架的依据 …… 105
二、租赁合同的主要框架 …… 107
三、租赁合同主要框架的审查与修改示例 …… 107
第三节 租赁合同具体条款的审查与修改 …… 113
一、租赁合同主体条款的审查与修改 …… 113
二、租赁物条款的审查与修改 …… 115
三、租赁期限条款的审查与修改 …… 117
四、租赁物用途条款的审查与修改 …… 118
五、租金条款的审查与修改 …… 119
六、保证金条款的审查与修改 …… 121
七、其他费用条款的审查与修改 …… 122
八、租赁物交付条款的审查与修改 …… 123
九、租赁物返还条款的审查与修改 …… 125
十、优先承租条款的审查与修改 …… 126
十一、租赁物维修条款的审查与修改 …… 127
十二、租赁物增设他物与扩建条款的审查与修改 …… 129
第四节 租赁合同综合审查与修改示例 …… 131
一、租赁合同原稿 …… 131
二、租赁合同修改过程稿（代表出租人修改） …… 133
三、租赁合同修改意见稿 …… 138

第三章 借款合同的审查与修改 …… 140
第一节 借款合同的概念与主要特征 …… 140
一、借款合同的概念 …… 140

二、借款合同的主要特征 …… 140
第二节 借款合同的框架审查与修改 …… 141
一、借款合同主要框架的依据 …… 141
二、借款合同的主要框架 …… 142
三、借款合同主要框架的审查与修改 …… 143
第三节 借款合同具体条款的审查与修改 …… 147
一、借款合同主体条款的审查与修改 …… 147
二、借款条款的审查与修改 …… 148
三、利率条款的审查与修改 …… 150
四、利息条款的审查与修改 …… 151
五、担保条款的审查与修改 …… 153
六、还款条款的审查与修改 …… 155
第四节 借款合同综合审查与修改示例 …… 156
一、借款合同原稿 …… 156
二、借款合同修改过程稿 …… 157
三、借款合同修改意见稿 …… 161

第四章 保证合同的审查与修改 …… 163
第一节 保证合同的概念与特征 …… 163
一、保证合同的概念 …… 163
二、保证合同的主要特征 …… 163
第二节 保证合同的框架审查与修改 …… 164
一、保证合同主要框架的依据 …… 164
二、保证合同的主要框架 …… 165
三、保证合同主要框架的审查与修改 …… 166
第三节 保证合同具体条款的审查与修改 …… 171
一、保证合同主体条款的审查与修改 …… 171
二、保证范围条款的审查与修改 …… 173
三、保证方式条款的审查与修改 …… 174

四、保证期间条款的审查与修改 …… 175
五、最高额保证条款的审查与修改 …… 177
第四节　保证合同综合审查与修改示例 …… 178
一、保证合同原稿 …… 179
二、保证合同修改过程稿（代表债权人一方修改） …… 180
三、保证合同修改意见稿 …… 182

第五章　仓储合同的审查与修改 …… 184
第一节　仓储合同的概念与主要特征 …… 184
一、仓储合同的概念 …… 184
二、仓储合同的主要特征 …… 184
第二节　仓储合同的框架审查与修改 …… 185
一、仓储合同的框架依据 …… 185
二、仓储合同的主要框架 …… 186
三、仓储合同主要框架审查与修改示例 …… 187
第三节　仓储合同具体条款的审查与修改 …… 191
一、仓储合同主体条款的审查与修改 …… 191
二、仓储物条款的审查与修改 …… 192
三、仓储场所条款的审查与修改 …… 194
四、仓储物保管条款的审查与修改 …… 195
五、仓储物出入库与验收条款的审查与修改 …… 196
六、仓储物损耗条款的审查与修改 …… 197
七、仓储费条款的审查与修改 …… 198
八、仓储物保险条款的审查与修改 …… 200
九、储存期限条款的审查与修改 …… 201
十、通知义务条款的审查与修改 …… 202
十一、违约责任条款的审查与修改 …… 203
十二、免责条款的审查与修改 …… 206

第六章　广告合同的审查与修改 …… 208
第一节　广告合同的主要特征 …… 208
一、广告合同的类型较多 …… 208
二、广告合同涉及的法律规范较多 …… 208
三、有些广告发布必须经过行政机关审批 …… 208
四、发布的广告内容的合法性要求严格，有些广告不得发布 …… 208
第二节　广告合同框架的审查与修改 …… 209
一、广告合同主要框架的依据 …… 209
二、广告合同的主要框架 …… 210
三、广告合同主要框架的审查与修改 …… 212
第三节　广告合同具体条款的审查与修改 …… 217
一、广告合同主体条款的审查与修改 …… 217
二、广告素材条款的审查与修改 …… 218
三、设计成果条款的审查与修改 …… 219
四、运送、摆放与安装条款的审查与修改 …… 220
五、安全保障条款的审查与修改 …… 222
六、广告维护条款的审查与修改 …… 223
七、广告费用条款的审查与修改 …… 224
八、保密条款的审查与修改 …… 226
九、知识产权条款的审查与修改 …… 227
十、广告发布条款的审查与修改 …… 228
第四节　广告合同综合审查与修改 …… 230
一、广告合同原稿 …… 230
二、广告合同修改过程稿（代表广告主一方） …… 232
三、广告合同修改意见稿 …… 236

第七章　委托合同的审查与修改 …… 238
第一节　委托合同的概念与主要特征 …… 238
一、委托合同的概念 …… 238

二、委托合同的主要特征 …………………………………… 238
第二节 委托合同的框架审查与修改 ……………………………… 239
一、委托合同的框架依据 …………………………………… 239
二、委托合同的主要框架 …………………………………… 240
三、委托合同主要框架的审查与修改 ……………………… 241
第三节 委托合同具体条款的审查与修改 ………………………… 246
一、委托合同主体条款的审查与修改 ……………………… 246
二、委托事务条款的审查与修改 …………………………… 247
三、委托要求条款的审查与修改 …………………………… 248
四、转委托条款的审查与修改 ……………………………… 250
五、排他性条款的审查与修改 ……………………………… 251
六、独家代理条款的审查与修改 …………………………… 252
七、费用条款的审查与修改 ………………………………… 253
八、报酬条款的审查与修改 ………………………………… 254
九、任意解除权条款的审查与修改 ………………………… 255
十、违约责任条款的审查与修改 …………………………… 256
第四节 委托合同的综合审查与修改示例 ………………………… 257
一、委托合同原稿 …………………………………………… 258
二、委托合同修改过程稿（这里代表委托人一方，与框架审查代表主体不一） …………………………………… 259
三、委托合同修改意见稿 …………………………………… 261

第八章 承揽合同的审查与修改 ………………………………… 263
第一节 承揽合同的概念与主要特征 ……………………………… 263
一、承揽合同的概念 ………………………………………… 263
二、承揽合同的主要特征 …………………………………… 263
第二节 承揽合同的框架审查与修改 ……………………………… 264
一、承揽合同主要框架的依据 ……………………………… 264
二、承揽合同的主要框架 …………………………………… 265

三、承揽合同主要框架的审查与修改 …… 266
第三节　承揽合同具体条款的审查与修改 …… 270
一、工作成果条款的审查与修改 …… 270
二、材料条款的审查与修改 …… 272
三、承揽方式条款的审查与修改 …… 273
四、交付与检验条款的审查与修改 …… 274
五、报酬条款的审查与修改 …… 276
六、质量保证条款的审查与修改 …… 277
七、任意解除条款的审查与修改 …… 278
八、违约责任条款的审查与修改 …… 279
第四节　承揽合同的综合审查与修改示例 …… 281
一、承揽合同原稿 …… 281
二、承揽合同修改过程稿（代表定作人一方） …… 282
三、承揽合同修改意见稿 …… 285

第九章　运输合同的审查与修改 …… 288
第一节　运输合同的概念与主要特征 …… 288
一、运输合同的概念 …… 288
二、运输合同的主要特征 …… 288
第二节　运输合同框架的审查与修改 …… 289
一、运输合同主要框架的依据 …… 290
二、运输合同的主要框架 …… 291
三、运输合同主要框架的审查与修改 …… 292
第三节　运输合同具体条款的审查与修改 …… 296
一、运输合同主体条款的审查与修改 …… 296
二、运输对象条款的审查与修改 …… 298
三、托运条款的审查与修改 …… 299
四、装货与验货条款的审查与修改 …… 300
五、货物安全条款的审查与修改 …… 301

六、交货条款的审查与修改 …………………………………… 303
七、运费条款的审查与修改 …………………………………… 304
八、其他费用条款的审查与修改 ……………………………… 305
九、运输保险条款的审查与修改 ……………………………… 306
第四节 运输合同综合审查与修改示例 …………………………… 307
一、运输合同原稿 ……………………………………………… 307
二、运输合同修改过程稿（代表托运人一方） ……………… 308
三、运输合同修改意见稿 ……………………………………… 312

上　篇

第一章　合同审查背景

在合同审查之前，我们必须弄清楚几个关键事实：第一，我们是代表谁审查合同。第二，我们审查的范围是什么，仅仅是法律审查，还是包括法律在内的全面审查。第三，委托人在合同中的地位如何，是处于优势地位，还是处于劣势地位。第四，双方初步谈判的框架是否确定，有没有合同谈判备忘录。

第一节　合同审查角度

一、合同审查角度的意义

因合同主体不同，合同审查的角度也就不同，甲方有甲方的考虑，乙方有乙方的打算，双方求同存异，最后达成一致，合同才能成立。合同修改也是一样，需要了解自己的当事人是哪一方。

站在甲方的立场上，我们应该怎么修改，站在乙方的立场上，我们又应该怎么修改，这是审查合同与修改合同首先需要弄清楚的事情，是审查合同的基本前提。如果我们审查或者修改合同，没有搞清楚自己是代表哪一方，那么，修改结果肯定与当事人的目的背道而驰，可能保护了对方的利益，而损害了己方利益。修改的水平越高，其结果可能对自己当事人越不利。

二、合同审查角度示例

下面结合一个道路运输合同，了解在实务中应当如何把握合同审查角度。

1. 合同原稿条款

> 《道路运输合同》(合同编号:20191201)
> 第六条　货物安全
> 乙方根据运输货物的性质,妥善确定货物的遮盖、捆绑等安全防范措施,确保货物安全,本合同货物需要防雨、防晒,以确保货物的品质及外观。
> 乙方应当妥善保管运输货物,若在承运过程中发生货物遗失、损毁,概由乙方负责赔偿。

2. 修改示范A——甲方立场

如果代表甲方审查修改,你可能会认为,原稿虽然约定了乙方的赔偿责任,但是赔偿标准没有明确,因此需要增加约定,考虑做如下修改:

> 《道路运输合同》(合同编号:20191201)
> 第六条　货物安全
> 乙方根据运输货物的性质,妥善确定货物的遮盖、捆绑等安全防范措施,确保货物安全,本合同货物需要防雨、防晒,以确保货物的品质及外观。
> 乙方应当妥善保管运输货物,若在承运过程中发生货物遗失、损毁,概由乙方负责赔偿。**赔偿标准按照甲方2019年11月26日与湖南××有限公司签订的《买卖合同》约定的价格计算**。

3. 修改示范B——乙方立场

如果代表乙方审查修改,你可能会认为,原稿对于乙方来说,有些不公,货物损坏责任的承担应当区分情由,区分哪些情况由乙方承担责任,哪些情况不能由乙方承担责任,不能一概而论。因此,考虑做如下修改:

> 《道路运输合同》(合同编号:20191201)
> 第六条　货物安全
> 乙方根据运输货物的性质,妥善确定遮盖、捆绑等安全防范措施,确保货物安全,需要防雨、防晒,以确保货物的品质及外观。
> 乙方应当妥善保管运输货物,若在承运过程中发生货物遗失、损毁,由乙方负责赔偿**,但下列情况例外:**
> **因不可抗力造成的;**
> **因乙方无责任的交通事故造成的;**
> **因甲方原因造成的**。

第二节 合同审查范围

一、合同审查范围的确定

根据当事人的要求，合同审查分为法律审查与全面审查。全面审查，就是指律师审查合同的范围不仅限于法律审查，还包括审查合同的语言表达是否准确，条款内容是否完整等。律师审查合同，主要是法律审查，看看合同约定是否符合法律规定，如果违反法律规定，其后果是什么。

如果仅为法律审查，那么，律师多半会在意见书序言部分表明自己的审查范围，注明“本合同仅限于委托人提交的合同文本的文字表达是否符合法律规定，便于委托人参考”。

二、合同审查范围示例

下面结合一个借款合同，了解在实务中应当如何把握合同审查的范围。

1. 合同原稿

借款合同（合同编号：20200501）
甲方（出借方）：杨某某
身份证号码：××××
乙方（借款方）：张某某
身份证号码：××××
甲乙双方就借款事项达成如下协议：
1. 借款
甲方向乙方借款人民币伍拾万元（500,000.00 元）。
2. 借款期限
借款期限一年，自 2020 年 5 月 1 日至 2021 年 4 月 30 日。
3. 利息
月息 4 分。
4. 还款
还款期限：分两期还清：
第一期：还款期限为 2020 年 11 月 1 日；
第二期：还款期限为 2021 年 5 月 30 日。

5. 借款担保

由××提供属于其所有的房产作为本合同的担保。

6. 违约责任

6.1 乙方未按本合同约定用途使用借款，甲方有权对违约使用部分在违约使用期间按日利率万分之________计收利息。

6.2 乙方两次未按本合同约定期限还款的，对逾期还款金额在逾期期间按日利率万分之________计收利息。

7. 本合同争议解决方式

甲、乙双方在履行本合同过程中发生争议时，可以通过协商解决，也可以直接向合同履行地的人民法院起诉。

8. 本合同一式两份，甲乙双方各执一份。

甲方：

乙方：

2020年××月××日

2. 法律审查

如果仅仅是法律审查，则主要审查该借款合同的借款主体与借款利率、违约责任等是否符合法律规定。

经审查，本借款合同的利率约定违反法律规定，月息4分可能得不到法院支持。将第3条修改为："按照年利率××计算利息。"

法律依据：

《最高人民法院关于审理民间借贷案件适用法律若干问题的规定》第26条规定："出借人请求借款人按照合同约定利率支付利息的，人民法院应予支持，但是双方约定的利率超过合同成立时一年期贷款市场报价利率四倍的除外。前款所称'一年期贷款市场报价利率'，是指中国人民银行授权全国银行间同业拆借中心自2019年8月20日起每月发布的一年期贷款市场报价利率。"

3. 全面审查

如果委托人要求全面审查，则可将合同修改为：

修改第5条"借款担保"："对于本合同项下的借款本息及费用，以××提供的房产作为抵押物进行担保，并另行签订《抵押合同》作为本合同的从合同。"

增加“借款用途”条款，作为合同第 3 条：“本合同借款仅用于果树种植。”

修改第 3 条：“按照年利率 × ×计算利息。”

增加“利息及支付方式”条款，作为合同第 4 条：“按照年利率 × ×计算利息，每季度的第一个星期五之前支付一次。”并且在违约责任条款中相应增加该违约责任。

其他条款依次后移。

修改后为：

借款合同（合同编号：20200501）

甲方（出借方）：杨某某

住所：怀化市人民南路 × ×号

身份证号码：× × × ×

联系方式：× × × ×

乙方（借款方）：张某某

住所：中方县 × × × ×

身份证号码：× × × ×

联系方式：× × × ×

甲方愿意提供借款给乙方，为明确各自的权利、义务，甲、乙双方遵照合同法的有关规定，经协商一致，订立本合同，以便共同遵守执行：

1. 借款

甲方向乙方提供借款人民币伍拾万元整（500,000.00 元）。

乙方指定的收款账户为：

开户银行：× × × ×

银行账号：× × × ×

2. 借款期限

乙方借款期限一年，自 2020 年 5 月 1 日至 2021 年 4 月 30 日。

3. 借款用途

本合同借款仅用于果树种植。

4. 利息及支付方式

按照年利率 × ×计算利息，每季度的第一个星期五之前支付一次。

5. 还款

乙方在 2020 年 11 月 1 日偿还贰拾伍万元（250,000.00 元）；余款在 2021 年 4 月 30 日还清。

还款方式为转账，甲方指定的收款账户：

开户银行：× × × ×

银行账号：× × × ×

6. 借款担保

对于本合同项下的借款本息及费用，以××提供的房产作为抵押物进行担保，**并另行签订《抵押合同》作为本合同的从合同**。

7. 违约责任

7.1 乙方未按本合同约定用途使用借款，*甲方有权解除合同，并且对违约使用部分按照年利率××计收利息。*

7.2 *乙方未按本合同约定期限还款超过30天的，甲方有权宣布未还借款到期，要求乙方立即偿还所有未还借款本金与利息，并且按照年利率××计收利息。*

7.3 *乙方迟延支付任何一期利息超过30天的，甲方有权要求乙方立即偿还所有未还借款本金与利息，并且有权要求乙方按照年利率××计收利息。*

8. 本合同争议解决方式

甲、乙双方在履行本合同过程中发生争议时，*可以直接向甲方所在地的人民法院起诉。*

9. 本合同一式两份，甲乙双方各执一份。

甲方：

乙方：

2020年××月××日

第三节　修改幅度

一、修改幅度的意义

所谓合同，是双方合意形成的，所以，合同能够修改到什么程度，能不能修改，取决于双方的合意，而不是单方的意思。

但是，双方的合意，又以单方的意思为基础，没有单方的意思，就没有双方的合意。因此，合同起草也好，合同修改也罢，首先需要双方各自提供自己的意见，然后求同存异，形成合意，合同成立。

根据当事人的合同目的、合同地位，合同修改幅度一般分为大幅度修改、一般修改与底线修改。大幅度修改，就是指合同当事人可以对合同的权利义务进行增减，可以修改交易程序，也可以增减违约责任。一般修改则只能将权利义务修改得相对公平。底线修改就是当事人的最低要求，如果无法满足当事人的修改意愿，当事人宁可取消交易。

二、修改幅度示例

示例一

示例一结合一个借款合同，了解三种修改幅度在实务中应当如何运用。

1. 合同原稿

借款合同（合同编号：20200501）
甲方（出借方）：杨某某
身份证号码：××××
乙方（借款方）：张某某
身份证号码：××××
甲乙双方就借款事项达成如下协议：
1. 借款
甲方向乙方借款人民币伍拾万元整（500,000.00元）。
2. 借款期限
借款期限一年，自2020年5月1日至2021年4月30日。
3. 利息
月息4分。
4. 还款
还款期限：分两期还清。
第一期：还款期限为2020年11月1日；
第二期：还款期限为2021年4月30日。
5. 借款担保
由××提供属于其所有的房产作为本合同的担保。
6. 违约责任

6.1　乙方未按本合同约定用途使用借款，甲方有权对违约使用部分在违约使用期间按日利率万分之________计收利息。

6.2　乙方两次未按本合同约定期限还款的，对逾期还款金额在逾期期间按日利率万分之________计收利息。

7. 本合同争议解决方式

甲、乙双方在履行本合同过程中发生争议时，可以通过协商解决，也可以直接向合同履行地的人民法院起诉。

8. 本合同一式两份，甲乙双方各执一份。

甲方：
乙方：
2020年××月××日

2. 大幅度修改

原稿属于借款合同，在借款合同中，出借方是借款合同的绝对优势主体，可以大幅度修改。如果借款人不同意，出借人就不能保护自己的合法利益，其宁可不再提供借款，取消交易，借款人目的则不能实现。

因此，出借人可以做如下修改：

修改第 5 条“借款担保”：“对于本合同项下的借款本息及费用，由××提供的房产作为抵押物进行担保，并另行签订《抵押合同》作为本合同的从合同。”

修改第 3 条“月息 4 分”，改为“按照年利率××计算利息”。

在第 3 条中增加利息支付方式的内容，约定：“按照年利率××% 计算利息，每季度的第一个星期五之前支付一次。”并且在违约责任条款中相应增加相应的违约责任。

增加“借款用途”条款，作为合同第 3 条，约定：“本合同借款仅用于果树种植。”其他条款依次后移。

修改后为：

借款合同（合同编号：20200501）
甲方（出借方）：杨某某
住所：怀化市人民南路××号
身份证号码：××××
联系方式：××××
乙方（借款方）：张某某
住所：中方县×××
身份证号码：××××
联系方式：××××
甲方愿意提供借款给乙方，为明确各自的权利、义务，甲、乙双方遵照合同法的有关规定，经协商一致，订立本合同，以便共同遵守执行：
1. 甲方向乙方提供借款人民币伍拾万元整（500,000.00 元）。
乙方指定的收款账户为：
开户银行：××××
银行账号：××××
2. 借款期限
借款期限一年，自 2020 年 5 月 1 日至 2021 年 4 月 30 日。

3. 借款用途

本合同借款仅用于果树种植。

4. 利息

按照年利率××计算利息，每季度的第一个星期五之前支付一次。

5. 还款

乙方在 2020 年 11 月 1 日偿还贰拾伍万元，余款在 2021 年 4 月 30 日还清。

还款方式为转账，甲方指定的收款账户：

开户银行：××××

银行账号：××××

6. 借款担保

对于本合同项下的借款本息及费用，由××提供的房产作为抵押物进行担保，并另行签订《抵押合同》作为本合同的从合同。

7. 违约责任

7.1 乙方未按本合同约定用途使用借款，甲方有权对违约使用部分在违约使用期间按日利率万分之______计收利息。

7.2 乙方未按期本合同约定两次还款计划的，对逾期还款金额在逾期期间按日利率万分之______计收利息。

8. 本合同争议解决方式

甲、乙双方在履行本合同过程中发生争议时，可以直接向甲方所在地的人民法院起诉。

9. 本合同一式两份，甲乙双方各执一份。

甲方：

乙方：

2020 年××月××日

3. 一般修改

对于借款人，由于其需要借款，所以其在合同中处于劣势地位，不可能大幅度修改，但是其仍然可以进行一般修改，如上述合同，在甲方进行大幅度修改后，乙方也做了回应，针对第 7 条“违约责任”提出了一般性修改意见。修改意见如下：

7. 违约责任

7.1 乙方未按本合同约定用途使用借款，甲方有权解除合同，并且对违约使用部分按照年利率××计收利息。

> *7.2　乙方未按照本合同约定还款超过30天的，甲方应当给予乙方30天宽限期，宽限期满后，乙方仍未还款的，甲方有权宣布未还借款到期，要求乙方立即偿还所有未还借款本金与利息，并且按照年利率××计收利息。*
>
> *7.3　乙方迟延支付任何一期利息超过30天的，甲方有权要求乙方立即偿还所有未还借款本金与利息，并且有权要求乙方按照年利率××计收利息。*

4. 底线修改

如果甲方坚决不允许乙方还款期限超过30天，一旦超过这个期限，甲方其他权利将受到严重损害时，那么，这个时候，“还款期限超过30天”又变成了甲方的底线，是甲方不能接受的。因此，乙方的一般性修改意见因为触碰到了甲方的底线，没有获得通过，又回到了甲方的大幅度修改内容之中。

示例二

示例二结合一个门面租赁合同，进一步了解大幅度修改在实务中的运用。

1. 合同原稿

> 《门面租赁合同》（合同编号：20190415）
>
> 第三条　租赁物用途
>
> 乙方租赁该门面用于乙方办公，乙方不得擅自改变门面用途，不得利用该门面从事餐饮业，不得从事违法活动，不得损害公共利益或者妨碍他人正常工作、生活。

2. 大幅度修改

如果代表甲方进行审查，而且甲方合同优势地位明显，那么，甲方可以增加合同内容，约定乙方违反上述合同约定时，甲方可以解除合同，并且要求乙方支付相应的违约金。“甲方可以解除合同”的约定，实际上就是增加了甲方的合同权利，属于大幅度修改。

> 《门面租赁合同》（合同编号：20190415）
>
> 第三条　租赁物用途
>
> 乙方租赁该门面用于乙方办公，**有下列情形之一的，甲方可以解除合同，并且要求乙方承担相当于一个月租金的违约金：**
>
> **擅自改变房屋用途用于餐饮业的；**
>
> **利用该房屋从事违法活动的；**
>
> **损害公共利益或者妨碍他人正常工作、生活的。**

第四节　修改高度

一、修改高度的意义

很多时候，我们会发现合同缺少一些条款，这些条款在该类合同中往往是比较重要的内容，但是，当我们与当事人沟通的时候，我们建议当事人增加这些内容，当事人又往往会犹豫不决，有的甚至当场否决。原因是他们认为这个条款是对方不能接受的，或者是他们自己根本不需要这个条款。

因此，合同不是越完美越好，而是越符合当事人的需要越好。当事人不需要的条款，我们拿来装饰合同门面，可能适得其反。当事人需要的条款，而一般合同认为不重要的条款，合同中又没有约定，当事人的需求便无法满足。

二、修改高度示例

下面结合一个房屋租赁合同，了解在实务中应如何把握修改高度。

1. 合同原稿

房屋租赁合同（合同编号：20190827） 甲方：杨某某 联系方式：×××× 乙方：张某某 联系方式：×××× 甲乙双方经过充分协商，就房屋的租赁事宜达成如下协议： 一、房屋的基本情况 甲方房屋位于怀化市鹤城区城北街道怀北路北××春小区××栋××单元××房。 二、房屋用途 该房屋用途为居住，除双方另有约定的除外，乙方不得任意改变房屋用途。 三、租赁期限 自2019年8月29日起至2020年8月29日止。 四、租金 该房屋的租金为每月人民币壹仟伍佰元整（1500.00元）。 五、付款方式 该房屋租金为每季度一交。每季度的第一个月的5日前一次性交清三个月租金共肆仟伍佰元整（4500.00元）。

六、押金

乙方向甲方交押金贰仟元整（2000.00 元）。

七、水电费

1. 该房屋租赁期的水电费及卫生费由乙方承担，甲方概不负责。

2. 该房屋的物业费由乙方承担。

八、乙方有下列情形之一的，甲方可以终止合同并且收回房屋，造成甲方损失，由乙方负责赔偿：

1. 拖欠房屋租金；

2. 擅自拆改租赁房屋结构或者改变房屋用途的；

3. 利用承租房屋进行违法活动的；

4. 故意损坏承租房屋以及屋内物品的。

九、提前终止合同

房屋租赁期间，任何一方如有特殊情况需要提前终止合同的，应提前一个月通知对方，经双方协商后签订终止合同书，在终止合同书签订前，本合同仍然有效。

十、乙方在租赁期间在室内发生任何意外事件与甲方无关，由乙方自己负责。

十一、在该房屋的室内生活用品乙方不得损坏，物品清单如下：

1. 冰箱一台；

2. 电视机一台；

3. 热水器一台；

4. 洗衣机一台；

5. 液化气罐一个；

6. 液化气灶一台；

7. 抽油烟机一台；

8. 空调一台；

9. 木床一张；

10. 20 厘米厚床垫一个。

十二、本合同在履行过程中发生争议，由双方协商解决，协商不成，由仲裁委员会仲裁协商解决或者向人民法院起诉。

十三、本合同未尽事项由双方另行协商，并且签订补充合同。

十四、本合同一式两份，甲乙双方各执一份。

甲方签字

乙方签字

2019 年 8 月 27 日

2. 修改意见

在将原稿合同框架与一般租赁合同框架进行对比之后，发现原稿中缺少租赁物维修条款，争议处理办法条款约定也不明确，因此，初审律师建议委托人（出租方）考虑增加或修改这两个条款。当事人明确表示，甲方愿意承担全部维修义务，不需要乙方承担，因为甲方收取的租金可观，他不想因为这个条款而失去这次交易。

如果约定以诉讼作为解决方式，根据法律规定，应当为专属管辖，不必要约定管辖法院。《最高人民法院关于适用〈中华人民共和国民事诉讼法〉的解释》第28条规定："民事诉讼法第三十三条第一项规定的不动产纠纷是指因不动产的权利确认、分割、相邻关系等引起的物权纠纷。农村土地承包经营合同纠纷、房屋租赁合同纠纷、建设工程施工合同纠纷、政策性房买卖合同纠纷，按照不动产纠纷确定管辖。不动产已登记的，以不动产登记簿记载的所在地为不动产所在地；不动产未登记的，以不动产实际所在地为不动产所在地。"

综上所述，以上两个条款均无须增加。

第二章　合同整体审查的基本方法

第一节　审查合同框架是否完整

一、审查必备条款是否具备

（一）必备条款范围

合同中有些条款十分重要，如果没有这些条款，合同可能就不能成立，如合同主体、合同标的、数量等。这些条款，法律没有办法通过规定来弥补，本书称为必备条款。其他条款，即使欠缺，虽然可能存在合同风险，但是可以通过法律规定来调整，不至于让合同不能成立，如履行期限、履行地点、违约责任等。因此，审查合同，首先需要审查合同的必备条款是否具备。

按照《全国法院贯彻实施民法典工作会议纪要》（以下简称《会议纪要》）第6条的规定："当事人对于合同是否成立发生争议，人民法院应当本着尊重合同自由，鼓励和促进交易的精神依法处理。能够确定当事人名称或者姓名、标的和数量的，人民法院一般应当认定合同成立，但法律另有规定或者当事人另有约定的除外。对合同欠缺的当事人名称或者姓名、标的和数量以外的其他内容，当事人达不成协议的，人民法院依照民法典第四百六十六条、第五百一十条、第五百一十一条等规定予以确定。"因此，能够确定当事人名称或者姓名、标的和数量的，一般应当认定合同成立。

（二）必备条款审查示例

下面结合一个买卖合同，进一步了解在实务中应如何对必备条款进行审查。

合同原稿	《买卖合同》（合同编号：20190301） 甲方：湖南××有限公司 住所：×××× 法定代表人：××× 统一社会信用代码：×××× 乙方：怀化××有限公司 住所：×××× 法定代表人：××× 统一社会信用代码：×××× 甲乙双方经友好协商，达成如下协议： 一、棉花品名 二、价款 三、棉花质量标准 四、包装标准 五、交货方式、地点 六、运输方式 七、检验方法与标准 八、结算 九、争议处理
审查主体	代表甲方
审查意见	原稿缺少下列条款： 棉花数量条款； 履行期限条款； 违约责任条款。 因此，原稿内容不全，其中数量条款关系到合同是否成立，必须补充
修改示范	《买卖合同》（合同编号：20190301） 甲方：湖南××有限公司 住所：×××× 法定代表人：××× 统一社会信用代码：×××× 乙方：怀化××有限公司 住所：×××× 法定代表人：××× 统一社会信用代码：×××× 甲乙双方经友好协商，达成如下协议： 一、棉花品名

修改示范	**二、数量** 三、价款 四、棉花质量标准 五、包装标准 **六、交货时间** 七、交货方式、地点 八、运输方式 九、检验方法与标准 十、结算 **十一、违约责任** 十二、争议处理

二、审查主要条款是否具备

（一）主要条款范围

主要条款，是合同所需要的基本条款，如果没有这些条款，合同可能就会有遗漏，合同内容就不完整。但与必备条款相比，缺少主要条款并不影响合同成立，因为这些条款可以通过法律规定来弥补，但是法律规定不一定符合己方当事人的合同目的。

有关法律法规中与合同主要条款范围有关的法律条文，大致如下：

《民法典》第 510 条规定："合同生效后，当事人就质量、价款或者报酬、履行地点等内容没有约定或者约定不明确的，可以协议补充；不能达成补充协议的，按照合同相关条款或者交易习惯确定。"

《民法典》第 511 条规定："当事人就有关合同内容约定不明确，依据前条规定仍不能确定的，适用下列规定：（一）质量要求不明确的，按照强制性国家标准履行；没有强制性国家标准的，按照推荐性国家标准履行；没有推荐性国家标准的，按照行业标准履行；没有国家标准、行业标准的，按照通常标准或者符合合同目的的特定标准履行。（二）价款或者报酬不明确的，按照订立合同时履行地的市场价格履行；依法应当执行政府定价或者政府指导价的，依照规定履行。（三）履行地点不明确，给付货币的，在接受货币一方所在地履行；交付不动产的，在不动产所在地履行；其他标的，在履行义务一方所在地履行。（四）履行期限不明确的，债务人可以随时履行，债权人也可以随时请求履行，但是应当给对方必要的准备时间。（五）履行方式不明确的，按照有利于实现合同目的的方式履行。（六）履行费用的负担不明确的，由履行义务一方负担；因债权人原因增加的履行费用，由债权人负担。”

（二）主要条款审查示例

下面结合一个买卖合同，进一步了解在实务中应如何对合同主要条款进行审查。

合同原稿	《买卖合同》（合同编号：20190301） 甲方：湖南××有限公司 住所：×××× 法定代表人：××× 统一社会信用代码：×××× 乙方：怀化××有限公司 住所：×××× 法定代表人：××× 统一社会信用代码：×××× 甲乙双方经友好协商，达成如下协议： 一、棉花品名 二、价款 三、棉花质量标准 四、包装标准 五、交货方式、地点 六、运输方式 七、检验方法与标准 八、结算 九、争议处理
审查主体	代表甲方
审查意见	原稿缺少下列条款： 棉花数量条款； 履行期限条款； 违约责任条款。 因此，原稿内容不全，其中数量条款关系到合同能否成立，必须补充。交货期限没有约定，虽然不影响合同成立，但是影响合同权利义务的分配。需要补充，如果合同不作补充，法律规定如下，按照法律规定来执行的话可能对甲方不利：

	《民法典》第511条规定："当事人就有关合同内容约定不明确，依据前条规定仍不能确定的，适用下列规定：……（四）履行期限不明确的，债务人可以随时履行，债权人也可以随时请求履行，但是应当给对方必要的准备时间。"
修改示范	《买卖合同》（合同编号：20190301） 甲方：湖南××有限公司 住所：×××× 法定代表人：××× 统一社会信用代码：×××× 乙方：怀化××有限公司 住所：×××× 法定代表人：××× 统一社会信用代码：×××× 一、棉花品名 **二、数量** 三、价款 四、棉花质量标准 五、包装标准 **六、交货时间** 七、交货方式、地点 八、运输方式 九、检验方法与标准 十、结算 **十一、违约责任** 十二、争议处理

三、审查特需条款是否具备

（一）何为特需条款

有时候，合同条款基本齐备，好像没有什么遗漏，比如主体、标的、数量、质量、履行期限、履行地点、履行方式、违约责任、争议处理等条款都已齐备，但是下面这份合同（合同编号：20180515）却偏偏需要一个包装条款，对货物的包装十分讲究，需要外观精美，并且需要在外包装上标示货物的基本信息，如货物名称、货物产地、货物质量、货物数量、联系方式等，而合同原稿中并没有设置包装条款。

（二）特需条款审查示例

下面结合一个农作物种子购销合同，了解在实务另应当如何对特需条款进行审查与修改。

合同原稿	农作物种子购销合同（合同编号：20180515） （内容略，缺少包装条款）
审查主体	代表乙方
审查意见	就本合同而言，包装条款有必要增加。因为本合同为种子购销合同，履行过程中肯定需要包装，便于合同履行。包装应当根据种子的品种提供不同类型的包装，同一品种又要根据数量不同提供不同包装，便于区分
修改示范	农作物种子购销合同（合同编号：20180515） （增加一条，作为第3条：包装） **包装应当根据不同品种分设1千克和0.5千克专用精包装、专用普通包装、通用精包装等，其中，专用精包装采用××包装袋，专用普通包装采用××包装袋，通用精包装采用××包装袋。** **包装袋表面统一印刷下列标识：** **种子名称；** **品种名称；** **品种质量；** **数量（1千克和0.5千克）；** **品种等级。** **包装由甲方提供，包装费用由甲方承担。** **甲方提供包装不合格的，乙方可以拒绝收货，因此而产生交货迟延的，甲方承担逾期交付货物的违约责任**

四、审查风险防范条款是否具备

（一）风险防范条款范围

签订合同，一是需要实现交易目的，二是需要在实现交易目的的基础上防范风险，也就是说，在实现交易目的的同时，要尽量减少交易风险。风险防范主要是指法律风险，商业风险不是合同审查的范围，而是经营能力的范围。法律风险又主要是合同主体与标的物方面的风险，如合同主体不适格的风险、标的物不合法风险、标的物的质量风险、合同履行不能风险等。

（二）风险防范条款审查示例

下面结合一个棉花采购合同，了解在实务中应当如何对风险防范条款进行审查与修改。

合同原稿	《棉花采购合同》（合审字：20190909） 第六条　价款支付 货到以后，乙方支付货款
审查主体	代表甲方
审查意见	对于乙方来说，支付方式当然没有问题。 对于甲方来说，由于需要等待货到乙方之后，乙方才支付货款，既有合同风险，又存在资金周转问题。支付方式需要调整。 同时，支付期限不明，货到以后多少天以内支付，合同没有约定，风险太大，需要补充
修改示范	《棉花采购合同》（合审字：20190909） 第六条　价款支付 *本合同签订后 3 日内，乙方支付货款 30%。* *货到以后 3 日内，乙方支付货款 70%。* **上述货款以转账方式支付。** **账户名称：××××** **开户银行：××××** **银行账号：××××**

五、审查配套条款是否具备

（一）配套条款范围

有时候，合同某个条款不能穷尽所有内容，相关内容需要另行表述，这里所说的相关内容就是配套条款，不能遗漏。以质量条款为例，合同既然约定了质量，那么，质量检验、质量异议、质量救济等相关内容也需要约定，前后呼应。

（二）配套条款审查示例

下面结合一个房地产销售代理合同，了解在实务当中应如何对配套条款进行审查。

合同原稿	房地产销售代理合同（合同编号：20191201） 第六条　佣金 甲方按照乙方已销售房屋总价的 3% 向乙方支付佣金

审查主体	代表乙方
审查意见	缺少支付期限与逾期支付的后果，需要增加一条
修改示范	房地产销售代理合同（合同编号：20191201） 第六条　佣金 甲方按照乙方已销售房屋总价的3%向乙方支付佣金。 **第七条　支付期限与方式** **甲方应当于每月15日前通过转账方式向乙方支付上月佣金。** **甲方逾期支付佣金的，每日按照逾期金额的千分之三向乙方支付违约金**

第二节　审查合同框架是否多余

有时候，合同条款从表面上看完美，合同各项条款都具备，毫无遗漏，但往往条款之间内容重复，甚至相互矛盾，让本来应该简洁的合同变得复杂难懂。

一、审查有无重复条款

（一）重复条款形成的原因

有些当事人，为了追求合同完美，把所有对自己有利的条款全部抄写，拼凑成一份所谓的完美合同。导致合同对同一事项进行多次约定，内容重复。

（二）重复条款的审查方法

重复的内容往往不在同一条款之中，审查合同时不容易发现，因此，审查合同时需要反复阅读，仔细对比每个条款的内容。

（三）重复条款审查示例

下面结合一个买卖合同，进一步了解在实务中应如何处理重复条款。

合同原稿	《买卖合同》（合同编号：20180801） 第三条　交货期限 甲方应当于2018年10月15日前将本合同约定设备交付乙方，并且应提供该设备相关资料，保证设备质量。 第九条　甲方义务 1. 甲方应当保证设备质量； 2. 甲方应当于2018年10月15日前将本合同约定设备交付乙方； 3. 甲方交付设备的同时，应提供设备有关资料

审查主体	代表乙方
审查意见	原稿第九条内容完全等于原稿第三条内容，内容重复
修改示范	修改第九条，将重复内容删除

二、审查有无无用条款

（一）无用条款的特点

有时候，我们发现合同中出现一些与合同履行无关的条款，或者虽然有关，但是无关痛痒，不影响合同的履行。这些条款，本书称为无用条款。

（二）无用条款的审查方法

重复的条款，可以通过条款对比发现，而无用条款不是通过对比就能发现的，需要根据合同的交易结构、交易目的、合同需要等进行综合判断。

（三）无用条款审查示例

下面结合一个广告合同，进一步了解在实务中应如何处理无用条款。

合同原稿	《广告合同》（合同编号：20200202） 本合同甲方是一家××公司，具有十分丰富的广告发布经验，曾经被××评为2018年年度优秀企业，拥有强大的技术人员阵容，其中杨××获得××市××设计奖，高某获得××设计奖，甲方将竭尽全力保证乙方满意
审查主体	代表甲方
审查意见	实际上就是甲方的广告宣传，在合同中约定的确没有必要
修改示范	删除该内容

三、审查有无矛盾条款

（一）矛盾条款的特点

合同的条款很多，矛盾条款往往出现在不同条款之间，A条款约定了不能转租，B条款约定了可以转租，合同对同一事项有不同约定，前后不一。

（二）矛盾条款的审查方法

矛盾条款与重复条款一样，需要反复阅读可能才会发现，可以通过对比的方法审查，一旦发现矛盾条款就需要了解当事人的真实意思，将不符合当事人真实意思的条款去掉即可。

（三）矛盾条款审查示例

下面结合一个运输合同，进一步了解在实务中应如何处理合同中的矛盾条款。

合同原稿	《运输合同》（合同编号：20181201） 第一条　托运 甲方应当包装好需要运输的货物，并且如实填写《货物运输单》，否则，由此产生的一切后果由甲方承担。 第六条　货物安全 乙方应当妥善包装、保管运输货物，若在运输过程中发生货物遗失、损毁由乙方负责
审查主体	代表乙方
审查意见	原稿出现前后不一的情形，第一条约定包装义务由甲方承担，因包装等原因造成损失的，由甲方承担责任；而第六条约定包装义务由乙方承担，因包装原因造成货物遗失、损毁的，由乙方负责
修改示范	按照当事人的真实意思，包装义务由甲方承担，删除第六条关于包装方面的约定

四、审查合同内容是否已有法律规定

（一）法律已有规定

有时候，合同很多条款都是照抄法律规定，或者虽然不是照抄法律，但是与法律规定内容一致，这样的条款再次约定没有实际意义，直接适用法律即可。

（二）审查示例

下面结合一个门面租赁合同，进一步了解在实务中应如何处理那些与法律规定重复的合同条款。

合同原稿	《门面租赁合同》（合同编号：20161202） 第七条　甲方出卖租赁房屋的，应当在出卖之前的合理期限内通知乙方，乙方享有以同等条件优先购买的权利
审查主体	代表乙方

审查意见	这一合同条款实际上是抄写《合同法》第230条，没有必要，可以省略。《合同法》第230条规定："出租人出卖租赁房屋的，应当在出卖之前的合理期限内通知承租人，承租人享有以同等条件优先购买的权利。"现为《民法典》第726条，《民法典》第726条规定："出租人出卖租赁房屋的，应当在出卖之前的合理期限内通知承租人，承租人享有以同等条件优先购买的权利；但是，房屋按份共有人行使优先购买权或者出租人将房屋出卖给近亲属的除外。出租人履行通知义务后，承租人在十五日内未明确表示购买的，视为承租人放弃优先购买权。"
修改示范	删除第七条

五、审查有无违法条款

（一）违法条款审查

有些条款与法律规定一致，而有些条款却正好与法律规定相违背，如果这些法律规定是强制性规定，合同约定就可能无效，需要按照法律规定修正。只有在相关法律规定为任意性规定的情形下，合同才可以有不同约定。

（二）违法条款审查示例

下面结合一个保证合同，进一步了解在实务中应如何处理合同中的违法条款。

合同原稿	保证合同（合同编号：20210301） 第七条　本合同的效力独立于主合同，作为主合同的借款合同的无效并不影响本保证合同的效力
审查主体	代表乙方
审查意见	《民法典》第682条规定："保证合同是主债权债务合同的从合同。主债权债务合同无效的，保证合同无效，但是法律另有规定的除外。"《最高人民法院关于适用〈中华人民共和国民法典〉有关担保制度的解释》第2条规定："当事人在担保合同中约定担保合同的效力独立于主合同，或者约定担保人对主合同无效的法律后果承担担保责任，该有关担保独立性的约定无效。主合同有效的，有关担保独立性的约定无效不影响担保合同的效力；主合同无效的，人民法院应当认定担保合同无效，但是法律另有规定的除外。因金融机构开立的独立保函发生的纠纷，适用《最高人民法院关于审理独立保函纠纷案件若干问题的规定》。"因此，该条款因违反法律规定而无效
修改示范	删除第七条或者修改第七条

第三章　合同条款审查的基本方法

在审查合同条款时，主要审查合同条款是否规范、是否合法、是否倾斜、是否实用、是否完备、是否简洁、是否明确。对于合同条款是否规范、是否合法的审查方法，本书称为规范性审查、合法性审查、倾向性审查、实用性审查、完备性审查、简洁性审查、语言歧义审查。

第一节　规范性审查

一、规范性审查的审查要点

合同的规范性，就是指合同表述需要有规范性，有法律术语的，优先使用法律术语，没有法律术语的，优先使用正式名称，不加字，不减字。尽量不使用或者少使用非规范化、口语化的表述。

二、规范性审查示例

（一）主体表述规范示例

合同主体要表述规范，是自然人的，严格按照自然人身份证或其他有效证件表述，是法人或者其他组织的，严格按照营业执照填写。下面结合一个示例，进一步了解规范性审查方法在合同主体表述审查的过程中是如何应用的。

合同原稿	甲方：湖南省××有限公司 乙方：杨××

审查意见	原稿主体表述不规范，根据甲方提供的营业执照副本来看，甲方应表述为湖南××有限公司。而原稿表述为湖南省××有限公司，多了一个“省”字，一字之差，导致主体错误
修改示范	*甲方：湖南××有限公司* 乙方：杨××

（二）标的物表述规范示例

标的物表述规范，一般按照正式名称表述，不使用别名或者俗语。下面结合一个示例，进一步了解规范性审查方法在标的物表述审查过程中是如何应用的。

<table>
<tr><td>合同原稿</td><td>甲方应当于 2017 年 8 月 3 日前将 30 台笔记本电脑交付给乙方</td></tr>
<tr><td>审查意见</td><td>笔记本电脑品种繁多，具体是哪一厂家产生的、什么品牌的、什么型号的、什么颜色的笔记本电脑，没有明确</td></tr>
<tr><td>修改示范</td><td>甲方应当于 2017 年 8 月 3 日前将笔记本电脑交付给乙方，笔记本电脑的具体情况如下：
<table>
<tr><th>品牌名称</th><th>型号</th><th>规格</th><th>颜色</th><th>数量</th><th>单价</th></tr>
<tr><td></td><td></td><td></td><td></td><td></td><td></td></tr>
</table></td></tr>
</table>

（三）履行条款表述规范示例

标的物需要交付，而交付期限、交付方式、交付地点的表述，都要符合规范。下面结合一个示例，进一步了解规范性审查方法在履行条款表述审查过程中是如何应用的。

合同原稿	租赁期间，乙方应当及时支付水电费、卫生费等费用，当前述费用累计超过乙方缴纳的押金数额时，甲方可以解除合同，并且追究乙方的违约责任
审查意见	原稿表述不规范，租赁期间，乙方应当“交纳”水电费、卫生费等，而不是“支付”。另外，押金这一表述也不规范，规范表述应当是保证金。保证金也好，押金也罢，都不应当与缴纳搭配，合同中的规范用语应当是“交纳”

修改示范	*租赁期间，乙方应当及时交纳水电费、卫生费等费用，当前述费用累计超过乙方交纳的保证金数额时，甲方可以解除合同，并且追究乙方的违约责任*

（四）违约责任条款表述规范示例

下面结合一个示例，进一步了解规范性审查方法在违约责任条款表述审查的过程中是如何应用的。

合同原稿	乙方逾期未支付货款的，向甲方赔偿合同总额20%的违约金
审查意见	原稿表述不规范，“赔偿”与“损失”搭配，而不与“违约金”搭配。“违约金”应当与“支付”搭配
修改示范	乙方逾期未支付货款的，*按照合同总额的20%向甲方支付违约金*

第二节　合法性审查

一、合法性审查的审查要点

合同可以自由约定条款内容，但是不能与法律规定相冲突，一旦合同内容有相关法律规定，我们就需要审查合同内容的合法性。如果约定内容违反法律效力性强制规范，那么，就必须修改或者删除，否则，合同可能无效。如果约定内容违反法律强制性规定，也应当修改或者删除，否则，合同主体就可能面临行政处罚，合同履行成本较高。

对于合同约定涉及法律任意性规范的情形，需要灵活变通，如果法律规定对委托人一方有利，合同可以不做约定，直接适用法律规定；如果法律规定对于委托人一方不利，则必须通过约定予以排除适用。

二、合法性审查示例

（一）效力性规定审查示例

1. 主体合法性审查示例

一般合同的主体需要符合一般法律要求，比如都需要具备民事行为能力与民事权利能力。特殊类型的合同主体，除了需要具备一般主体资格外，还需要具备特殊资质，比如房地产开发合同的合同主体，至少一方需要具备房地产开发资质。下面结合一个示例，进一步了解在对合同进行主体合法性审查的过程中如何让合同主体条款符合法律的效力规定。

合同原稿	《室内装修装饰施工合同》 甲方：湖南××科技股份有限公司 住所：×××× 法定代表人：张×× 联系方式：×××× 乙方：高某某 身份证号码：×××× 联系方式：××××
审查意见	该合同的乙方，具备一般合同主体资格，但是不具有签订本合同的资格，因为本合同为施工合同，法律规定施工方需要具备建设资质，显然，自然人不符合法律要求，合同可能无效，因此建议甲方选择其他具备建设资质的主体签订合同

2. 标的合法性审查示例

大部分标的是法律允许交易的，比如水果、布匹等；部分标的需要办理相关手续才能够进行交易，比如烟草类；部分标的是绝对不能交易的，比如军火类。下面结合一个示例，进一步了解在对合同进行标的合法性审查的过程中如何让合同标的条款符合法律的效力性规定。

合同原稿	《房屋租赁合同》（合同编号：20200715） 第一条　租赁物 甲方将甲方位于××房屋一套租给乙方
审查意见	《最高人民法院关于审理城镇房屋租赁合同纠纷案件司法解释的理解与适用》第2条规定："出租人就未取得建设工程规划许可证或者未按照建设工程规划许可证的规定建设的房屋，与承租人订立的租赁合同无效。但在一审法庭辩论终结前取得建设工程规划许可证或者经主管部门批准建设的，人民法院应当认定有效。" 因此，租赁房屋需要有合法手续，如果没有相应手续，租赁合同可能无效，除非在一审法庭辩论终结前取得建设工程规划许可证或者经主管部门批准建设

3. 合同内容合法性审查示例

下面结合一个示例，进一步了解在对合同内容进行合法性审查的过程中应如何让合同内容条款更为符合法律的效力性规定。

合同原稿	《门面租赁合同》（合同编号：20190520） 第二条　租赁期限 本合同租赁期自××××年××月××日至××××年××月××日，共计25年
审查意见	按照《民法典》第705条的规定："租赁期限不得超过二十年。超过二十年的，超过部分无效。租赁期限届满，当事人可以续订租赁合同；但是，约定的租赁期限自续订之日起不得超过二十年。"所以，该内容因违反法律效力性规定而无效
修改示范	《门面租赁合同》（合同编号：20190520） 第二条　租赁期限 *本合同租赁期自××××年××月××日至××××年××月××日，共计20年。合同到期后可以续订合同*

（二）强制性规定审查示例

这里我们以一个广告发布合同作为示例，进一步了解强制性规定审查在实务中的具体应用。

合同原稿	《广告发布合同》 甲方：湖南××科技股份有限公司 住所：×××× 法定代表人：××× 联系方式：×××× 乙方：高某某 身份证号码：×××× 联系方式：××××
审查意见	由于是广告发布合同，我们定位到了《广告管理条例》中的相关规定。《广告管理条例》第6条规定："经营广告业务的单位和个体工商户（以下简称广告经营者），应当按照本条例和有关法规的规定，向工商行政管理机关申请，分别情况办理审批登记手续：（一）专营广告业务的企业，发给《企业法人营业执照》；（二）兼营广告业务的事业单位，发给《广告经营许可证》；（三）具备经营广告业务能力的个体工商户，发给

	《营业执照》；（四）兼营广告业务的企业，应当办理经营范围变更登记。” 《广告管理条例》第 18 条规定：“广告客户或者广告经营者违反本条例规定，由工商行政管理机关根据其情节轻重，分别给予下列处罚：（一）停止发布广告；（二）责令公开更正；（三）通报批评；（四）没收非法所得；（五）罚款；（六）停业整顿；（七）吊销营业执照或者广告经营许可证。” 经审查，高某某系一广告公司离职人员，不具有广告发布资格。因此，高某某违反《广告管理条例》规定，合同履行存在重大风险。广告经营者违反法律规定经营，不一定导致合同无效，但是影响合同的顺利履行，可能面临工商行政机关的处罚，导致合同无法履行，如停止发布广告

（三）任意性规定审查示例

对于这类规定，当事人要善于利用，如果是对己方有利的规定，合同可以不作约定，按照法律规定执行就可以了。如果规定对自己不利，就需要通过约定来排除该法律规定的适用。比如，《民法典》第 712 条规定：“出租人应当履行租赁物的维修义务，但是当事人另有约定的除外。”对于出租人来说，如果需要由承租人来承担维修责任，那么就需要通过约定来排除这一法律规定的适用；如果合同中没有约定，那么根据法律规定，维修责任就是由出租人来承担。

1. 需要通过约定排除法律适用的情形

在这里我们以一个保证合同为例，以求说明在合同审查修改过程中需要通过约定排除适用有关保证责任规定的情形。

合同原稿	《保证合同》 （内容略，保证方式没有约定）
审查意见	按照《民法典》第 686 条的规定：“保证的方式包括一般保证和连带责任保证。当事人在保证合同中对保证方式没有约定或者约定不明确的，按照一般保证承担保证责任。”因此，对于债权人一方，如果需要保证人承担连带责任保证，就需要约定保证责任方式
修改示范	**本合同保证方式为连带责任保证**

2. 不需要约定，而直接适用法律规定的情形

在这里我们以一个保证合同为例，来说明在合同审查修改过程中需要直

接适用有关保证责任规定的情形。

合同原稿	《保证合同》 （保证方式没有约定）
审查意见	按照《民法典》第686条的规定："保证的方式包括一般保证和连带责任保证。当事人在保证合同中对保证方式没有约定或者约定不明确的，按照一般保证承担保证责任。"因此，对于保证人，就不需要约定保证责任方式，而是直接适用法律规定

第三节　倾向性审查

一、倾向性审查的审查要点

《民法典》第5条规定："民事主体从事民事活动，应当遵循自愿原则，按照自己的意思设立、变更、终止民事法律关系。"

《民法典》第6条规定："民事主体从事民事活动，应当遵循公平原则，合理确定各方的权利和义务。"

《民法典》第7条规定："民事主体从事民事活动，应当遵循诚信原则，秉持诚实，恪守承诺。"

《民法典》第8条规定："民事主体从事民事活动，不得违反法律，不得违背公序良俗。"

以上是民法的几项基本原则，其中第6条就是公平原则。合同的签订是一项重要的民事活动，需要严格遵守这些规定。

但是，公平原则不是绝对公平，总是与适度倾斜相伴而生，这才是真正意义上的公平，如果合同一方本来具有合同优势地位，产品供不应求，而他在合同中没有优越条件，反而对他不公平。因此，合同审查中的倾向性审查是合同公平性的必然要求，也是合同签订的自然规律，不可违背。

二、倾向性审查示例

倾向性审查适用范围很广，包括权利义务、履行程序、违约责任、争议处理等，这些条款都可以适用倾向性审查。

（一）义务条款倾向性审查示例

在合同条款的设置上，合同地位强势一方，往往会排除对方的权利，加重对方的义务，或者增加己方的权利，缩减己方的义务。下面我们以一个租赁合同为例，进一步了解倾向性审查方法在合同义务条款审查实务中的具体应用。

合同原稿	本合同租赁物的维修义务，由乙方承担
审查意见	合同原稿对承租人不公平。合同原稿不分任何情况，一律让承租人承担维修义务，实际上就是增加承租人的合同义务，从而减轻出租人的义务。如果合同不能修改，合同约定是有效的，那么，对承租人显然不利
修改示范	本合同租赁物的维修义务，由乙方承担，**但因非乙方的原因造成租赁物不能正常使用的，由甲方承担维修义务**

（二）履行程序条款倾向性审查示例

履行程序，包括履行期限、履行地点、履行方式、履行条件等，如果其中之一出现倾斜，就会导致合同不公平。下面我们结合一个示例，进一步了解倾向性审查在履行程序条款审查实务中的具体应用。

合同原稿	甲方应当在接到乙方维修通知的 8 小时之内进行维修，否则，视为甲方拒绝维修，乙方可以解除合同
审查意见	原稿显失公平，因为按照它的规定无论什么原因，只要甲方 8 小时内没有维修，乙方就可以解除合同，履行程序过于苛刻，与合同交易目的不符，建议修改
修改示范	甲方应当在接到乙方维修通知的 8 小时之内进行维修，否则，*因维修租赁物影响乙方使用的，甲方应当相应减少租金或者延长租期*

（三）违约责任条款倾向性审查示例

关于这一问题，《民法典》有以下相关规定：

《民法典》第 584 条规定：“当事人一方不履行合同义务或者履行合同义务不符合约定，造成对方损失的，损失赔偿额应当相当于因违约所造成的损失，包括合同履行后可以获得的利益；但是，不得超过违约一方订立合同时预见到或者应当预见到的因违约可能造成的损失。”《民法典》第585条规定：“当事人可以约定一方违约时应当根据违约情况向对方支付一定数额的违约金，也可以约定因违约产生的损失赔偿额的计算方法。约定的违约金低于造成的损失的，人民法院或者仲裁机构可以根据当事人的请求予以增加；约定的违约金过分高于造成的损失的，人民法院或者仲裁机构可以根据当事人的请求予以适当减少。当事人就迟延履行约定违约金的，违约方支付违约金后，还应当履行债务。”

根据上述法律规定，违约责任的约定，以实际损失为基础，可以略高或者略低于实际损失，但不能过高或者过低。如果合同的违约责任过高或者过低，当事人可以请求人民法院或者仲裁机构进行调整，而调整的幅度，以不超过实际损失的30%为宜。下面我们结合一个示例，进一步了解倾向性审查方法在违约责任条款审查实务中的具体应用。

合同原稿	甲方逾期交货的，每天向乙方支付逾期交货部分的千分之五的违约金
审查意见	《全国法院贯彻实施民法典工作会议纪要》指出，当事人请求人民法院减少违约金的，人民法院应当以《民法典》第584条规定的损失为基础，兼顾合同的履行情况、当事人的过错程度等综合因素，根据公平原则和诚信原则予以衡量，并作出裁判。约定的违约金超过根据《民法典》第584条规定确定的损失的30%的，一般可以认定为《民法典》第585条第2款规定的“过分高于造成的损失”。因此，一旦违约金过高，法院就可能以损失为基础，兼顾合同其他情况作出裁判。违约金的过高约定可能化为乌有
修改示范	甲方逾期交货的，每天向乙方支付逾期交货部分的万分之五的违约金

（四）争议处理办法条款倾向性审查示例

争议处理办法条款，往往涉及诉讼成本，历来是“兵家必争之地”，合同双方当事人对此十分重视。由于法律规定合同纠纷可以书面选择被告住所地、合同履行地、合同签订地、原告住所地、标的物所在地等与争议有实际联系的地点的人民法院管辖，因此，在合同约定中，很多当事人充分利用自己的优势地位，约定由己方所在地法院管辖。下面我们结合一个示例，进一步了解倾向性审查方法在争议处理办法条款审查过程中的应用。

合同原稿	本合同发生任何争议，由双方协商解决，协商不成，任何一方均可向被告所在地人民法院提起诉讼
审查意见	本合同为借款合同，出借人提供借款后违约可能性很小，而借款人得到借款后违约可能性相对较大，因此，约定由被告所在地法院管辖，实际上等于约定由借款人所在地法院管辖。而出借人在借款合同中具有优势地位，显然不应该把管辖权约定给借款人，需要修改，而且也能够修改
修改示范	*本合同在履行过程中发生任何争议，由双方协商解决，协商不成，任何一方均可向甲方所在地人民法院提起诉讼*

（五）救济途径条款倾向性审查示例

当合同履行可能会出现某种约定情况时，合同一方可以采取什么措施弥补或者救济，是合同可以事先约定的。下面我们结合一个委托合同，进一步了解倾向性审查方法在救济途径条款审查实务中的具体应用。

合同原稿	《委托合同》（合同编号：20190707） 第七条　合同变更与解除 本合同任何一方不得擅自解除合同
审查意见	本合同为委托合同，法律规定双方均可以随时解除合同，而合同当事人约定不得解除合同，有违法律规定，约定可能无效。那么，这种情况下，受托人还需要设置其他救济条款，约定：如果委托人解除合同，委托人应当承担相应的责任
修改示范	本合同任何一方不得擅自解除合同，**甲方擅自解除合同的，视为乙方全部完成工作，按照合同约定支付全部报酬。乙方擅自解除合同的，赔偿甲方因此造成的一切损失**

（六）风险防范条款倾向性审查示例

合同履行过程中，难免会出现一些风险，有些风险很难防控，而有些风险却是可以防控的，需要事先约定。下面我们结合一个示例，进一步了解倾向性审查在审查风险防范条款的过程中是如何应用的。

合同原稿	《棉花采购合同》（合审字：20190909） 第六条　支付价款 货到以后，乙方支付货款

审查意见	对于乙方来说，支付方式当然没有问题。 对于甲方来说，由于需要等待货到乙方之后，乙方才支付货款，既有合同风险，又存在资金周转问题。支付方式需要调整。 同时，支付期限不明，货到以后多少天以内支付，合同没有约定，风险太大，需要补充
修改示范	*《棉花采购合同》（合审字：20190909）* *第六条　价款支付* *本合同签订后3日内，乙方预支货款30%。* *货到以后3日内，乙方支付货款70%。* *上述货款以转账方式支付：* *账户名称：××××* *开户银行：××××* *银行账号：××××*

第四节　实用性审查

一、实用性审查的审查要点

合同内容的约定，首先需要明确，只有在明确的基础上便于实施、方便履行，才具有可操作性。一旦合同约定不便于实施、不具有可操作性，将增加合同履行难度，这便是合同实用性审查的审查要点。

二、实用性审查示例

合同的权利义务、履行期限、履行方式、履行地点、违约责任等内容都应当明确，并且都应当具有可操作性。

（一）权利义务条款实用性审查示例

权利义务条款的约定需要明确、实用。下面结合一个示例，进一步了解实用性审查方法在权利义务条款的审查过程中是如何运用的。

合同原稿	乙方应当尽力完成本合同约定的委托事务，否则，甲方可以解除合同，并且有权要求乙方承担相应的违约责任

审查意见	原稿约定实际上不具有可操作性。原稿中说，乙方的义务是尽力完成，而不是必须完成，这种说法要求的是乙方的主观努力，而不是乙方的客观成绩，而主观努力缺乏判断标准，也没有实际意义，约定不具有可操作性
修改示范	*乙方应当按照约定完成委托事务，否则，甲方可以解除合同，并且有权要求乙方承担违约责任*

（二）履行期限条款实用性审查示例

履行期限条款在合同中至关重要，无论是标的物的交付，还是价款的支付，都需要约定履行期限，而履行期限除了直接使用日历期限以外，更多的是使用非日历期限，即通常是先设定条件，在该条件成就的时候，时间才开始计算。因此，非日历期限经常与条件结合表述，条件的约定也就显得十分重要。如果条件的约定不具有可操作性，合同将难以履行。

合同中设置的条件，一般需要满足以下几个条件，才可能具有实用性：

该条件能够成就；

该条件双方能够识别判断；

该条件双方能够举证证明。

下面结合一个示例，进一步了解实用性审查方法在审查合同履行期限条款的过程中是如何运用的。

合同原稿	甲方应于甲方董事会批准之次日起 7 日内交纳保证金
审查意见	原稿约定的条件虽然能够成就，但是对于乙方，却难以识别判断。“甲方董事会批准之次日起”这个条件，乙方很难识别与判断，甲方董事会究竟批准了什么事项，所批准的事项是否需交纳定金，这些均无法判断。同时，该条件也难以举证证明，“甲方董事会的批准”，乙方很难举证证明，因此不具有可操作性
修改示范	甲方应于甲方董事会批准之次日起 7 日内交纳保证金，**但是最迟不能超过 2021 年 7 月 8 日**

（三）违约责任条款实用性审查示例

对于这一问题，《民法典》有如下规定：

《民法典》第 577 条规定：“当事人一方不履行合同义务或者履行合同义务不符合约定的，应当承担继续履行、采取补救措施或者赔偿损失等违约责任。”《民法典》第585条规定：“当事人可以约定一方违约时应当根据违约情况向对方支付一定数额的违约金，也可以约定因违约产生的损失赔偿额的计算方法。约定的违约金低于造成的损失的，人民法院或者仲裁机构可以根据当事人的请求予以增加；约定的违约金过分高于造成的损失的，人民法院或者仲裁机构可以根据当事人的请求予以适当减少。当事人就迟延履行约定违约金的，违约方支付违约金后，还应当履行债务。”也就是说，违约金可以约定，而且约定的违约金可以高于造成的损失30%，只要不超过这个限度，都是可以的。实际损失难以举证证明，而约定违约金，会便于计算与举证。

下面结合一个示例，来进一步了解实用性审查方法在合同违约责任条款审查的过程中是如何应用的。

合同原稿	乙方逾期支付货款的，向甲方承担违约责任
审查意见	原稿约定逾期支付货款的损失，难以证明，不实用，因此需要约定违约金的计算方法
修改示范	*乙方逾期支付货款的，每日向甲方支付逾期货款20%的违约金*

第五节　完备性审查

一、完备性审查的审查要点

合同除了合同框架需要完整以外，合同每一条款的内容也需要完整，不能遗漏。如果遗漏，可能就会存在合同风险。比如，质量检验条款里面，需要约定检验主体、检验期限、检验方式、处理措施等内容，如果缺少其中一个方面的内容，合同内容就不完备。完备性审查的审查要点大致如此。

二、完备性审查示例

在合同中，合同主体、合同标的、合同价款、违约责任等条款都需要约定完备。

（一）主体信息条款完备性审查示例

主体信息主要分为自然人主体信息与法人主体信息，其中法人主体信息主要包括主体名称、住所、法定代表人姓名、联系方式、统一社会信用代码等内容，自然人主体信息主要有自然人姓名、住址、身份证号码、联系方式等。

其中联系方式十分重要，它不仅关系到合同是否能够顺利履行，还关系到司法送达的效力问题，如果合同约定了微信号码、电子邮箱、手机短信等联系方式，那么，无论这些联系方式在事实上是否为对方所有，都推定为对方所有。下面结合一个示例，进一步了解完备性审查方法在审查合同主体信息条款的过程中是如何应用的。

合同原稿	甲方：怀化××有限公司 住所：×××× 乙方：怀化市××运输有限公司 住所：××××
审查意见	原稿主体信息不完备，需要补充
修改示范	甲方：怀化××有限公司 住所：×××× **法定代表人：×××** **统一社会信用代码：××××** **联系方式：××××** 乙方：怀化市××有限公司 住所：×××× **法定代表人：×××** **统一社会信用代码：××××** **联系方式：××××**

（二）标的信息条款完备性审查示例

标的信息除了标的名称以外，其他信息如品牌、产地、规格、型号、颜色等内容也需要完备。下面结合一个示例，进一步了解完备性审查方法在审查合同标的信息条款的过程中是如何应用的。

合同原稿	第一条　车辆情况如下： 车辆类型： 汽车牌照： 汽车名称： 汽车型号： 汽车颜色：

	初次登记日期以及登记证号： 保险合同情况： 车辆行驶里程： 车辆年检情况： 配置：
审查意见	本合同为二手车买卖合同，乙方看中的是特定车辆，而原稿信息仍然没有将车辆特定化，需要补充。发动机号与车架号是车辆的独特标志，应当增加到合同中，使标的物信息完备
修改示范	第一条　车辆情况如下： 车辆类型： 汽车牌照： 汽车名称： 汽车型号： 汽车颜色： 初次登记日期以及登记证号： 保险合同情况： 车辆行驶里程： 车辆年检情况： 配置： **发动机号码：** **车架号：**

（三）交付条款完备性审查示例

交付是将标的物按照约定交付给对方，是合同的核心条款，因此，交付条款的内容必须完备，交付内容、交付期限、交付方式、交付地点等内容缺一不可。下面结合一个买卖合同，进一步了解完备性审查方法在审查合同交付条款的过程中是如何应用的。

合同原稿	《小汽车买卖合同》 第五条　交付 2017 年 5 月 7 日，甲方将上述车辆交付给乙方
审查意见	原稿约定了交付期限、交付内容，但是没有约定交付地点、交付方式。同时，交付内容也约定不完整。因此，该条款约定不完备，需要补充

修改示范	《小汽车买卖合同》 第五条　交付 2017 年 5 月 7 日，甲方在甲方仓库将上述车辆交付给乙方，**交付货物时同时提供：** **车辆合格证；** **维修保养手册；** **修理网点信息；** **包修理凭证；** **车辆使用说明书；** **随车工具以及备件**

（四）支付条款完备性审查示例

如同交付条款一样，支付条款也是合同的核心条款，支付方式、支付期限、支付地点等内容都需要约定明确。下面结合一个示例，进一步了解完备性审查方法在审查合同支付条款的过程中是如何应用的。

合同原稿	第六条　价款支付 本合同签订后，乙方支付预付款 50%。 货到以后，乙方支付货款 50%
审查意见	就合同的完备性来讲，合同内容有重大遗漏，支付方式与支付期限都没有约定明确，需要补充
修改示范	《棉花采购合同》 第六条　价款 *本合同签订后 3 日内，乙方支付预付款 20%。* *货到以后 3 日内，乙方支付货款 40%。* *货物验收以后 3 日内，乙方支付货款 40%。* **上述货款以转账方式支付：** **账户名称：××××** **开户银行：××××** **银行账号：××××**

（五）质量条款完备性审查示例

质量条款关系到合同的交易目的是否能够实现，是合同的核心条款，其内容较为复杂，包括质量标准、质量检验期限、质量检验方式、质量检验标准、异议、异议处理等诸多内容。下面结合一个采购合同，进一步了解完备性审查方法在审查合同质量条款的过程中是如何应用的。

合同原稿	《茶叶采购合同》 第五条　甲方提供的茶叶产品必须符合法律规定的标准，否则，甲方承担一切责任
审查意见	原稿除了质量标准约定不明确以外，条款内容也不完备，检验期限、检验方式、异议处理等都没有约定，内容严重缺失
修改示范	《茶叶采购合同》 第五条　*甲方提供的茶叶产品必须符合（强制标准名称与代号）质量标准。***甲方提供的茶叶产品送到乙方指定仓库后3日内，由双方就茶叶产品的品种、产地、等级、数量、重量等进行检验。产品的其他质量问题，乙方在产品的两年保质期内均可随时提出质量异议，经检验不合格的产品，甲方应根据情况予以退货、调换、折价**

（六）违约责任条款完备性审查示例

违约责任条款的内容主要是违约情形以及与违约情形相对应的违约责任。很多情况下只有违约情形，却没有违约责任。有的合同即使约定了违约责任，违约责任的内容也不完备。下面结合一个具体示例，进一步了解完备性审查方法在合同讳约责任条款审查的过程中是如何应用的。

合同原稿	甲方逾期交货的，每天按照逾期交货部分价款的20%承担违约责任
审查意见	违约责任约定不完备。逾期交货责任虽然已约定，但是逾期2个月或者3个月以上，是否还有其他责任还要重新确定。所以，需要补充完备
修改示范	甲方逾期交货的，*每天按照逾期交货部分价款的20%向乙方支付违约金；逾期超过30天的，乙方可以解除合同，并且有权要求甲方按照前述标准向乙方支付违约金*

第六节　简洁性审查

一、简洁性审查的意义

合同语言的简洁性，不是对合同语言的必然要求，但是合同语言的简洁性关系到合同阅读效率，关系到合同的表达质量，有时候还关系到合同语言的准确度，所以，需要一并审查。

二、简洁性审查的审查要点

简洁性不是单纯指越简单越好，而是在准确的基础上越简单越好。简洁的“简”，就是简单，不复杂，而不是字的多少；“洁”，就是干净，洁白无瑕，一看就清楚，连起来就是合同语言简单清楚。

三、简洁性审查的方法及审查示例

（一）拆分

拆分就是把一个复杂的段落或者句子按照其表达的意思拆分成多个段落、多个句子，从而达到简洁的效果。有些段落或者句子读起来十分拗口难懂，但如果能按照意思的层次拆分成两个以上的段落或者句子，这种拗口难懂的情况就有可能改善。下面结合一个具体示例，进一步了解拆分方法在简洁性审查过程中的运用。

合同原稿	合同期限内，甲方必须派一名律师上门服务，一周两次，每次不低于2小时。甲方派出的律师条件为执业经历在十年以上，且擅长公司法务，具有税务筹划能力，否则，视为甲方违约。由甲方承担违约责任
审查意见	原稿表述繁复琐碎，其实就是约定对甲方派出的律师的资质要求，以及该律师的服务方式。简化后表述为：“合同期限内，甲方必须派一名为执业经历在十年以上，且擅长公司法务，具有税务筹划能力的律师上门服务，一周两次，每次不低于2小时。否则，视为甲方违约，由甲方承担违约责任。”如此虽然已经简化，但是仍然还没有达到简洁效果，不符合阅读习惯
修改示范	*合同期限内，甲方必须派同时具备如下条件的一名律师上门服务，一周两次，每次不低于2小时，否则承担违约责任：* *执业经历在十年以上；* *擅长公司法务；* *具有税务筹划能力*

（二）变换句式

变换句式是指不改变合同的意思，把复杂句式变换成简单句式。下面结合一个具体示例，进一步了解变换句式方法在简洁性审查过程中的应用。

合同原稿	乙方为甲方派出的上门服务律师提供午餐或者晚餐一次，并且每次补助一名律师交通费200元
审查意见	原稿表述没有问题，但是仍然可以简化。其实该条款内容就一个意思，就是乙方提供给甲方律师的一些待遇
修改示范	*乙方为甲方上门服务律师每次提供如下待遇：* *午餐或者晚餐；* *交通费200元*

第七节　语言歧义审查

一、语言歧义审查的意义

合同约定需要明确，而合同语言使用不当，就可能造成合同约定不明确。当事人本来是这个意思，一到合同中，由于合同语言使用不当，对方就理解成另外一个意思了。

二、语言歧义审查的要点及审查示例

合同中句子使用不当，就容易产生歧义，比如缺少句子成分、有多余句子成分、句子过于概括等情况都会产生歧义。字词使用不当产生歧义的情形有使用多义词、使用没有判断标准的字词等。标点符号使用不当产生歧义的情形有顿号误用成逗号等。下面我们通过几个示例来进一步了解在审查合同的过程中应如何处理语言歧义问题。

（一）句子方面的歧义

1. 缺少限定词导致歧义

合同中经常出现由于缺少了一个限定字词，导致句子产生歧义的情形。下面结合一个具体示例，进一步了解在合同审查过程中应当如何处理因为缺少限定字词所导致的语言歧义问题。

合同原稿	乙方逾期支付货款的，向甲方支付逾期货款万分之一的违约金
审查意见	原稿的本意是“乙方逾期支付货款的，每天向甲方支付逾期货款万分之一的违约金”。少了“每日”这个限定词。然后，乙方就有可能认为，“乙方逾期支付货款的，总共向甲方支付逾期货款万分之一的违约金”
修改示范	乙方逾期支付货款的，*每日向甲方支付逾期货款万分之一的违约金*

2. 两个词语或者两个句子共用一个修饰句导致歧义

下面结合一个具体示例，进一步了解在合同审查过程中应如何处理这种问题。

合同原稿	在合同签订后 3 日内，甲方交纳保证金 5 万元，支付第一期租金
审查意见	原稿“合同签订后 3 日内”是否同时限制“交纳保证金 5 万元”与“支付第一期租金”，会产生争议
修改示范	如果是一个修饰句同时限制“交纳保证金 5 万元”与“支付第一期租金”，则修改为：“*在合同签订后 3 日内，甲方交纳保证金 5 万元，并支付第一期租金。*” 如果不是同时限制，那么，支付第一期租金就缺少履行期限，则修改为：“*在合同签订后 3 日内，甲方交纳保证金 5 万元，在合同签订后 5 日内支付第一期租金。*”

3. 两个宾语产生歧义

有时候，合同语言在表面上有两个宾语，实际上可能只有一个宾语，其中一个是修饰语，不是真正的宾语。也有可能是两个宾语互不修饰，互不限制。下面结合一个示例，进一步了解在合同审查过程中应当如何处理这种问题。

合同原稿	甲方交付货物资料
审查意见	原稿的“货物”与“资料”两个词，是并列关系还是限制关系，不清楚，如果是并列关系，就都是宾语，如果是限制关系，则其中一个是修饰语
修改示范	如果甲方交付的是资料，资料是宾语，而“货物”是修饰词的话，为了避免歧义，那么可以修改为：“甲方交付该货物的相关资料。”在前面的宾语后面加一个“的”字即可。 如果甲方交付的是货物与资料，那么，“货物”与“资料”都是宾语，之间加一个“与”字解决争议。于是，合同条款便修改为：“*甲方交付货物与该货物有关的资料。*”

（二）字词方面的歧义

1. 定义字词产生歧义

合同中的一些字词或者词组，需要定义但是却没有定义或者解释，所以容易产生歧义。下面结合一个具体示例，进一步了解处理这种问题的方法。

合同原稿	经甲方的权力机构同意批准后3天内交纳保证金
审查意见	甲方的权力机构是什么，合同没有明确，容易产生争议
修改示范	*经甲方的董事会同意批准后3天内交纳保证金*

2. 种属概念产生歧义

合同中经常出现一些种属关系的词，使合同约定不具体，从而导致合同产生歧义。下面结合一个具体示例，进一步了解处理这种问题的方法。

合同原稿	甲方应当于2017年8月3日前将五吨水果交付给乙方
合同审查	水果范围很广，相对于苹果等属于种属概念，其下面还可以分为桃、苹果等很多种概念

（三）标点符号方面的歧义

下面结合一个具体示例，进一步了解处理这种问题的方法。

合同原稿	本合同自双方签字、盖章之日起生效
审查意见	当事人本意是合同自双方签字或者盖章之日起生效，结果用了顿号，改变了当事人原意，变成了合同自双方签字并且盖章之日起生效
修改示范	*本合同自双方签字或者盖章之日起生效*

第四章　合同常用条款的审查与修改

不同的合同，有不同的常用条款，买卖合同有买卖合同的常用条款，如合同主体、标的物、质量、检验、异议、包装、履行期限、价款、违约责任等条款；租赁合同有租赁合同的常用条款，如合同主体、租赁物、租赁期限、租赁用途、押金、维修、装修、增设与扩建、转租、违约责任等条款；借款合同有借款合同的常用条款，如合同主体、借款金额、利率、利息、担保、还款、违约责任等条款。

本章所指的合同常用条款，是指一般合同都会用到的条款，而不是各类合同独有或者特有的条款。

本章所说的合同常用条款，大致如下：

○合同主体条款。

○标的条款。

○履行期限、地点、方式条款。

○质量条款。

○价格或者报酬条款。

○支付条款。

○保密条款。

○免责条款。

○知识产权条款。

○违约责任条款。

○争议处理条款。

第一节　合同主体条款的审查与修改

一、合同主体条款的形式审查

（一）主体名称表述是否规范

法人或者其他组织的表述，一般要与其营业执照名称一致，既不能多写，也不能简写，要一字不差。自然人的名称，不能是自然人的小名或者笔名，更不能是自然人的谐音名称，一般应按照身份证上的姓名名称。如自然人身份证姓名为王晓红，则合同中必须书写为王晓红，不能写成“王小红”，也不能写成“王晓鸿”。一字之差，就会张冠李戴。

（二）合同主体信息是否完整

合同主体的表述，不仅需要表述规范，而且还需要表述齐全，将合同主体信息表述全面。

如，自然人的主要信息为：

○自然人姓名。

○性别。

○住所。

○出生年月日。

○身份证号码。

○联系方式。

又如，法人或者其他组织的主要信息为：

○法人名称或者其他组织名称。

○住所地。

○法定代表人姓名，或者负责人姓名。

○统一社会信用代码。

○联系人姓名、职务。

○银行账户。

○银行账号。

二、合同主体条款的实质性审查

合同主体条款的实质性审查，首先需要审查合同主体的主体资格，没有主体资格的合同主体签订的合同可能无效，因此，审查合同，首先需要审查合同主体是否具备签订该合同的资格。然后再审查合同主体的真实性，因为即使上述主体具备签订资格，但是如果该主体是不存在的，或者虽然存在，但是是冒名顶替的，那么合同仍然可能无效，风险巨大。同时，由于合同的目的是完成交易，因此，还需要审查合同主体的诚信度与履行能力。

（一）合同主体资格审查

1. 一般合同的主体资格

一般合同的主体资格，主要有三类，一是自然人，二是法人，三是其他组织。这些主体一般情况下是合格主体。如果签订合同的主体是法人的分支机构，则需要法人授权，而法人的职能部门等都不具有签订合同的主体资格。

2. 特殊合同的主体资格

（1）行业资质。

有些合同，其主体除了应当具备一般合同的主体资格外，还需要具备法律规定的资质，比如在房地产开发合同中，其一方就必须具备房地产开发资质，否则合同就会无效。再如，在建设施工合同中，承包人需要有承包人的资质，发包人需要有发包人的资质，违反资质规定签订合同，合同可能无效。

（2）许可证资格。

有些合同，法律规定需要经过政府有关部门审批，才能够开展经营活动，签订合同，对于符合条件的，颁发许可证，没有颁发许可证的，则不能从事该项经营活动，比如《危险废物经营许可证管理办法》规定了危险废物经营需要法定许可，《药品经营许可证管理办法》规定了药品经营需要法定许可，《广告经营许可证管理办法》规定了广告经营需要法定许可。

只有审查相关企业的许可证，才能够确定该主体是否具备合法的交易资格，没有取得许可证而从事相关经营，不仅面临行政处罚，还可能导致合同无效，甚至构成刑事犯罪。

（二）合同主体的真实性审查

1. 自然人身份的真实性审查

主要是要求对方提供身份证原件进行查验，如果对方没有提供身份证查验，那么，该自然人信息无从得知，如果完全依赖于对方的口述，则可能会与真实信息有出入，导致严重后果。如果确有必要，对于对方提供的身份证信息，还需要到有关机关核实身份证的真伪，以确保主体真实。

2. 法人身份的真实性审查

主要是审查法人的营业执照，要求对方提供营业执照副本，以核对具体信息，需要核对的具体信息主要有法人全称、法定代表人姓名、住所、银行账户、经营范围等。如果对方没有提供营业执照，法人信息就可能出现误差，导致重大疏漏。

如果确有必要，还可以去登记部门核对真伪，看看对方是否为真实的合同主体。如果涉及资质与许可证的审查，还需要资质方提供资质或者许可证原件，这样就可以去审批部门核实资质或者许可证的真伪。

（三）合同主体的履行能力与诚信审查

在审查合同主体是否具备履行能力或者履行诚信的时候，主要需要审查合同主体的涉诉情况、注册资金情况，以及是否被列入失信人名单。在中国法院裁判文书网中，可以查询合同主体涉诉情况；在中国法院网中，可以查询公告开庭信息；在中国执行信息公开网中，可以查询合同主体涉及执行情况，也可以查询失信人员名单，看看合同主体是否列入该名单中。

三、合同主体条款审查与修改示例

下面结合一个具体示例，进一步了解在实务中审查合同主体条款的方法。

合同原稿	甲方（出卖人）：湖南××有限公司 乙方（买受人）：杨某某
审查意见	合同主体信息不全
修改示范	甲方（出卖人）：湖南××有限公司 **住所：××××** **法定代表人：×××**

	统一社会信用代码：×××× **联系方式：××××** **银行账号：××××** 乙方（买受人）：杨某某 **住所地：××××** **身份证号：××××** **联系方式：××××**

第二节　合同标的条款的审查与修改

一、合同标的条款的审查要点

标的条款的审查要点，是如何区分此物与彼物，以什么为标准区分此物与彼物，比如汽车的区别是汽车的类型、汽车的品牌，标志性区别是发动机号码与车架号。

标的表述准确的标准是唯一、特定，表述方法主要是将标的物的名称表述准确，品牌、型号、规格、花色等信息表述全面。通俗点讲，就是要买对东西，不能买错东西。

二、合同标的的表述方法

（一）表格式

从各种合同的示范文本来看，以表格式的方法来表述标的物的情形较为常见，这种情形常见于买卖合同、租赁合同、运输合同、保管合同等，可以将标的物的质量、数量与价格一同呈现出来，其优点是简洁明了。

下面结合两个示例，了解表格式的方法在实务中的具体应用。

示例一

品种名称	数量（千克）	批发价格（元/千克）	结算价格（元/千克）	金额（元）	参考零售价（元/千克）	种子质量				备注
						纯度不低于96.0%	净度不低于98.0%	发芽率不低于80%	水分不高于13.0%	
						（≥国标二级良种标准，下同）				
合　计										
合计金额（大写）：	（　　　元）									

示例二

第一条　粮食品种、数量、价款、交（提）货时间。

品种	产地	商标或品牌	等级	计量单位	数量	单价	总价
交（提）货时间： 总价：人民币（大写）　　　　（　　　元）							

（二）陈述式

陈述式主要适用于相对简单、三言两语就能够区分的标的物，其优点是省去制作表格的麻烦，但需要注意表述是否全面，其适用范围广泛。下面结合一个具体示例，进一步了解如何在实务中用陈述式的方法表述标的物的具体信息。

> 甲方房屋位于怀化市鹤城区城北街道怀北路北××春小区××栋××单元××房。该商品房所在建筑物的主体结构为××，建筑总层数为6层，其中地上5层，地下1层。该商品房的房产测绘机构为 ××，真实测建筑面积共 ××平方米，其中套内建筑面积×× 平方米，分摊共有建筑面积 ××平方米。
>
> 该商品其他信息见附件二（略）

三、合同标的条款审查与修改示例

下面结合一个具体示例，进一步了解实务中如何进行合同标的物条款的审查与修改。

<table>
<tr><td>合同原稿</td><td>第一条　粮食数量、价款、交（提）货时间
<table><tr><td>产地</td><td>商标或品牌</td><td>等级</td><td>计量单位</td><td>数量</td><td>单价</td><td>总价</td></tr><tr><td></td><td></td><td></td><td></td><td></td><td></td><td></td></tr><tr><td></td><td></td><td></td><td></td><td></td><td></td><td></td></tr><tr><td></td><td></td><td></td><td></td><td></td><td></td><td></td></tr><tr><td></td><td></td><td></td><td></td><td></td><td></td><td></td></tr></table></td></tr>
<tr><td>审查意见</td><td>从各种合同的示范文本来看，以表格式的方法来表述标的物的情况较为常见，主要用于买卖合同、租赁合同、运输合同、保管合同等，常常将标的物的质量、数量与价格一同纳入，其优点是简洁明了。但是，原稿没有约定标的物的名称，即粮食的品种，需要补充</td></tr>
<tr><td>修改示范</td><td>第一条　粮食品种、数量、价款、交（提）货时间
<table><tr><td>品种</td><td>产地</td><td>品牌</td><td>等级</td><td>计量单位</td><td>数量</td><td>单价</td><td>总价</td></tr><tr><td></td><td></td><td></td><td></td><td></td><td></td><td></td><td></td></tr><tr><td></td><td></td><td></td><td></td><td></td><td></td><td></td><td></td></tr><tr><td></td><td></td><td></td><td></td><td></td><td></td><td></td><td></td></tr><tr><td></td><td></td><td></td><td></td><td></td><td></td><td></td><td></td></tr><tr><td colspan="8"></td></tr></table></td></tr>
</table>

第三节 价款条款的审查与修改

一、价款条款的审查要点

该条款主要有以下审查要点：

（一）币种明确

一般情况下，如果没有约定合同价款是其他外币，通常会将合同的币种理解为是人民币。因此，合同约定的币种如果是外币的话，就应当在合同中约定明确。实践中，通常约定为人民币。比如下面这一合同条款：自本合同签订之日起3日内，甲方向乙方提供借款人民币伍拾万元（500,000.00元）。

（二）单价明确

有单价的多半会表述单价，它是计算总价的依据，有了单价，总价自然会明确。比如，下面这一合同条款：**该房屋的租金为人民币每月五百五十元（550.00元）**。

（三）支付期限明确

价款明确了，还需要约定支付期限，这个内容比较重要，因为它是价款条款的履行期限。

如果约定分期支付，还需要约定每期的支付时间与支付金额。对于支付一方来说，分期支付可以大大降低风险，比如合同签订的时候支付一部分，货到以后又支付一部分，或者完成一部分任务支付一部分，货物验收合格后又支付一部分，最后还要留一部分作为质量保证金。而对于收款一方来说，一次性支付较为有利，即使分期支付，也希望第一次多付，并且支付期数不要太多。

比如下面这一合同条款：

货款支付

（1）本合同签订后，乙方支预付款20%。

（2）货到以后，乙方支付货款30%。

（3）货物验收以后，乙方支付货款40%。

(4) 剩余款项作为质量保证金。

二、价款条款审查与修改示例

合同原稿	乙方支付货款后，甲方应当及时提供发票
审查意见	“及时”没有具体的判断标准，实践中难以界定，因此，合同应当明确提供发票的具体时间。同时，按照合同约定，支付价款义务在前，提供发票义务在后，对于乙方极为不利
修改示范	如果是先取得发票，再支付价款的，可以约定：“*甲方取得合规的发票后××日内向乙方支付本合同约定款项。*” 如果是先支付价款，再提供发票的，可以约定：“*乙方支付货款后××日内，甲方应当提供合规发票，逾期提供发票或者提供发票不符合要求的，造成乙方损失的，甲方承担赔偿责任。*”

第四节　履行期限条款的审查与修改

根据是否需要借助其他因素才能够确定履行期限的标准来划分，可以把合同的履行期限分为日历期限与非日历期限。日历期限在这里指不需要借助任何条件，直接根据日期的到来就能够确定的履行期限。非日历期限在这里指需要借助其他因素才能够确定的履行期限。

一、履行期限条款的审查要点

该条款主要有以下审查要点：

(一) 日历期限

这里的日历期限，是指单纯凭日历就能确定合同的履行期限。比如下面这一合同条款：**供货方应于2010年7月8日前将货物运至怀化火车南站**。日历期限的优势在于精确，不需要参考其他因素就能够确定，期限到来之前就要履行。但是其缺点也很明显，那就是有时候会过于死板。

(二) 非日历期限

1. 非日历期限的特点

这里的非日历期限通常是先设定条件，该条件成就的时候，时间才开始计算。非日历期限的公式为：因素 + 时间起点 + 时间截止点。比如下面这一合同条款：**甲方应于甲方董事会批准之次日起 7 日内交纳保证金**。这里的"甲方通过董事会批准"就是条件。时间的起点是这个条件成就的次日，日历天数是七天，是截止点。但是，该内容约定条件不明确，甲方董事会批准之日，是董事会的什么批准，是交纳定金的批准吗，上述这些我们都不知道。所以，在设定非日历期限时，一定要将有关条件约定明确，这个条文还可以约定得更具体、更明确一些。

2. 非日历期限的审查要点

首先，有关的日期计算条件是能够成就的。如果这个条件不能成就，合同就有风险，如果这个条件总是无法成就，履行期限就始终无法确定，等于没有约定。所以，审查合同的时候，需要看看这个条件是否能够成就，如果不能成就，就需要修改。

其次，这个条件以及这个条件的成就是双方能够识别的。如果这个条件的成就，仅仅一方能够识别判断，而另一方不能够识别判断，那么，就会对另一方不利，另一方是不会接受的。比如下面这一合同条款：**甲方在甲方董事会批准之日起 5 日内发货**。在这一条款中，主动权在甲方，因为设定的条件是甲方董事会批准，甲方董事会作出的批准，乙方难以知晓，也难以证明。如果一方一定需要设置这样的条款，而且合同地位过于强势，那么，另一方在没有办法的情况下，可以附加另外一个解决的办法，比如加上容易判断的日历期限，二者符合其一即可，总有一个可以顺利履行。

最后，非日历期限的时间是向前开放的。设定的时间不能向后开放，如果向后开放，履行期限就没有截止点。向前开放，履行期限才能够计算截止点。下面这一示例，便是非日历期限向后开放的情形：**供货方应于合同签订之次日起 7 日后将货物运至怀化火车南站**。很显然，这一示例中没有时间截止点。而下面这一示例，则是非日历期限向前开放的情形：**供货方应于合同签订之次日起 7 日内将货物运至怀化火车南站**。这一示例中才有时间截止点。

二、履行期限条款审查与修改示例

下面结合一个示例，进一步了解在实务中应如何审查合同的履行期限条款。

合同原稿	供货方应于合同签订7日后将货物运至怀化火车南站
审查意见	该履行期限为非日历期限，时间往后开放，不符合合同约定规则，应当向前开放
修改示范	供货方应于合同签订*之日起7日内*将货物运至怀化火车南站

第五节　履行方式条款的审查与修改

合同履行的先后顺序，往往会涉及合同的风险承担，比如在合同约定货到付款的情形下，付款方就是后履行一方，其风险远远小于交货一方。如果合同约定款到交货，交货一方就是后履行一方，其风险远远小于付款一方。但无论是货到付款，还是款到交货，不是由谁任意选择的，主要是看双方在合同签订中谁处于优势地位以及双方博弈的结果如何，谁都希望自己是履行在后的那一方。

第六节　质量条款的审查与修改

质量条款的有无不影响合同的成立，但是却影响合同的交易目的，属于合同不可或缺的条款之一，我们审查的时候，需要高度重视。

质量条款在各种合同中都会用到，不同的合同有着不同的质量要求。质量条款可以进一步分解为质量标准条款、质量检验条款、质量异议条款、质量处理条款等。

一、质量条款的审查要点

该条款主要有以下审查要点：

（一）审查质量标准是否约定明确

审查质量条款，首先要看是不是约定了质量标准，然后再看约定的是哪一种质量标准，该标准是否约定明确。如果法律规定了某种货物的强制标准，那么，当事人就得明确该标准的代号以及标准名称。如果当事人约定其他标准，就需要约定一些双方都能够判断的标准，比如物的产地、物的基本使用功能等标准。

（二）审查质量检验事宜是否约定明确

有质量标准，就有质量检验，审查质量检验条款时，应当重点审查质量检验主体、检验方式、检验期限等内容。

1. 检验主体

根据检验主体的数量多少，可以将质量检验分为单方检验、双方检验、委托第三方检验。对于表面瑕疵的质量问题，可以约定单方检验，一般由接受标的一方进行检验。对于内在瑕疵，可以约定双方检验，如果有必要，也可以约定委托有检验能力的第三方检验。委托第三方检验，涉及检验费用的承担，可以约定检验费用根据检验结果负担，如果质量没有问题，由接受货物的一方承担，如果质量有问题，由出售货物的一方承担。

2. 检验期限

合同应当约定检验期限。约定检验期限，期限不能过短，不能低于法律规定的最短期限，但是可以长于法律规定的检验期限。

如果没有约定检验期限，法律规定了检验期限。《民法典》第621条规定："当事人约定检验期限的，买受人应当在检验期限内将标的物的数量或者质量不符合约定的情形通知出卖人。买受人怠于通知的，视为标的物的数量或者质量符合约定。当事人没有约定检验期限的，买受人应当在发现或者应当发现标的物的数量或者质量不符合约定的合理期限内通知出卖人。买受人在合理期限内未通知或者自收到标的物之日起二年内未通知出卖人的，视为标的物的数量或者质量符合约定；但是，对标的物有质量保证期的，适用质量保证期，不适用该二年的规定。出卖人知道或者应当知道提供的标的物不符合约定的，买受人不受前两款规定的通知时间的限制。"

（三）审查质量异议事宜是否约定明确

质量检验过后，合同双方还会面临质量异议的有关事宜，质量合格的，自然就达到交易目的，质量不合格的，接受货物一方就应当提出质量异议，通知提供货物一方解决质量异议。

质量异议，主要涉及以下两个方面的内容：

1. 异议方式

审查约定的异议方式是书面通知还是口头提出。

2. 异议处理

检验以后，发现质量的确有问题，是更换，还是退货，还是折价，退货后是否还要承担什么样的违约责任等，都需要进一步约定。

二、质量条款审查与修改示例

下面结合一个具体示例，进一步了解实务中对质量条款进行审查的方法。

合同原稿	甲方提供的产品必须符合国家质量标准，否则，应当按照合同约定承担违约责任
审查意见	质量标准在合同中没有约定明确，比较笼统。国家标准分为强制性标准与推荐性标准，需要进一步明确。本合同标的物有国家强制性标准，因此，需要写明标准名称与代号
修改示范	*甲方提供的产品必须符合（强制标准名称与代号）质量标准，否则，甲方有权拒收，并且有权追究乙方的违约责任*

第七节　违约责任条款的审查与修改

一、违约责任的类型

（一）违约责任的主要类型

1. 违约责任主要类型

违约责任的主要类型如下：

○继续履行。

○采取补救措施。

○赔偿损失。

○支付违约金。

○丧失定金。

○解除合同。

○修理、重作、更换、退货、减少价款或者报酬等。

2. 有关法律依据

《民法典》第577条规定:“当事人一方不履行合同义务或者履行合同义务不符合约定的，应当承担继续履行、采取补救措施或者赔偿损失等违约责任。”

《民法典》第582条规定：“履行不符合约定的，应当按照当事人的约定承担违约责任。对违约责任没有约定或者约定不明确，依据本法第五百一十条的规定仍不能确定的，受损害方根据标的的性质以及损失的大小，可以合理选择请求对方承担修理、重作、更换、退货、减少价款或者报酬等违约责任。”

《民法典》第583条规定:“当事人一方不履行合同义务或者履行合同义务不符合约定的，在履行义务或者采取补救措施后，对方还有其他损失的，应当赔偿损失。”

《民法典》第584条规定:“当事人一方不履行合同义务或者履行合同义务不符合约定，造成对方损失的，损失赔偿额应当相当于因违约所造成的损失，包括合同履行后可以获得的利益；但是，不得超过违约一方订立合同时预见到或者应当预见到的因违约可能造成的损失。”

《民法典》第585条第1款与第2款规定：“当事人可以约定一方违约时应当根据违约情况向对方支付一定数额的违约金，也可以约定因违约产生的损失赔偿额的计算方法。约定的违约金低于造成的损失的，人民法院或者仲裁机构可以根据当事人的请求予以增加；约定的违约金过分高于造成的损失的，人民法院或者仲裁机构可以根据当事人的请求予以适当减少。……”

《民法典》第586条规定：“当事人可以约定一方向对方给付定金作为债权的担保。定金合同自实际交付定金时成立。定金的数额由当事人约定；但是，不得超过主合同标的额的百分之二十，超过部分不产生定金的效力。实际交付的定金数额多于或者少于约定数额的，视为变更约定的定金数额。”

《民法典》第588条规定：“既约定违约金，又约定定金的，一方违约时，对方可以选择适用违约金或者定金条款。定金不足以弥补一方违约造成的损失的，对方可以请求赔偿超过定金数额的损失。”

（二）违约责任类型合并使用情况

根据法律规定，各种违约责任在有些情况下可以单独适用，也可以合并适用，而有些情况，只能够选择适用，二者只能选择其一，具体情形如下：

（1）在履行义务或者采取补救措施后，对方还有其他损失的，应当赔偿损失。

（2）定金与违约金不能合并适用，二者只能选择其一，但是定金数额有限制，不得超过主合同标的额的20%。

（3）定金与赔偿损失可以合并适用，定金不足以弥补违约损失的，受损一方仍然可以要求对方赔偿定金不足部分的损失。

（4）违约金与赔偿损失可以合并适用，违约金不足以弥补损失的，受损一方仍然可以要求对方赔偿损失。

其中损失赔偿数额应当相当于因违约所造成的损失，包括合同履行后可以获得的利益；但是，不得超过违约一方订立合同时预见到或者应当预见到的因违约可能造成的损失。而“应当预见”可以在合同中约定。约定的违约金过分高于造成的损失的，人民法院或者仲裁机构可以根据当事人的请求予以适当减少。其中“过分高于造成的损失”，司法解释限定为30%。也就是说，对于约定的违约金，除了可以约定弥补守约方的全部损失外，还可以约定守约方所承担的全部损失的30%。

二、违约责任的具体应用

（一）解除合同

1. 法定解除

解除合同是合同违约的一种救济措施，某种程度上说，仍然是追究违约责任的一种方式。如果当事人没有约定解除合同的情形，法律有明确规定，有下列情形之一的，当事人才可以解除合同，审查时需要了解：

《民法典》第563条规定：“有下列情形之一的，当事人可以解除合同：（一）因不可抗力致使不能实现合同目的；（二）在履行期限届满前，当事人一方明确表示或者以自己的行为表明不履行主要债务；（三）当事人一方迟延履行主要债务，经催告后在合理期限内仍未履行；（四）当事人一方迟延履行债务或者有其他违约行为致使不能实现合同目的；（五）法律规定的其他情形。以持续履行的债务为内容的不定期合同，当事人可以随时解除合同，但是应当在合理期限之前通知对方。”

2. 约定解除

约定解除的情形由当事人约定，可以约定违约后立即解除，也可以约定违约后经过一定期限才可以解除，还可以约定违约情形经过一定期限后，还要履行催告程序才可以解除。现将这几种约定解除合同的情形分述如下：

（1）违约后立即解除。

比如下面这一合同条款：**乙方逾期支付货款的，甲方有权解除合同，并且有权要求乙方每日按照未支付货款的20%支付违约金**。在这一条款中解除合同的条件是“逾期未支付货款”，只要乙方逾期支付，甲方就可以解除合同。

（2）违约后，还需要一段时间才能够解除。

比如下面这一合同条款：**乙方逾期支付货款的，每日按照未支付货款的20%向甲方支付违约金**。**逾期30天支付货款的，甲方有权解除合同，并且有权按照前述标准承担违约责任**。除了逾期支付货款以外，还需要逾期30天，才能解除合同。这里与前面相比，增加了一个“逾期30天”的时间限制。

（3）违约后，还需要履行催告程序才能够解除。

比如下面这一合同条款：**乙方逾期支付租金，经甲方催告后7天内仍不支付的，甲方有权解除合同，并且有权要求乙方每日按照未支付租金的20%支付违约金**。这里除了逾期支付租金以外，还需要履行催告程序，催告后仍然不履行的，还要经过7天才能够解除合同。

（4）约定无条件解除。

约定无条件解除，又叫任意解除，这种合同解除的特点是，即使不存在违约情形也可以解除合同，但是一般都附期限，需要提前通知。任意解除根据是否承担违约责任又分为不承担任何责任的任意解除、需要承担轻微责任的任意解除与承担重大责任的任意解除。

首先，是双方均可无条件解除，且不承担任何责任的情形。例如，双方均有权随时解除合同，且解约方不承担任何违约责任，但是需要提前30天通知对方。

其次，是无条件解除，但是没有约定是否承担违约责任的情形。比如下面这个合同条款：**双方均有权随时解除合同，但是需要提前30天通知对方**。这一合同条款就没有提及无条件解除合同的当事人的违约责任。

最后，是无条件解除，但是约定了较重的违约责任的情形。比如下面这个合同条款：**双方可以任意解除合同，但是解约方需要按照本合同的约定的总金额向守约方支付违约金**。这一合同条款，就给无条件解除合同的当事人设置了较重的违约责任。

（二）违约金

违约金适用范围很广，即使是解除合同，解除后守约方一般也会要求对方支付违约金或者赔偿损失。违约金的计算方式有两种，一种是固定违约金，另一种是设定违约金的计算方法。

固定违约金在合同实践中，使用得很少，原因在于固定违约金比较死板，难以根据违约情形进行调整。但是，对于一些没有办法计算损失，无法确定违约金额的情形，可以设定固定违约金。比如下面这个示例：**甲方逾期交付前述资料的，除继续提供资料的，还应当向乙方支付一万元作为违约金**。这个示例，便是根据这种无法计算损失的情形设置了固定违约金。

设定违约金的计算方法又分为三种情况：第一种是按照未履行部分的金额计算，第二种是按照合同总金额计算，第三种是按照单价计算。

1. 按照未履行部分的金额计算

这种违约金的计算方法，在实践中广泛使用，主要原因是它与具体的违约情形联系得比较紧密，相对比较公平。

比如下面这一合同条款：**自本合同签订之日起3日内，乙方支付货款总额的20%，逾期未支付的，甲方有权暂停供货，并且有权要求乙方每日按照逾期金额的××%支付违约金**。这一合同条款，便是要求违约方按照合同来履行部分支付违约金。

2. 按照合同总金额计算

这种违约金的计算方法，主要是针对严重的违约情形，因为这种情形影响到合同目的的实现。比如下面这一合同条款：**自甲方交付的一批货物之日**

起3日内，乙方支付货款总额的80%，逾期未支付的，甲方有权暂停供货，并且有权要求乙方每日按照货款总额的××%支付违约金。这一合同条款，便是对于较为严重的违约情形设置了这种违约责任。

但是有些时候，对于违约较轻的情形，合同也设定了按照合同总额计算违约金的违约责任。比如下面这个示例：**乙方违反协议中的保密义务，乙方应当向甲方支付违约金，乙方任职期间违反约定的，违约金额度按照乙方在甲方任职期间年度的全部收入所得计算**。在这一示例中，便是对于较轻的违约情形设置了这种违约责任。

3. 按照单价计算

比如下列这一合同条款：**甲方逾期维修租赁物的，除继续维修租赁物，还应当减免乙方一个月租金**。这一条款便是按照单价来计算的违约金。

（三）赔偿损失

1. 法定赔偿

这种赔偿，需要举证证明，一是需要证明你的实际损失是多少，二是需要证明你的这些损失是合同违约造成的。对于损失范围，法律规定是以合同签订时能够预见的损失为准，而能够预见的损失，主观判断的因素很多。

2. 约定赔偿

在约定赔偿的情形下，一般需要就损失范围进行约定，除了可以约定直接损失以外，还可以约定一些间接损失。并且可以对这些间接损失的范围进行强调或者补充说明。

约定赔偿损失最大的好处就是可以解决损失范围的争议。比如下面这一合同条款：**如果上述违约金不足以弥补甲方损失的，乙方应继续赔偿。损失范围包括但不限于直接损失、可得利益损失，以及由此支出的调查费用、公证费用、律师费、诉讼费用、向第三方支付的赔偿**。

三、违约责任条款审查与修改示例

下面结合一个具体示例，进一步了解在实务中如何进行违约责任条款审查。

合同原稿	乙方逾期支付货款的，每日按照逾期支付货款的 3% 承担违约责任
审查意见	合同仅仅约定了逾期违约责任，没有区分严重逾期的违约责任与一般逾期的违约责任
修改示范	乙方逾期支付货款的，*每日按照逾期支付货款的 3% 向甲方支付违约*金。*逾期超过 30 天的，甲方可以解除合同，并且有权按照前述标准要求乙方支付违约金*

第八节　免责条款的审查与修改

很多合同约定了免责条款，但是真正发生免责作用的却不多。

一、免责条款的审查要点

（一）是否有法定免责情形

如果法律明确规定了减轻责任或者免责的情形，合同当事人再通过合同约定免责或者减轻责任的情形，似乎没有必要。如不可抗力就是法定的免除民事责任的情形。

（二）约定的免责情形是否符合法律规定

除了法律规定的免责情形以外，当事人也可以约定某些免责情形，但是这些免责情形一定不要违背法律规定，否则可能因为违法而无效。《民法典》第 506 条规定："合同中的下列免责条款无效：（一）造成对方人身损害的；（二）因故意或者重大过失造成对方财产损失的。"所以，缔约双方应注意，不要与这一条款相抵触。

二、免责条款审查与修改示例

下面结合一个具体示例，进一步了解在实务中应如何对免责条款进行审查。

合同原稿	本合同的不可抗力包括但不限于下列事件：台风、地震，政府行为如征收征用，社会异常事件如罢工、骚乱、抢劫、非甲方主要责任的交通事故等

审查意见	法律规定的不可抗力，是指合同订立时不能预见、不能避免并不能克服的客观情况，包括自然灾害、政府行为、社会异常事件三方面。自然灾害如台风、地震，政府行为如征收征用，社会异常事件如战争、罢工、骚乱等。而合同将非甲方主要责任的交通事故约定为不可抗力，可能不符合法律规定
修改示范	本合同的不可抗力包括但不限于以下事件：台风、地震，政府行为如征收征用，社会异常事件如罢工、骚乱、抢劫等

第九节　送达与通知条款的审查与修改

送达条款虽只有寥寥几行字，但其意义却非同寻常。送达条款约定明确，它就能在合同履行中提供诸多方便，也能够在诉讼时提供有效送达地址。

一、送达与通知条款的作用

（一）为合同履行提供方便

送达与通知条款能够为合同履行提供方便。如合同履行过程中，催促对方履行，通知对方一些合同履行情况，提出合同变更、解除等要求也需要通知与送达。

（二）诉讼送达方便

司法解释明确允许当事人在合同中约定司法送达地址。

《最高人民法院关于进一步推进案件繁简分流优化司法资源配置的若干意见》第3条规定："完善送达程序与送达方式。当事人在纠纷发生之前约定送达地址的，人民法院可以将该地址作为送达诉讼文书的确认地址。当事人起诉或者答辩时应当依照规定填写送达地址确认书。积极运用电子方式送达；当事人同意电子送达的，应当提供并确认传真号、电子信箱、微信号等电子送达地址。充分利用中国审判流程信息公开网，建立全国法院统一的电子送达平台。完善国家邮政机构以法院专递方式进行送达。"

《最高人民法院关于进一步加强民事送达工作的若干意见》第8条规定："当事人拒绝确认送达地址或以拒绝应诉、拒接电话、避而不见送达人员、搬离原住所等躲避、规避送达，人民法院不能或无法要求其确认送达地址的，可以分别以下列情形处理：……（一）当事人在诉讼所涉及的合同、往来函件中对送达地址有明确约定的，以约定的地址为送达地址……”

二、送达、通知条款的审查要点与审查修改示例

1. 对于送达与通知条款，应当重点审查其是否具有如下内容：

○邮寄地址。

○收件人。

○手机号码。

○电子邮箱。

○传真号。

○微信号。

2. 送达与通知条款审查与修改示例。

下面结合一个具体示例，进一步了解如何在实务中进行送达与通知条款的修改。

合同原稿	乙方履行合同联系方式： 邮寄地址：×××× 收件人：×××× 手机号码：×××× 电子邮箱：×××× 传真号：×××× 微信号：××××
审查意见	虽然原稿约定的送达方式比较全面，但是仍然可以补充约定，该送达地址的法律后果不仅仅是便于合同履行，还应是司法送达地址
修改示范	乙方提供下列联系方式，**作为履行本合同使用，其中电子邮箱与手机号同时作为司法送达地址：** 邮寄地址：×××× 收件人：×××× 手机号码：×××× 电子邮箱：×××× 传真号：×××× 微信号：××××

下　篇

第一章　买卖合同的审查与修改

第一节　买卖合同的概念与主要特征

一、买卖合同的概念

买卖合同是出卖人转移标的物的所有权于买受人，买受人支付价款的合同。也就是说，买卖合同一方转移的是标的物所有权，获得的是价款，而另一方支付的是价款，获得的是标的物的所有权。

二、买卖合同的主要特征

（一）买卖合同是转移财产所有权的合同

按照《民法典》第595条的规定："买卖合同是出卖人转移标的物的所有权于买受人，买受人支付价款的合同。"因此，买卖合同是转移财产所有权的合同。

（二）买卖合同是有偿合同中最典型的合同

相对于其他有名合同而言，买卖合同最具普遍性，是典型合同中的典型合同。

（三）买卖合同是具有参照适用作用的合同

其他合同有规定的，当然适用其规定，而没有规定的，参照适用买卖合同的规定，因此，买卖合同具有参照适用的作用。下面这些法律与司法解释的规定，都确立了将买卖合同作为参照适用合同的理念。

《民法典》第646条规定："法律对其他有偿合同有规定的，依照其规定；没有规定的，参照适用买卖合同的有关规定。”《民法典》第647条规定：“当事人约定易货交易，转移标的物的所有权的，参照适用买卖合同的有关规定。”《最高人民法院关于审理买卖合同纠纷案件适用法律问题的解释》第32条规定：“法律或者行政法规对债权转让、股权转让等权利转让合同有规定的，依照其规定；没有规定的，人民法院可以根据民法典第四百六十七条和第六百四十六条的规定，参照适用买卖合同的有关规定。权利转让或者其他有偿合同参照适用买卖合同的有关规定的，人民法院应当首先引用民法典第六百四十六条的规定，再引用买卖合同的有关规定。”

第二节　买卖合同的框架审查与修改

审查买卖合同，首先需要从整体上入手，看看本合同主要有哪些基本条款，与同类买卖合同相比，本买卖合同缺少哪些条款，多出哪些条款，要有一个总体把握。

一、买卖合同主要框架的依据

（一）法律依据

《民法典》第470条规定：“合同的内容由当事人约定，一般包括下列条款：（一）当事人的姓名或者名称和住所；（二）标的；（三）数量；（四）质量；（五）价款或者报酬；（六）履行期限、地点和方式；（七）违约责任；（八）解决争议的方法。……”因此，一般合同应当包括如下框架：

序号	框架名称
1	双方主体名称
2	标的
3	数量
4	质量
5	价款
6	履行期限

序号	框架名称
7	履行地点
8	履行方式
9	违约责任
10	争议处理办法

《民法典》第596条规定："买卖合同的内容一般包括标的物的名称、数量、质量、价款、履行期限、履行地点和方式、包装方式、检验标准和方法、结算方式、合同使用的文字及其效力等条款。"据此，买卖合同除了应当具备《民法典》第470条规定的框架外，还应当具有如下独特框架：

序号	框架名称
1	包装方式
2	检验标准
3	检验方法
4	结算方式

（二）有关买卖合同的交易实践依据

合同审查，除了需要了解相关法律规定以外，还需结合当事人的交易目的与交易习惯进行审查，看看合同需要哪些框架。比如有时候，在审查买卖合同的过程中，如果涉及货款的安全，当事人可能会约定担保条款。如果涉及质量的保证，还会设定质量保证金条款。因此，实践中，买卖合同还可能具备如下框架：

序号	框架名称
1	担保
2	所有权保留
3	质量保证金
4	免责条款

二、买卖合同的主要框架

根据《民法典》第596条与第470条的规定，结合当事人有关需要，买卖合同的主要框架有：

序号	框架名称
1	合同主体
2	标的物
3	数量与质量
4	包装
5	交付期限
6	交付方式
7	交付地点
8	质量检验
9	异议
10	价款
11	费用
12	结算方式
13	保修
14	质量保证金
15	违约责任
16	争议处理

三、买卖合同的框架审查与修改

下面结合一个具体示例，进一步了解在实务中应如何对买卖合同的框架进行修改。

1. 合同原稿

农作物种子购销合同（合同编号：20180515）

供方：湖南××科技有限公司

需方：海南××有限公司

根据《民法典》和《种子法》等有关法律法规的规定，明确供需双方的权利、责任和义务，经双方协商一致，签订本合同。

一、农作物种子种类、品种、数量、金额：

<table>
<tr><th rowspan="2">品种名称</th><th rowspan="2">数量（千克）</th><th rowspan="2">批发价格（元/千克）</th><th rowspan="2">结算价格（元/千克）</th><th rowspan="2">金额（元）</th><th rowspan="2">参考零售价（元/千克）</th><th colspan="4">种子质量</th><th rowspan="2">备注</th></tr>
<tr><th>纯度不低于96.0%</th><th>净度不低于98.0%</th><th>发芽率不低于80%</th><th>水分不高于13.0%</th></tr>
<tr><td></td><td></td><td></td><td></td><td></td><td></td><td colspan="4"></td><td></td></tr>
<tr><td>合计</td><td></td><td></td><td></td><td></td><td></td><td></td><td></td><td></td><td></td><td></td></tr>
<tr><td colspan="2">合计金额（大写）：</td><td colspan="9">（ 元）</td></tr>
</table>

二、种子的检验和检疫：

1. 供需双方按国家颁布的种子检验检疫有关规定办理种子检验、检疫手续。

2. 需方收货后，两个发芽周期（30天）内对种子发芽率、净度、水分三项指标进行复检，发现问题应在该期限内提出书面意见，逾期视为合格。

3. 大田纯度若达不到约定质量标准，需方必须及时通知供方临田察看确认，逾期供方视为该批种子合格。

4. 需方在种子销售过程中，必须做好销售明细登记，建好两级经销档案。批发档案在种子销售结束后，交供方存档备案；零售档案由需方自行存档，以备供方抽查，需方必须确保两级档案的一致性，要求用种户保存好种子袋及购种发票，否则有关责任和损失由需方承担。

三、交货时间与地点：需方在供方的配货中心（供方仓库）提货或供方代为发货，装车费由供方承担，运费由需方承担。

四、定金优惠：按照供方制定《2010～2011年种子销售预收定金优惠方案》执行，需方交纳定金后享受相关优惠政策。

五、种子质量与非质量纠纷处理：种子发生质量纠纷，由双方种子管理部门进行质量技术鉴定，费用由责任方承担；本合同在履行过程中发生纠纷时，由双方协商解决，协商不成可向供方所在地人民法院提起诉讼。如因需方推广生态区域不适、技术指导不到位、用种户栽培管理不当，或因不可抗拒因素（如气候、土壤、非检疫性病虫害等）造成减产，供方不承担赔偿责任。

六、退货方式：详情按照供方制定的本年度《退货管理制度》执行：__________ __________________等属大路品种不予退货，__________________等属于双方约定限量供应的专营品种不予退货，如经双方协商供方准许退货，需方以具体品种的实际退货量承担每公斤 2 元（超级稻品种每公斤 3 元）的退货损失费，并承担所有退货运费；以上除不予退货以外的所有品种分品种退货总量占该品种调种总量的 10% 以内属正常退货，经销商除承担所有退货运费外不负担退货损失，超过 10% 的部分需方承担每公斤 1 元的退货损失费（退货损失费含种子包装费、装卸费、品种及数量清点核实用工费、仓储占用及管理、冷藏消毒费、电费、计划风险等），并承担所有退货运费。退货期限原则为当年该品种销售季节结束后 25 天内：其中，双季早稻 4 月 30 日前，中稻 5 月 25 日前，一季晚稻 6 月 15 日前，双季晚稻 7 月 10 日前，早稻品种作晚稻直播的 7 月 28 日以前，退货必须分品种清点好数量，附退货详细清单（注明退货品种、数量、整包和零包数、退货人单位名称及电话，并预先电话通知供方仓储物流部接货和营销部备案），凡退货不附带清单的供方有权拒收和不予结算退款。

七、其他约定事项：供方根据需方的需求所提供未经审定的品种属生态示范用种，示范推广补贴费用已在定价优惠中体现，供方只对该品种种子质量负责；需方根据市场需求调整购种量，并负责处理好市场准入、生态示范等各项工作，非种子质量因素所引起的责任事故由需方承担。

八、本合同一式两份，双方各持一份，有效期限：______年______月______日至______年______月______日，未尽事宜双方友好协商解决。需方在______年______月______日向供方交纳合同约定数量的种子调购金后，本合同生效。

甲　方	乙　方
甲方（盖章）：湖南××有限公司 法人代表： 委托代理人：	乙方（盖章）： 法人代表： 委托代理人：
签订时间：20××年××月　××日　签订地点：怀化市鹤城区	

附：

开户银行：

银行账号：

2. 审查原稿框架

审查原稿框架的主要目的，是看看原稿整体内容情况，看看原稿都有什么框架，缺少什么框架，看看原稿框架之间有无重复，是否存在有矛盾或者不一致的内容。

序号	原稿内容	原稿框架
1	一、农作物种子品种、种类、数量、金额	标的物
2	一、农作物种子品种、种类、数量、金额	数量与质量
3	一、农作物种子品种、种类、数量、金额 四、定金优惠：按照供方制定《2010～2011年种子销售预收定金优惠方案》执行，需方交纳定金后享受相关优惠政策	价款
4	二、种子的检验和检疫： 1. 供需双方按国家颁布的种子检验检疫有关规定办理种子检验、检疫手续。 2. 需方收货后，两个发芽周期（30天）内对种子发芽率、净度、水分三项指标进行复检，发现问题应在该期限内提出书面意见，逾期视为合格。 3. 大田纯度若达不到约定质量标准，需方必须及时通知供方临田察看确认，逾期供方视为该批种子合格	检验
5	三、交货时间与地点：需方在供方的配货中心（供方仓库）提货，装车费由供方承担，运费由需方承担	交付方式与交付地点

3. 对比原稿框架

将原稿框架与一般买卖合同框架进行对比的目的，是看看原稿有什么框架，与一般买卖合同框架相比，缺少什么框架。如果缺少某个框架，是否需要增加，如果不增加对本合同有什么影响。我们如果不把一般买卖合同的框架与本合同框架进行对比，就难以发现本合同缺少什么框架，难以发现本合同需要增加什么框架。即使我们不列表对比，心中也要有一个合同框架来对比，避免出现遗漏。

在将一般买卖合同框架与本合同框架进行对比之后，我们可以得出下列买卖合同框架对比表：

序号	买卖合同一般框架	原稿框架	对比结果
1	合同主体	合同主体	
2	标的物	标的物	
3	数量与质量	数量与质量	
4	包装		缺少
5	交付期限	履行期限	
6	交付方式	履行方式	
7	交付地点	履行地点	
8	质量检验	检验	
9	异议	异议	
10	价款	价款	
11	费用	费用	
12	结算方式	结算方式	
13	保修		缺少
14	质量保证金		缺少
15	违约责任	违约责任	
16	争议处理	争议处理	

4. 原稿框架审查与修改

审查主体	代表乙方 合同地位：需方
审查意见	该合同原稿为甲方提供，将原稿与一般买卖合同的主要框架相比较后，发现合同中缺少如下框架：包装；保修；质量保证金。其中，包装是乙方需要争取的。 就本合同实际情况而言，保修与质量保证金条款不一定需要增加，但是包装条款有必要增加。因为本合同为种子购销合同，履行过程中肯定需要包装。为便于合同履行，应当根据标的物的不同品种提供不同包装，同一品种又要根据数量不同提供不同包装，便于区分。结合合同实际情况，包装应当由供方提供，包装费用也应当由供方承担，但是包装的要求，供方可以与需方协商，并且在合同中明确

修改示范	增加一条，作为第5条，后续条款依次后移。 **第五条　包装** **包装应当根据种子的不同品种分设1千克和0.5千克专用精包装、专用普通包装、通用精包装等，其中，专用精包装采用××包装袋，专用普通包装采用××包装袋，通用精包装采用××包装袋。** **包装袋表面统一印刷下列标识：** **种子名称；** **品种名称；** **品种质量；** **数量（1千克和0.5千克）；** **品种等级。** **包装由甲方提供，包装费用由乙方承担。** **甲方提供包装不合格的，乙方可以拒绝收货，因此而产生交货迟延的，甲方承担逾期交付货物的违约责任**

第三节　买卖合同具体条款的审查与修改

一、买卖合同主体条款的审查与修改

（一）买卖合同主体条款的审查要点

买卖合同主要有以下审查要点：

○主体表述是否规范。

○主体信息是否全面。

○主体资格是否符合法律规定。

○出卖人是否为标的物权利人。

○买受人是否具有相应履行能力。

合同主体是法人的，要审查法人名称是否与营业执照一致，有没有按照营业执照如实填写，是自然人的，则要审查自然人名称等是否按照身份证如实填写。

合同主体除了表述规范以外，还需要表述全面。合同主体是法人的，除了填写法人名称外，还需要填写法定代表人、住所、统一社会信用代码、银行账户、联系方式等信息；合同主体是自然人的，除了填写自然人姓名以外，还需要填写自然人的性别、出生年月日、住址、身份证号码、联系方式等信息。

对于买受人一方而言，需要重点审查出卖人对于标的物是否具备所有权。如果出卖人是权利主体，有时候还需要进一步审查标的物是否还有共有权人；如果有，要审查共有权人是否同意；如果是出卖人得到所有权人授权的情形，则要审查有无所有权人授权委托。

对于出卖人一方而言，主要审查买受人是否具备履行能力，如其信用状况等。

（二）买卖合同主体条款审查与修改示例

下面结合一个具体示例，进一步了解在实务中应如何对买卖合同主体条款进行审查与修改。

合同原稿	《商品房预售合同》（合同编号：20180307） 甲方：湖南××有限公司 住所：×××× 乙方：高某某 住所：××××
审查主体	代表乙方
审查意见	原稿主体信息不全，甲方法定代表人、统一社会信用代码是合同主体的主要信息，需要填写完整。另外，在商品房预售合同中，出卖人一方是需要预售许可证的，而本合同没有涉及，建议在合同主体一栏注明企业资质证书号或者在合同标的一栏注明商品房预售许可证号
修改示范	《商品房预售合同》（合同编号：20180307） 甲方：湖南××有限公司 住所：×××× **法定代表人：×××** **企业资质证书号：××××** **统一社会信用代码：××××** **联系方式：××××** **开户银行：××××** **银行账号：××××** 乙方：高某某 住所：×××× **身份证号码：××××** **联系方式：××××**

二、标的条款的审查与修改

标的物条款是买卖合同的核心条款，务必表述清楚，不能存在歧义，既不能卖错东西，也不能买错东西。

（一）买卖合同标的物条款的主要特征

买卖合同标的物种类繁多，但可以区分为动产与不动产。

1. 标的物为动产的，一般具备如下内容：

○产品名称。

○生产厂家（或者产地）。

○品牌。

○型号。

○规格。

○颜色。

2. 标的物为不动产的，一般具备如下内容：

○名称。

○位置。

○面积。

○产权人。

○产权证号。

（二）买卖合同标的物条款审查要点

1. 标的物名称必须规范。

2. 主要特征表述准确，且不要遗漏。

标的物条款，要求按照产品正式名称表述，不能简写、缩写，也不能使用俗语。标的物条款没有约定的，或者约定不明确，法律还规定有救济途径，可以适用有关法律规定，比如价格条款约定不明确，可以按照订立合同时履行地的市场价格履行；而标的物条款一旦没有约定明确，法律也没有办法救济，合同便难以成立，审查时一定注意。

标的物名称表述规范了，其他主要信息也需要表述准确、完整，否则，标的物就不能特定，比如同样是某品牌笔记本电脑，有××型与×××型之分，还有黑色白色之分。

（三）买卖合同标的物条款审查与修改示例

下面结合一个具体示例，进一步了解应如何在实务中对买卖合同标的物条款进行审查与修改。

合同原稿	《二手车买卖合同》（合同编号：20201109） 第一条　标的物 汽车名称：________ 生产厂家：________ 汽车型号规格：________ 排气量：________ 汽车颜色：________ 配置：________
审查主体	代表买方
审查意见	合同原稿对标的物进行了详细表述，但是没有表述到位。二手车的买卖，不同于新车的买卖，标的物由种类物变成了特定物，当事人购买的就是这一辆车，而不是若干车辆车中的一辆。 将一辆车从若干辆车中区分出来主要依靠车架号与发动机号，而不是生产厂家与汽车型号。车架号与发动机号相当于车辆的身份证号码，在二手车买卖合同中，车架号、发动机号最好在合同中加以表述。因为这一台车才是买受人看中的车
修改示范	《二手车买卖合同》（合同编号：20201109） 第一条　标的物 汽车名称：________ 生产厂家：________ 汽车型号规格：________ 排气量：________ 汽车颜色：________ 配置：________ **发动机号：________** **车架号：________**

三、交付条款的审查与修改

（一）交付条款的主要内容

交付条款，一般具有如下内容：

○交付范围。

○交付方式。

○交付期限。

○交付地点。

交付范围，主要是约定出卖人除了交付货物本身以外，还要交付哪些内容，是否包括交付相关凭证以及其他附属物品。

通过下面这些法律与司法解释的相关规定，我们就可以了解到交付范围所应当涵盖的内容。《民法典》第598条规定："出卖人应当履行向买受人交付标的物或者交付提取标的物的单证，并转移标的物所有权的义务。"《民法典》第599条规定："出卖人应当按照约定或者交易习惯向买受人交付提取标的物单证以外的有关单证和资料。"《最高人民法院关于审理买卖合同纠纷案件适用法律问题的解释》第4条规定："民法典第五百九十九条规定的'提取标的物单证以外的有关单证和资料'，主要应当包括保险单、保修单、普通发票、增值税专用发票、产品合格证、质量保证书、质量鉴定书、品质检验证书、产品进出口检疫书、原产地证明书、使用说明书、装箱单等。"

因此，一般情况下，出卖人的法定交付义务是交付标的物或者交付提取标的物的单证，而是否要交付提取标的物单证以外的有关单证和资料，则需要依据当事人的约定或者交易习惯来定。如果买受人需要出卖人交付提取标的物单证以外的有关单证和资料，最好在合同中明确约定。

交付方式，主要是买方上门提货，还是卖方送货上门的问题，这在买卖合同中尤为重要，因为它涉及标的物所有权的变动时间，也涉及标的物风险的承担，还涉及费用的承担。如果是买方上门提货，那么，所有权自买受人提货后发生转移，标的物风险也就是自提货后由买受人承担，如果没有另外约定，运输费用一般也就由买方承担。如果是卖方送货上门，所有权自出卖人送货到买受人后才发生转移，途中的风险也由出卖人承担，如果没有另外约定，运输费用也是出卖人承担。

通过下面这些法律与司法解释的相关规定，我们就可以了解到在审查交付方式条款时所应当重点关注的内容。《民法典》第604条规定：“标的物毁损、灭失的风险，在标的物交付之前由出卖人承担，交付之后由买受人承担，但是法律另有规定或者当事人另有约定的除外。”《最高人民法院关于审理买卖合同纠纷案件适用法律问题的解释》第9条规定：“出卖人根据合同约定将标的物运送至买受人指定地点并交付给承运人后，标的物毁损、灭失的风险由买受人负担，但当事人另有约定的除外。”综上所述，审查交付条款，一是审查交付条款的内容是否约定全面，二是审查是否有与交付条款相关的法律规定，如果有相关法律规定，还要考虑该法律规定是否对己方当事人有利。如果有利，合同可以不作约定；如果不利，还需要考虑该法律规定是强制性规定还是任意性规定，如果是任意性规定，就要考虑如何通过约定来实现自己的交易目的。

（二）交付条款审查与修改示例

下面结合一个具体示例，进一步了解在实务中应如何对交付条款进行审查与修改。

合同原稿	《小汽车买卖合同》（合同编号：20170501） 第五条　交付 2017年5月7日，甲方在甲方仓库将汽车交付给乙方
审查主体	代表买方
审查意见	原稿交付内容没有约定全面，因为甲方交付货物的时候，还需要交付相关资料，没有这些资料，则有许多不便。所以，需要在合同中明确甲方交付相关资料的义务
修改示范	《小汽车买卖合同》（合同编号：20170501） 第五条　交付 2017年5月7日，甲方在甲方仓库将车交付给乙方，**交付车的同时提供：** **车辆合格证；** **维修保养手册；** **修理网点信息；** **包修理凭证；** **车辆使用说明书；** **随车工具以及备件**

四、质量条款的审查与修改

（一）买卖合同质量条款的主要内容

买卖合同质量条款一般具有如下内容：

〇质量标准。

〇质量检验。

〇异议。

〇质量问题处理。

对于质量标准，可以约定强制性国家标准，没有强制性国家标准的，可以约定推荐性国家标准。没有推荐性国家标准的，可以约定行业标准，没有行业标准的，可以约定通常标准，当事人还可以约定特定标准，如约定以样品为判断标准。总而言之，质量是有标准的。没有标准，质量合格与否就没有判断依据。

质量标准，有的通过人的肉眼就可以检验判断，而有的则需要通过专业的检验才能够判断。因此，合同应当约定检验程序，如约定单方或者双方共同委托第三方检验。如果合同没有约定质量标准，或者没有约定质量检验程序的，法律有相应规定。

《民法典》第511条规定："当事人就有关合同内容约定不明确，依据前条规定仍不能确定的，适用下列规定：（一）质量要求不明确的，按照强制性国家标准履行；没有强制性国家标准的，按照推荐性国家标准履行；没有推荐性国家标准的，按照行业标准履行；没有国家标准、行业标准的，按照通常标准或者符合合同目的的特定标准履行。……"《民法典》第620条规定："买受人收到标的物时应当在约定的检验期限内检验。没有约定检验期限的，应当及时检验。"

（二）质量条款的审查要点

审查质量条款，一是审查质量条款的内容是否约定全面，如质量标准、质量检验、质量异议、异议处理等内容是否都已约定。二是研究质量条款的有关法律规定，看看该法律规定有哪一方面对己方当事人有利。如果有利，这一方面合同可以不作约定，按照法律规定执行即可；如果不利，律师就要提醒己方当事人，这一方面必须通过约定才能够排除该法律规定的适用，否则，就要适用该法律规定。

（三）质量条款审查与修改示例

下面结合一个具体示例，进一步了解在实务中应如何对质量条款进行审查与修改。

合同原稿	《茶叶采购合同》（合审字：20180205） 第三条　质量标准 甲方提供的产品必须符合国家质量标准，否则，乙方有权拒收
审查主体	代表乙方
审查意见	质量标准在合同中没有约定明确，比较笼统。 国家标准分为强制性标准与推荐性标准，需要进一步明确，并且应当写明标准名称与代号或者编号
修改示范	《茶叶采购合同》（合审字：20180205） 第三条　质量标准 *甲方提供的产品必须符合（强制标准名称与代号）质量标准，*否则，乙方有权拒收，**因此产生的一切后果由甲方承担**

五、质量异议条款的审查与修改

（一）质量异议条款的主要内容

质量异议条款一般具备如下内容：

○检验期限。

○异议方式。

○异议处理。

1. 关于检验期限

当事人约定检验期限的，买受人应当在检验期限内将标的物的数量或者质量不符合约定的情形通知出卖人；当事人没有约定检验期限的，买受人应当在发现或者应当发现标的物的数量或者质量不符合约定的合理期限内通知出卖人。

对于检验期限，《民法典》及有关司法解释大致有如下规定。《民法典》第 621 条规定：“当事人约定检验期限的，买受人应当在检验期限内将标的物的数量或者质量不符合约定的情形通知出卖人。买受人怠于通知的，视为标的物的数量或者质量符合约定。当事人没有约定检验期限的，买受人应当在发现或者应当发现标的物的数量或者质量不符合约定的合理期限内通知出卖人。买受人在合理期限内未通知或者自收到标的物之日起二年内未通知出卖人的，视为标的物的数量或者质量符合约定；但是，对标的物有质量保证期的，适用质量保证期，不适用该二年的规定。出卖人知道或者应当知道提供的标的物不符合约定的，买受人不受前两款规定的通知时间的限制。”《最高人民法院关于审理买卖合同纠纷案件适用法律问题的解释》第 13 条规定：“买受人在合理期限内提出异议，出卖人以买受人已经支付价款、确认欠款数额、使用标的物等为由，主张买受人放弃异议的，人民法院不予支持，但当事人另有约定的除外。”《最高人民法院关于审理买卖合同纠纷案件适用法律问题的解释》第 14 条规定：“民法典第六百二十一条规定的检验期限、合理期限、二年期限经过后，买受人主张标的物的数量或者质量不符合约定的，人民法院不予支持。……”

2. 关于异议

按照法律规定，异议方式为通知，但是通知的形式法律并没有明确，可以书面通知，也可以其他方式通知。如果当事人约定通知方式的，就应当按照约定的通知方式来进行。异议的处理，当事人可以根据标的的性质以及损失的大小合理选择请求对方承担修理、重作、更换、退货、减少价款或者报酬等违约责任，即约定在什么情况下折价处理，什么情况下更换为符合标准的货物，什么情况下解除合同并且追究违约责任。

对于质量异议问题，《民法典》有如下规定。《民法典》第 617 条规定：“出卖人交付的标的物不符合质量要求的，买受人可以依据本法第五百八十二条至第五百八十四条的规定请求承担违约责任。”《民法典》第 582 条规定：“履行不符合约定的，应当按照当事人的约定承担违约责任。对违约责任没有约定或者约定不明确，依据本法第五百一十条的规定仍不能确定的，受损害方根据标的的性质以及损失的大小，可以合理选择请求对方承担修理、重作、更换、退货、减少价款或者报酬等违约责任。”

（二）质量异议条款的审查要点

审查质量异议条款，一是审查质量异议条款的内容是否约定全面，如检验期限、检验方式、异议方式、异议处理等内容是否都已约定，二是审查这些约定是否对己方有利，是否需要修改。

（三）质量异议条款审查与修改示例

下面结合一个具体示例，进一步了解在实务中应如何对质量异议条款进行审查与修改。

合同原稿	《销售合同》（合同编号：20200707） 第七条　异议处理 甲方提供的产品质量不符合合同约定标准的，乙方有权选择拒收该部分不符合标准的产品，要求甲方更换符合标准的货物，也有权选择拒收全部货物。 选择拒收不符合约定标准的货物，因此造成逾期的，按照逾期交付货物承担违约责任。选择拒收全部货物的，按照甲方不能交货处理
审查主体	代表甲方
审查意见	该条款对乙方没有问题，但是对于甲方，略显不公。如果一小部分不合格，就导致乙方全部拒收货物，并且承担不能交货的责任，不符合交易目的。公平的约定应当是，双方约定一个不合格货物的比例，超过货物总数的多少比例，才可以拒收全部货物，否则，应当更换或者折价处理
修改示范	《销售合同》（合同编号：20200707） 第七条　异议处理 甲方提供的产品质量不符合合同约定标准的，乙方有权选择拒收该部分不符合标准的产品，要求甲方更换符合要求的货物，*当不符合标准的产品超过货物总数的10%的情况下，乙方也有权选择拒收全部货物。选择拒收不符合约定标准的货物，因此造成逾期的，按照逾期交付货物承担违约责任*

六、包装条款的审查与修改

（一）包装条款的主要内容

一般情况下，买卖合同的包装条款应当包括如下内容：

〇包装的材质。

〇包装的形状。

〇包装的规格。

〇包装的标示。

〇提供包装的主体。

〇包装费用的承担。

不同的货物，包装要求是不同的，包装的要求是根据货物的性质设定的。包装的主要用途是保护货物，这是包装的基本功能，比如包装要让货物不被遗失，不被损坏。同时，包装还有区分货物的功能，要能够让人们通过包装识别货物的等级、产地、重量、生产厂家、生产日期等。

对于买卖合同中的包装条款，《民法典》有相关规定。《民法典》第619条规定："出卖人应当按照约定的包装方式交付标的物。对包装方式没有约定或者约定不明确，依据本法第五百一十条的规定仍不能确定的，应当按照通用的方式包装；没有通用方式的，应当采取足以保护标的物且有利于节约资源、保护生态环境的包装方式。"因此，包装一般由供方提供，包装的费用也应当由供方承担，但合同另有约定的除外。

（二）包装条款的审查要点

对于包装条款，主要审查包装条款的内容是否约定完整，如包装的材质、包装的形状、包装的规格、包装的标示是否都约定清楚。尤其是买方，如果有什么特殊要求，一定要在合同中约定明确，否则，根据法律规定，卖方采取通用的方式包装或者足以保护标的物且有利于节约资源、保护生态环境的包装方式就可以了。

（三）包装条款审查与修改示例

下面结合 个具体示例，进一步了解如何在实务中对包装条款进行审查与修改。

合同原稿	《棉花采购合同》（合同编号：20190909） 第九条　包装 包装的质量标准必须符合相关法律要求，包括符合有关环境、健康、安全法律、法规的标准

审查主体	代表乙方
审查意见	原稿约定比较笼统，没有具体标准，不易操作，应当约定包装的具体要求，比如包装的外在标准与内在质量。同时，还应当约定包装的费用承担以及包装不合格引起的责任
修改示范	《棉花采购合同》（合同编号：20190909） 第九条　包装 **（1）包装应当贴有标签，标签上要求注明以下内容：** **产品名称；** **规格；** **数量；** **重量；** **产地。** *（2）包装应当按照棉花特性，加上防湿、防腐蚀等保护设施，如包装里面再加上塑料包装等，防止货物受潮。* （3）**包装的费用由甲方承担。** （4）**包装不符合上述要求的，乙方可以拒收货物，因此造成的损失，由甲方承担**

七、价格条款的审查与修改

（一）价格条款的主要内容

买卖合同的价格条款，一般具有如下内容：

〇价款计算标准。

〇支付期限。

〇支付方式。

〇结算方式。

〇逾期支付后果。

1. 关于支付期限

关于支付期限，《民法典》有如下的规定。《民法典》第626条规定：“买受人应当按照约定的数额和支付方式支付价款。对价款的数额和支付方式没有约定或者约定不明确的，适用本法第五百一十条、第五百一十一条第二项和第五项的规定。”《民法典》第628条规定：“买受人应当按照约定的时间支付价款。对支付时间没有约定或者约定不明确，依据本法第五百一十条的规定仍不能确定的，买受人应当在收到标的物或者提取标的物单证的同时支付。”因此，如果合同没有约定支付期限，买受人应当在收到标的物或者提取标的物单证的同时支付。这可能就对买受人或者出卖人不利。

2. 关于支付方式

对于支付方式条款，主要审查付款方式与付款次数。在付款方式上，审查是选择转账支付还是支票支付。在付款次数上，审查是一次性支付，还是分期支付。对于卖方来说，当然希望一次性付款，而对于买方，是一次支付，还是分期支付，则需要斟酌。

如果是分期支付，又要进一步审查分为几期支付，每期什么时候支付，每期支付的比例如何确定，是根据货物的交付比例确定，还是根据总货物比例确定，是需要检验合格后支付一部分，还是检验合格后全部支付，这些都需要考虑。

至于逾期支付后果，可以在本条款中约定，也可以在违约责任条款中专门约定，如果有专门的违约责任条款，审查时需要注意前后照应，不能前文约定了违约情形，后文却不见了违约责任。

（二）价格条款审查与修改示例

下面结合一个示例，进一步了解在实务中应如何对价格条款进行审查与修改。

合同原稿	《棉花采购合同》（合审字：20190909） 第六条　价款支付 本合同签订后，乙方支付货款
审查主体	代表甲方
审查意见	对于乙方来说，该条款约定的支付比例当然没有问题。 对于甲方来说，由于需要等待货到乙方之后，乙方才支付货款，既有合同风险，又存在资金周转问题。支付方式需要调整。 同时，支付期限不明，货到以后多少天以内支付，合同没有约定，需要补充

修改示范	《棉花采购合同》（合审字：20190909） 第六条　价款支付 *本合同签订后 3 日内，乙方支付货款 30%。* *货到以后 3 日内，乙方支付货款 70%。* **上述货款以转账方式支付：** **账户名称：××××** **开户银行：××××** **银行账号：××××**

八、保修条款的审查与修改

（一）保修条款的主要内容

产品所存在的质量问题，有时候不是在交货的时候就能发现，而是在使用过程中发现的。因此，对于产品的保修事宜，需要在合同中约定。

保修条款一般应当具备如下内容：

○保修的范围。

○保修的期限。

○保修方式。

（二）保修条款的审查要点

首先，应当审查对保修条款的内容是否进行了全面约定，如保修范围、保修期限、保修方式等内容是否都作出了约定。其次，应当审查保修条款是否约定明确，在什么情形下保修，什么情形下不保修。再次，审查是否约定了保修期限，保修期限是从什么时候开始，到什么时候为止。最后，审查保修方式是上门保修，还是提货保修，如果是上门保修，应当审查是否约定了保修人员以及保修人员的保修次数。

（三）保修条款审查与修改示例

下面结合一个具体示例，进一步了解在实务中应如何对保修条款进行审查与修改。

合同原稿	《设备购买合同》（合同编号：20160308） 第十条　质量保修 对乙方所购产品，甲方提供6个月的免费保修服务
审查主体	代表乙方
审查意见	对于乙方来说，6个月的保修期限太短，而且该条款约定过于简单，很多事项没有约定清楚，如保修范围、保修方式、拒不保修的责任、保修不能的处理等都没有约定
修改示范	《设备购买合同》（合同编号：20160308） 第十条　质量保修 *甲方对乙方所购产品提供一年的免费定期保修保养服务，自产品验收合格后次日起算。* **保养期内，如果产品非因乙方人为原因而出现的质量问题由甲方负责保修。如果不能保修的，由甲方负责调换、退货。** **若甲方接到乙方书面通知之日起7日未上门修理，按甲方不能交货处理**

九、质量保证金条款的审查与修改

（一）质量保证金条款的主要内容

与保修条款匹配，合同可能需要质量保证金条款，该条款一般具备如下内容：

○质量保证金担保范围。

○质量保证金的提取比例。

○质量保证金的保证期限。

○质量保证金的处理。

质量保证金的担保范围如果约定过宽，则对出卖人不利，如果担保范围约定过窄，则对买受人不利。另外，质量保证金的数额多少，应当根据买卖合同标的物的特点而定，同时也要根据哪一方当事人在合同中具有优势地位来定。质量保证金过高，卖方风险太大；质量保证金过低，买受人风险太大。对于出卖人来说，质量保证金条款不能只约定保证金的留取，还需要约定保证金的返还，约定买受人什么时候返还质量保证金以及逾期不返还的违约责任。但如果出卖人未按要求予以修理或者因情况紧急，买受人自行或者通过第三人修理标的物后，买受人是可以主张出卖人负担因此发生的合理费用的，这部分费用可以从质量保证金扣除。对于这一问题，司法解释也作出了规定。《最高人民法院关于审理买卖合同纠纷案件适用法律问题的解释》第16条规定："买受人在检验期限、质量保证期、合理期限内提出质量异议，出卖人未按要求予以修理或者因情况紧急，买受人自行或者通过第三人修理标的物后，主张出卖人负担因此发生的合理费用的，人民法院应予支持。"

（二）质量保证金条款审查与修改示例

下面结合一个示例，进一步了解在实务中应如何对质量保证金条款进行审查与修改。

合同原稿	《设备购买合同》（合同编号：20170508） 第十二条　价款支付方式 本合同签订后，乙方支付预付款30%。 货物安装调试以后，乙方支付货款60%。 剩余款项作为质量保证金
审查主体	代表甲方
审查意见	原稿缺少重要内容，原稿没有约定质量保证范围，也没有约定质量保证金的担保期限以及保证金的结算方式
修改示范	《设备购买合同》（合同编号：20170508） 第十二条　价款支付方式 *本合同签订后，乙方支付本合同总额的30%作为预付款。货物安装调试以后，乙方支付合同总价款的60%，剩余款项作为质量保证金，保证产品质量无重大瑕疵。如无重大质量问题，乙方在合同签订之日起两年期满后15天内将质量保证金退还给甲方*

第四节　买卖合同综合审查与修改示例

下面结合一个具体示例，来进一步了解在实务中应如何对买卖合同进行综合审查与修改。

一、买卖合同原稿

汽车买卖合同（二手车买卖）（合同编号：20190901）
甲方（出卖人）：怀化××有限公司
乙方（买受人）：李××
甲乙双方经过充分协商，达成如下协议：
第一条　车辆情况如下
车辆类型：××××
汽车牌照：××××
汽车名称：××××
汽车型号：××××
汽车颜色：××××
初次登记日期以及登记证号：××××
保险合同情况：××××
车辆行驶里程：××××
车辆年检情况：××××
配置：××××
第二条　车辆价款
该车价款为30万元人民币。
第三条　价款支付方式
3.1　乙方在本合同签订之日，将本车价款20%的金额作为预付款支付给甲方。
3.2　车辆交付后第二天，乙方向甲方支付本车价款60%。
3.3　自过户手续完成后第二天，乙方支付车辆全部价款。
任何一方违约，承担一切法律责任。
第四条　车辆交付
乙方向甲方支付本车价款80%后第二天，甲方在甲方仓库将车交付给乙方。
第五条　车辆验收
车辆交接时应当当场验收，如有异议，应当当场提出；没有异议，该车辆正式交付。
第六条　免费修理
车辆交付后3个月以内，如果出现非人为原因的车辆质量问题，甲方保修。
第七条　风险承担
车辆交付后，车辆损毁、灭失的风险由乙方承担。
第八条　车辆的保管和车辆过户的证件提供
车辆在过户手续完成前，由甲方保管。
乙方应于本合同过户之前将本车办理过户手续所需要的证件原件以及复印件交给甲方。办理过户手续。车辆不能过户、合同无法继续履行的，合同解除，乙方按照合同总额的5%支付违约金。

第九条　甲方承诺 甲方承诺车辆不存在任何权属上的法律问题，不存在尚未处理完毕的道路交通安全违法行为，不存在交通事故，并且保证质量和售后服务。 第十条　争议解决方式 因执行本协议而发生的纠纷，可以由双方协商解决。如协商不成，任何一方均可向被告所在地人民法院提起诉讼。 第十一条　本合同未尽事项由双方另行协商，并且签订补充合同。 第十二条　本合同一式两份，甲乙双方各执一份。 甲方签字 乙方签字 2019 年××月××日

二、买卖合同修改过程稿（代表买受人审查修改）

（一）关于合同主体

合同原稿	甲方（出卖人）：怀化××有限公司 乙方（买受人）：李××
审查意见	主体信息不全。 对于法人来说，合同主体栏，需要列明法定代表人姓名，以确定合同签约主体。如果签约主体不是法定代表人，而是其他人，就需要附上授权委托书，以确定委托代理人姓名、代理权限等。 统一社会信用代码包含组织机构代码，能够快速识别企业的真伪。 自然人的住址是合同履行的地点之一，也是司法送达的有效地址，有必要在主体栏中表述。而身份证号能够帮助我们快速识别合同签订主体身份信息的真伪
修改示范	甲方（出卖人）：怀化××有限公司 **住所：××××** **法定代表人：××××** **统一社会信用代码：××××** **联系方式：××××** 乙方（买受人）：李×× **住所：××××** **身份证号码：××××** **联系方式：××××**

（二）关于第一条

合同原稿	第一条　车辆情况如下： 车辆类型：×××× 汽车牌照：×××× 汽车名称：×××× 汽车型号：×××× 汽车颜色：×××× 初次登记日期以及登记证号：×××× 保险合同情况：×××× 车辆行驶里程：×××× 车辆年检情况：×××× 配置：××××
审查意见	发动机号码、车架号是同类型车辆中此车与彼车区分的显著标志，相当于车辆的身份证，故需要在合同中表述
修改示范	第一条　车辆情况如下： 车辆类型：×××× 汽车牌照：×××× 汽车名称：×××× 汽车型号：×××× 汽车颜色：×××× 初次登记日期以及登记证号：×××× 保险合同情况：×××× 车辆行驶里程：×××× 车辆年检情况：×××× 配置：×××× **发动机号码：××××** **车架号：××××**

（三）关于第二条

合同原稿	第二条　车辆价款 该车价款为30万元人民币
审查意见	该条款缺少两个方面的约定：其一是所购车辆是否缴纳了相关保险费用，以及保险费用缴纳的有效期限。此外，该费用是包含在车辆价款当中，还是另行计算，合同中也没有表述。其二是转移登记手续费用由谁承担。如果不在该条款中加以约定，也可以另设条款约定

修改示范	第二条　车辆价款 2.1　该车价款为30万元人民币。 **2.2　该车辆保险费用有效期至2020年10月7日，已经由甲方购买，包括在车辆价款之中。** **2.3　车辆转移登记手续费由甲方承担**

（四）关于第三条

合同原稿	第三条　价款支付方式 3.1　乙方在本合同签订之日，将本车价款20%的金额作为预付款支付给甲方。 3.2　车辆交付后第二天，乙方向甲方支付本车价款60%。 3.3　自过户手续完成后第二天，乙方支付车辆全部价款。 任何一方违约，承担一切法律责任
审查意见	既然本合同的第9条约定了质量保证与维修保证事宜，那么，就需要本条设定配套约定，增加质量保证金的约定，以保证车辆维修义务的顺利履行。所以就应该将第3条第3款修改为“自过户手续完成后第二天，乙方再支付车辆总价款的10%，剩余款项作为质量保证金。”
修改示范	第三条　价款支付方式 3.1　乙方在本合同签订之日，将本车价款20%的金额作为预付款支付给甲方。 3.2　车辆交付后第二天，乙方向甲方支付本车价款60%。 *3.3　自过户手续完成后第二天，乙方再支付车辆总价款的10%，剩余款项作为质量保证金*

（五）关于第四条

合同原稿	第四条　车辆交付 乙方向甲方支付本车价款80%后第二天，甲方在甲方仓库将车交付给乙方
审查意见	（1）与第3条矛盾，第3条约定的是先交车，后付本车价款的60%（加上预付款20%，共计价款80%），而本条约定的是先付款，再交车，履行顺序不一，需要调整。 （2）甲方不仅需要交付车辆，还需要交付与车辆有关的资料，比如三包凭证等

修改示范	第四条　车辆交付 *甲方将车交付给乙方后第二天，乙方应当向甲方支付本车价款 60%；* *甲方未按照合同约定的时间交付的，每逾期一天，向甲方支付本合同车辆价款总额的 0.5% 的违约金。逾期超过 30 天的，视为甲方不能交付，乙方有权解除合同，甲方无条件退回乙方支付的全部价款，并且接受退回车辆，返还乙方预付款。* **甲方交付车辆时同时交付：** **销售发票；** **车辆合格证；** **维修保养手册；** **修理网点信息；** **车辆使用说明书；** **随车工具以及备件。** **如果资料不全，视为甲方不能交付，乙方可以解除合同，因此造成的后果由甲方承担**

（六）关于第五条

合同原稿	第五条　车辆验收 车辆交接时应当当场验收，如有异议，应当当场提出，没有异议，该车辆正式交付
审查意见	该条款约定过于简单，既没有约定验收内容，也没有约定验收方法以及处理异议的方法，对乙方不利
修改示范	第五条　车辆验收 *乙方应当对所购车辆外观、内饰、配置、随车物件、使用功能以及相关资料等逐一进行认真检查，检查合格，由乙方在交付凭证上签收，双方签署车辆交接书，该车辆正式交付。检查不合格的地方，当场提出异议，由甲方妥善处理，否则，乙方有权拒收车辆*

（七）关于第六条

合同原稿	第六条　免费修理 车辆交付后 3 个月以内，如果出现非人为原因的车辆质量问题，甲方保修
审查意见	原稿没有作相应的情况假设，也没有相应的处理措施。保修可能出现两种情况：甲方拒绝保修和甲方不能维修。如果甲方拒绝保修的，乙方应当如何处理；如果甲方不能保修的，乙方应当如何处理

修改示范	第六条　免费修理 车辆交付后3个月以内，如果出现非人为原因的车辆质量问题，甲方保修。 **甲方拒绝保修，乙方可以要求退货，并且有权要求甲方向乙方支付合同总价款0.5%的违约金。如果甲方保修不能，则甲方负责更换同一类型车辆**

（八）关于第八条

合同原稿	第八条　车辆的保管和车辆过户的证件提供 车辆在过户手续完成前，由甲方保管。 乙方应于本合同过户之前将本车办理过户手续所需要的证件原件以及复印件交给甲方，办理过户手续。车辆不能过户、合同无法继续履行的，合同解除。乙方按照合同总额的5%支付违约金
审查意见	与第3条矛盾。第3条约定的是先交车，后办理过户手续，而本条约定的是车辆在过户手续完成前，由甲方保管
修改示范	第八条　车辆的保管和车辆过户的证件提供 *乙方应于本合同过户之前将本车办理过户手续所需要的证件原件以及复印件交给甲方，办理过户手续。车辆不能过户、合同无法继续履行的，合同解除。乙方按照合同总额的5%支付违约金*

（九）关于第九条

合同原稿	第九条　甲方承诺 甲方承诺车辆不存在任何权属上的法律问题，不存在尚未处理完毕的道路交通安全违法行为，不存在交通事故，并且保证质量和售后服务
审查意见	仅有违约情形，没有违约责任，对承诺应当具有相应的责任承担
修改示范	第九条　甲方承诺 甲方承诺车辆不存在任何权属上的法律问题，不存在尚未处理完毕的道路交通安全违法行为，不存在交通事故，并且保证质量和售后服务。 **甲方违反该承诺，乙方可以随时解除合同，并且有权要求甲方支付合同总额0.5%的违约金**

（十）关于第十条

合同原稿	第十条　争议解决方式 因执行本协议而发生的纠纷，可以由双方协商解决。如协商不成，任何一方均可向被告所在地人民法院提起诉讼
审查意见	司法管辖关系到诉讼成本，因此需要谨慎，本合同乙方支付价款后，基本上不存在违约情形，如果约定被告所在地人民法院管辖，实际上就是约定为甲方所在地法院管辖，对乙方不公。因此，应当争取约定在原告所在地人民法院管辖为宜
修改示范	第十条　争议解决方式 因执行本协议而发生的纠纷，可以由双方协商解决。如协商不成，任何一方均可向原告所在地人民法院提起诉讼

三、买卖合同修改意见稿

汽车买卖合同（二手车买卖）（合同编号：20190901）
甲方（出卖人）：怀化××有限公司
住所地：××××
法定代表人：××××
统一社会信用代码：××××
联系方式：××××
乙方（买受人）：李××
住所：
身份证号码：××××
联系方式：××××
甲乙双方经过充分协商，达成如下协议：
第一条　车辆情况如下：
车辆类型：××××
汽车牌照：××××
汽车名称：××××
汽车型号：××××
汽车颜色：××××
初次登记日期以及登记证号：××××
保险合同情况：××××
车辆行驶里程：××××
车辆年检情况：××××
配置：××××

发动机号码：××××

车架号：××××

第二条　车辆价款

2.1　该车价款为30万元人民币。

2.2　该车辆保险费用有效期至2020年10月7日，已经由甲方购买，包括在车辆价款之内。

2.3　车辆转移登记手续费由甲方承担。

第三条　价款支付方式

3.1　乙方在本合同签订之日，将本车价款20%的金额作为预付款支付给甲方。

3.2　车辆交付后第2天，乙方向甲方支付本车价款60%。

3.3　自过户手续完成后第2天，乙方再支付车辆总价款的10%，剩余款项作为质量保证金。

第四条　车辆交付

甲方将车交付给乙方后第2天，乙方应当向甲方支付本车价款60%。

甲方未按照合同约定的时间交付的，每逾期1天，向甲方支付本合同车辆价款总额的0.5%的违约金。逾期超过30天的，视为甲方不能交付，乙方有权解除合同，甲方无条件退回乙方支付的全部价款，并且接受退回车辆，返还乙方预付款。

甲方交付车辆时同时交付：

销售发票；

车辆合格证；

维修保养手册；

修理网点信息；

车辆使用说明书；

随车工具以及备件。

如果资料不全，视为甲方不能交付，乙方可以解除合同，因此造成的后果由甲方承担。

第五条　车辆验收

乙方应当对所购车辆外观、内饰、配置、随车物件、使用功能以及相关资料等逐一进行认真检查，检查合格，由乙方在交付凭证上签收，双方签署车辆交接书，该车辆正式交付。检查不合格的地方，当场提出异议，由甲方妥善处理，否则，乙方有权拒收车辆。

第六条　免费修理

车辆交付后3个月以内，如果出现非人为原因的车辆质量问题，甲方保修。

甲方拒绝保修，乙方可以要求退货，并且要求甲方承担合同总价款0.5%的违约金。甲方保修不能，甲方负责更换同一类型车辆。

第七条　风险承担

车辆交付后，车辆损毁、灭失的风险由乙方承担。

第八条　车辆的保管和车辆过户的证件提供

乙方应于本合同过户之前将本车办理过户手续所需要的证件原件以及复印件交给

甲方，办理过户手续。车辆不能过户、合同无法继续履行的，合同解除，乙方按照合同总额的5%承担违约金。

第九条　甲方承诺

甲方承诺车辆不存在任何权属上的法律问题，不存在尚未处理完毕的道路交通安全违法行为，不存在交通事故，并且保证质量和售后服务。

甲方违反该承诺，乙方可以随时解除合同，并且有权要求甲方承担合同总额0.5%的违约金。

第十条　争议解决方式

因执行本协议而发生的纠纷，可以由双方协商解决。如协商不成，任何一方均可向原告所在地人民法院提起诉讼。

第十一条　本合同未尽事项由双方另行协商，并且签订补充合同。

第十二条　本合同一式两份，甲乙双方各执一份。

甲方签字

乙方签字

20××年××月××日

第二章　租赁合同的审查与修改

第一节　租赁合同的概念与主要特征

一、租赁合同的概念

租赁合同是出租人将租赁物交付给承租人使用、收益，承租人支付租金的合同。也就是说，租赁合同的一方转移的是租赁物一定期限的使用权，得到的是一定数额的租金；而另一方支付的是一定数额的租金，得到的是租赁物一定期限的使用权。

二、租赁合同的主要特征

（一）租赁合同是出租人转移租赁物使用权的合同

与买卖合同相比，租赁合同不转移所有权，是出租人将租赁物交付给承租人使用、收益的合同。

（二）租赁合同是标的物范围十分广泛的合同

可以说，有些物品在买卖合同中不能作为标的物，但在租赁合同中可以。比如公交车车身，就可以租来做广告，而没有单独买卖车身的。

（三）租赁物可以反复收益

租赁物租赁以后，合同期满，租赁物可以再次租赁，直到租赁物丧失价值为止。

（四）租赁合同具有期限性

租赁合同最后是要将租赁物返还承租人的，所以，租赁合同具有一定的期限。按照《民法典》第705条的规定："租赁期限不得超过二十年。超过二十年的，超过部分无效。租赁期限届满，当事人可以续订租赁合同；但是，约定的租赁期限自续订之日起不得超过二十年。"因此，租赁合同是有期限性的。

第二节　租赁合同的框架审查与修改

审查合同，不是一上来就对合同逐条审查，而是先要看合同框架，看看待审合同都有哪些内容，哪些内容是可以保留的，哪些内容是需要删除的，哪些内容是没有的，需要增加的。

审查框架的基本方法是，明确哪些条款是本类合同必须具备的条款。如果没有这些条款，其危害是什么，有没有法律规定进行救济。如果有，按法律规定救济的结果是什么，是有利于甲方，还是有利于乙方。这些都需要审查。

确定好了框架，再在框架的基础上审查合同的具体约定。

一、租赁合同主要框架的依据

（一）法律依据

《民法典》第470条规定："合同的内容由当事人约定，一般包括下列条款：（一）当事人的姓名或者名称和住所；（二）标的；（三）数量；（四）质量；（五）价款或者报酬；（六）履行期限、地点和方式；（七）违约责任；（八）解决争议的方法。……"因此，一般合同应当包括如下框架：

序号	框架名称
1	双方主体名称
2	标的
3	数量
4	质量
5	价款

序号	框架名称
6	履行期限
7	履行地点
8	履行方式
9	违约责任
10	争议处理办法

《民法典》第703条规定："租赁合同是出租人将租赁物交付承租人使用、收益，承租人支付租金的合同。"《民法典》第704条规定："租赁合同的内容一般包括租赁物的名称、数量、用途、租赁期限、租金及其支付期限和方式、租赁物维修等条款。"据此，租赁合同除应当具有《民法典》第470条规定的框架外，还应当具有如下独特框架：

序号	框架名称
1	租赁物名称
2	租赁物用途
3	租赁期限
4	租金
5	租金支付期限与方式
6	租赁物维修

（二）当事人交易需要依据

有时候，在租赁活动的实践中，当事人还需要在租赁物上增设他物，或者扩建，在经营不好的时候，可能还会转让租赁物。有些出租人在必要的时候，还会设置押金等条款。因此，实践中，租赁合同还可能存在如下框架：

序号	框架名称
1	装修装饰
2	转租
3	押金（保证金）
4	优先购买权

序号	框架名称
5	优先承租权
6	租赁物返还

二、租赁合同的主要框架

根据《民法典》的有关规定，结合当事人实际需要，租赁合同的主要框架有：

序号	框架名称
1	租赁合同主体
2	租赁物名称
3	租赁期限
4	租赁物用途
5	租金
6	租金支付期限
7	租金支付方式
8	其他费用
9	保证金
10	租赁物维修
11	租赁物增设与扩建
12	转租
13	优先承租
14	租赁物返还
15	违约责任
16	争议处理

三、租赁合同主要框架的审查与修改示例

下面结合一个具体示例，进一步了解应如何在实务中对租赁合同的框架进行审查与修改。

1. 合同原稿

门面租赁合同（合同编号：20180801）
甲方：杨某某
联系方式：××××
乙方：张某某
联系方式：××××
甲乙双方就下列门面的租赁达成如下协议：
第一条　门面的基本情况
甲方门面位于怀化市鹤城区××街道怀北路北××号。
第二条　门面用途
该门面用途不得为餐饮。
第三条　租赁期限
租赁期限从2018年8月3日至2020年8月3日止。
第四条　租金
该门面的租金为人民币每月伍仟伍佰元整（5500.00元）。
第五条　付款方式
该门面租金为每季度一交，每季度的第一个月的7号前一次性交清。
第六条　押金
乙方向甲方交押金壹万贰仟元整（12,000.00元）。
第七条　关于水电费用的约定
1. 该门面租赁期的水电费及卫生费由乙方承担，甲方概不负责。
2. 该门面的物业费由乙方承担。
第八条　租赁期间，由乙方承担维修事宜。
第九条　乙方有下列情形之一的，甲方可以终止合同并且收回门面，造成甲方损失，由乙方负责赔偿：
1. 拖欠门面租金；
2. 擅自拆改租赁门面结构或者改变门面用途的；
3. 利用承租门面进行违法活动的。
第十条　乙方在租赁期间在门面内发生任何意外事件与甲方无关，由乙方自己负责。
第十一条　本合同在履行过程中发生争议，由双方协商解决，协商不成，向原告所在地人民法院提起诉讼。
第十二条　本合同未尽事项由双方另行协商，并且签订补充合同。
第十三条　本合同一式两份，甲乙双方各执一份。

甲方签字
乙方签字
2018年××月××日

2. 审查原稿框架

审查原稿框架的主要目的，是看看原稿整体内容情况，看看原稿都有什么框架，看看原稿框架之间有无重复，是否存在有矛盾或者不一致的地方。

序号	原稿内容	原稿框架
1	甲方：杨某某 联系方式：×××× 乙方：张某某 联系方式：×××× 甲乙双方就下列门面的租赁达成如下协议：	租赁合同主体
2	第一条　门面的基本情况 甲方门面位于怀化市鹤城区××街道怀北路北××号	租赁物
3	第二条　门面用途 该门面用途不得为餐饮	租赁物用途
4	第三条　租赁期限 租赁期限2018年8月3日至2020年8月3日止	租赁期限
5	第四条　租金 该门面的租金为人民币每月伍仟伍佰元整（5500.00元）	租金
6	第五条　付款方式 该门面租金为每季度一交，每季度的第一个月的7日前一次性交清	租金支付方式
7	第六条　押金 乙方向甲方交押金壹万贰仟元整（12,000.00元）	保证金
8	第七条　关于水电费用的约定 1. 该门面租赁期的水电费及卫生费由乙方承担，甲方概不负责。 2. 该门面的物业费由乙方承担	其他费用

序号	原稿内容	原稿框架
9	第八条　租赁期间，由乙方承担维修事宜	租赁物维修
10	第九条　乙方有下列情形之一的，甲方可以终止合同并且收回门面，造成甲方损失，由乙方负责赔偿： 1. 拖欠门面租金； 2. 擅自拆改租赁门面结构或者改变租赁门面用途的； 3. 利用承租门面进行违法活动的	违约责任
11	第十条　乙方在租赁期间在门面内发生任何意外事件与甲方无关，由乙方自己负责	意外事故责任
12	第十一条　本合同在履行过程中发生争议，由双方协商解决，协商不成，向原告所在地人民法院提起诉讼	管辖

3. 对比原稿框架

将原稿框架与一般租赁合同框架进行对比的目的，是看看原稿有什么框架，与一般租赁合同框架相比，缺少什么框架。如果缺少某个框架，是否需要增加，如果不增加会对本合同有什么影响。我们如果不把一般租赁合同框架与本合同框架进行对比，就难以发现本合同缺少什么框架，进而难以发现本合同还有什么框架需要增加。即使我们不列表对比，起码要在心中构想一个租赁合同框架来对比。

通过将一般租赁合同框架与本合同框架进行对比，我们可以得出下列租赁合同框架对比表：

序号	租赁合同一般框架	原稿框架	对比结果
1	租赁合同主体	租赁合同主体	
2	租赁物名称	租赁物名称	
3	租赁期限	租赁期限	

序号	租赁合同一般框架	原稿框架	对比结果
4	租赁物用途	租赁物用途	
5	租金	租金	
6	租金支付期限	租金支付期限	
7	租金支付方式	租金支付方式	
8	其他费用	水电费用	
9	保证金	押金	
10	租赁物维修	租赁物维修	
11	租赁物增设与扩建		缺少
12	转租		缺少
13	优先承租		缺少
14	租赁物返还		缺少
15	违约责任	违约责任	
16	争议处理	争议处理	

4. 原稿框架审查与修改

（1）审查主体。

代表乙方。

合同地位：承租人。

（2）审查意见。

该合同原稿为乙方提供，将原稿框架与一般租赁合同主要框架相比较后，发现原稿多出租赁物维修条款，并且缺少如下框架，这些在原稿中缺少的框架都是乙方需要争取的：

○转租。

○租赁物增设与扩建。

首先，合同原稿多出租赁物的维修条款。

根据法律规定，租赁物的维修义务是由出租人承担。而本合同约定由承租人承担，有违法律规定，实际上是加重了承租人的义务，减轻了出租人的责任。按照《民法典》第712条的规定："出租人应当履行租赁物的维修义务，但是当事人另有约定的除外。”

因此，该条款需要删除，或者修改。至于是否能够删除或者修改，取决于当事人的努力与当事人的合同地位。而且就本合同而言，合同原稿为乙方提供，乙方可以删除该条款，维修内容直接按照法律规定执行即可。按照《民法典》第713条的规定：“承租人在租赁物需要维修时可以请求出租人在合理期限内维修。出租人未履行维修义务的，承租人可以自行维修，维修费用由出租人负担。因维修租赁物影响承租人使用的，应当相应减少租金或者延长租期。因承租人的过错致使租赁物需要维修的，出租人不承担前款规定的维修义务。”

其次，合同原稿缺少转租条款与租赁物增设与扩建条款。

经过与乙方沟通，发现乙方需要对租赁物进行增设与扩建，双方对此也进行了磋商，甲方基本同意，但是合同没有明确这部分内容，条款遗漏，需要补充。如果没有取得出租人同意，承租人是不可以对租赁物进行增设或者扩建他物的。因此，如果乙方需要对租赁物进行增设或者扩建他物的，就需要取得出租人同意，而取得出租人同意最好的方式，就是在签订合同时就将这一事宜明确下来。

对于这一问题，《民法典》有如下规定。《民法典》第715条规定：“承租人经出租人同意，可以对租赁物进行改善或者增设他物。承租人未经出租人同意，对租赁物进行改善或者增设他物的，出租人可以请求承租人恢复原状或者赔偿损失。”

最后，合同缺少转租约定。

与乙方沟通时了解到，乙方有两种考虑：如果租赁门面经营生意兴隆，则由其自己经营；如果生意不好，就需要转租。而在合同原稿中没有约定这部分内容。因此，一旦出现乙方需要转租而甲方不同意时，乙方可能就处于被动局面，因此，建议乙方事先在合同中明确约定。

对于这一问题，《民法典》有如下规定。《民法典》第716条规定：“承租人经出租人同意，可以将租赁物转租给第三人。承租人转租的，承租人与出租人之间的租赁合同继续有效；第三人造成租赁物损失的，承租人应当赔偿损失。承租人未经出租人同意转租的，出租人可以解除合同。”

（3）修改示范。

①删除租赁物的维修条款。

②增加租赁物的增设他物与扩建条款。

如约定："本合同乙方可以对租赁物装饰装修，也可以增设附属设施，但是不得影响主体结构，租赁期满或合同终止后，前述约定增设物或者装修物折价给甲方所有。"

③增加转租条款。

如约定："租赁期间，乙方可以将租赁物转租第三人，甲方不得干涉。"

第三节 租赁合同具体条款的审查与修改

一、租赁合同主体条款的审查与修改

（一）租赁合同主体条款的审查要点

租赁合同主体条款主要有以下审查要点：

○主体表述是否规范。

○主体信息是否全面。

○主体资格是否符合法律规定。

○出租人是否为租赁物权利人。

首先是主体表述是否规范的问题。合同主体是法人的，要审查法人名称是否与营业执照一致；是自然人的，要审查姓名、住址等信息是否按照身份证上的信息如实填写。

其次是主体信息是否全面的问题。合同主体信息除了要表述规范以外，还需要表述全面，比如在法人为合同主体的情形下，还需要填写法定代表人、住所、统一社会信用代码、银行账户、联系方式等信息。如果合同主体为自然人，则需要填写自然人的性别、出生年月日、住址、身份证号码、联系方式等信息。

最后是主体资格是否符合法律规定的问题。对于承租人一方而言，要重点审查出租人对于租赁物是否有所有权。如果有所有权，还需要进一步审查

标的物是否还有共有权人。如果有，还要审查共有权人是否同意。如果同意，还要审查有无共同权利人授权书面同意。如果出租人不是所有权人，只是使用权人，还要审查其是否有转租权利等。

对于出租人而言，一般不需要审查承租人是否具备租赁物使用资格，但是在特殊情况下例外。比如汽车租赁合同，出租人就有必要审查承租人是否具有驾驶资格，否则，一旦出现交通事故，出租人可能会因为没有尽到审查义务而承担责任。对于这一问题，《民法典》有如下规定。《民法典》第1209条规定："因租赁、借用等情形机动车所有人、管理人与使用人不是同一人时，发生交通事故造成损害，属于该机动车一方责任的，由机动车使用人承担赔偿责任；机动车所有人、管理人对损害的发生有过错的，承担相应的赔偿责任。"

（二）租赁合同主体条款审查与修改示例

下面结合一个具体示例，进一步了解在实务中应如何对租赁合同主体条款进行审查与修改。

合同原稿	《房屋租赁合同》（合同编号：20200930） 甲方：高某 住所：×××× 联系方式：×××× 乙方：怀化××有限公司 住所：×××× 联系方式：××××
审查主体	代表甲方
审查意见	原稿合同对主体信息表述不规范，自然人的地址，规范表述是住址；法人的地址，规范表述是住所。同时，本条款主体信息不全，不利于合同履行
修改示范	《房屋租赁合同》（合同编号：20200930） 甲方：高某 **身份证号码：××××** 住所：×××× 联系方式：×××× 乙方：怀化××有限公司

	住所：×××× **联系方式：××××** **法定代表人：×××** **统一社会信用代码：××××**

二、租赁物条款的审查与修改

（一）租赁物条款的主要内容

租赁物种类繁多，但主要分为动产与不动产。

（1）租赁物为动产的，租赁物条款一般应当具备如下内容：

○产品名称。

○生产厂家（或者产地）。

○品牌。

○型号。

○规格。

○颜色。

（2）租赁物为不动产的，租赁物条款一般应当具备如下内容：

○名称。

○位置。

○面积。

○产权人。

○产权证号。

（二）租赁物条款的审查要点

租赁物条款主要有以下审查要点：

○标的物名称表述是否规范。

○标的物特征是否表述全面。

○租赁物是否合法。

首先是标的物名称是否规范的问题。租赁物如同买卖合同的标的物一样，需要特定，需要明确。比如在房屋租赁合同中，房屋的具体位置、房屋的产权证号、产权人姓名等信息都需要明确。在汽车租赁合同中，车牌号码、发动机号、车架号等都应当准确无误。

其次是标的物特征是否表述全面的问题。在动产租赁合同中，需要审查动产的名称、规格、型号、数量、价格等信息是否都已约定明确。如果是转租的，还需要审查原租赁合同是否许可转租。在不动产租赁合同中，比如房屋租赁合同，还需要了解租赁物是否取得合法手续，如果没有合法手续，出租人是否正在办理之中，什么时候能够取得合法手续。如果没有取得合法手续，租赁合同可能无效。

最后是租赁物是否合法的问题。对于不动产租赁之合法手续的问题，司法解释有如下规定。《最高人民法院关于审理城镇房屋租赁合同纠纷案件司法解释的理解与适用》第 2 条规定："出租人就未取得建设工程规划许可证或者未按照建设工程规划许可证的规定建设的房屋，与承租人订立的租赁合同无效。但在一审法庭辩论终结前取得建设工程规划许可证或者经主管部门批准建设的，人民法院应当认定有效。"

（三）租赁物条款审查与修改示例

下面结合一个具体示例，进一步说明在实务中应如何对租赁物条款进行审查与修改。

合同原稿	《房屋租赁合同》（合同编号：20200715） 第一条　租赁物 甲方将甲方位于××花园的房屋一套租给乙方
审查主体	代表乙方
审查意见	结合整个合同分析，发现合同原稿存在下列问题：（1）租赁物信息表述不全面，房屋在哪个行政区、哪一条路，没有交代。房屋坐落在哪一栋、哪一楼层，也没有表述。（2）租赁房屋是否有合法手续，合同没有表述，如果有合法手续，应当在合同中写明合法手续的相关信息，如产权证号、产权人、房屋用途等
修改示范	《房屋租赁合同》（合同编号：20200715） 第一条　租赁物 *甲方将××花园房屋 5 栋 3 单元 603 房租给乙方，***该房屋其位于××市××区人民路××号，产权证号×××，产权人×××，属于住宅，房屋面积 200 平方米**

三、租赁期限条款的审查与修改

（一）租赁期限条款的审查要点

租赁期限条款主要有以下审查要点：

○是否约定免租期。

○租赁期限是否明确。

○租赁期限是否明确。

○租赁期限是否合法。

首先是否约定免租期的问题。租赁实践中，经常遇到免租期的情形，比如交付租赁物的时间为2020年5月3日，但是开始计算租金的时间又是从2020年6月1日起，实际上就是设定了20多天的免租期。而有些情况下，双方又会直接约定免租期的起止日期。如果没有免租期，一般会直接约定计租期。

关于租赁期限，应当了解有关法律方面的规定，如最长租赁期限的规定，租赁期限约定不明的规定。对于这一问题，《民法典》有相关规定。《民法典》第705条规定："租赁期限不得超过二十年。超过二十年的，超过部分无效。租赁期限届满，当事人可以续订租赁合同；但是，约定的租赁期限自续订之日起不得超过二十年。"因此，在面对租赁期限条款的时候需要审查租赁期限是否超过法律规定的期限。如果超过了，超过部分会因为违法而无效，审查时需要注意提醒当事人，便于当事人决策。

另外，租赁期限的约定是否明确，也需要审查，如果租赁期限没有约定或约定不明确的，法律规定为不定期租赁，双方都可以随时解除合同。对于这一问题，《民法典》有相关规定，《民法典》第730条规定："当事人对租赁期限没有约定或者约定不明确，依据本法第五百一十条的规定仍不能确定的，视为不定期租赁；当事人可以随时解除合同，但是应当在合理期限之前通知对方。"

（二）租赁期限条款审查与修改示例

下面结合一个具体示例，进一步了解在实务中应如何对租赁期限条款进行审查与修改。

合同原稿	《门面租赁合同》（合同编号：20190520） 第二条　租赁期限 本合同租赁期自××年××月××日至××年××月××日，共计25年
审查主体	代表甲方
审查意见	《民法典》第705条规定："租赁期限不得超过二十年。超过二十年的，超过部分无效。租赁期限届满，当事人可以续订租赁合同；但是，约定的租赁期限自续订之日起不得超过二十年。"因此，租赁期限违反法律规定，需要纠正
修改示范	《门面租赁合同》（合同编号：20190520） 第二条　租赁期限 本合同租赁期自××年××月××日至××年××月××日，*共计20年*。**合同到期后可以续订合同**

四、租赁物用途条款的审查与修改

（一）租赁物用途条款的主要内容

租赁物用途条款一般具有如下内容：

○租赁物的正常用途。

○租赁物是否需要约定特殊用途。

○违反用途约定，承担什么后果。

（二）租赁物用途条款的审查要点

租赁物有其特定的使用方法与用途，不能违背，一旦违背，就会造成租赁物的不正常或者毁坏。所以，审查租赁合同时，需要审查租赁物基本性能是什么，有无禁止使用范围，如果有，禁止使用的范围是什么，以避免因不正当使用造成租赁物损坏。比如租赁房屋本来是用来居住的，而承租人却用来搞餐饮，结果严重影响了居住环境，不符合出租人的租赁目的。如果合同约定了租赁物的用途，承租人仍然我行我素，违背合同约定，怎么处理，合同应当予以明确。对于这一问题，《民法典》有如下规定。《民法典》第711条规定："承租人未按照约定的方法或者未根据租赁物的性质使用租赁物，致使租赁物受到损失的，出租人可以解除合同并请求赔偿损失。”

（三）租赁物用途条款审查与修改示例

下面结合一个具体示例，进一步了解在实务中应如何对租赁物用途条款进行审查与修改。

合同原稿	《门面租赁合同》（合同编号：20190415） 第三条　租赁物用途 乙方不得擅自改变门面用途，不得利用该门面从事违法活动，不得损害公共利益或者妨碍他人正常工作、生活
审查主体	代表甲方
审查意见	本合同中甲方的本意是禁止承租人利用租赁门面从事餐饮业，但是整个合同没有表明本合同租赁物能够用于做什么，不能用于做什么，所以，“承租人不得擅自改变门面用途”等表述，不能得出承租人不能从事餐饮业的结论，容易产生争议。另外，合同没有约定违反租赁物用途的后果
修改示范	《门面租赁合同》（合同编号：20190415） 第三条　租赁物用途 **乙方租赁该门面用于乙方办公，有下列情形之一的，甲方可以解除合同，并且要求乙方承担相当于一个月租金的违约金：** **擅自改变房屋用途用于餐饮业的；** 利用该房屋从事违法活动的； 损害公共利益或者妨碍他人正常工作、生活的

五、租金条款的审查与修改

（一）租金条款的主要内容

一般情况下，租金条款应当具备如下内容：

○租金的标准。

○租金是否每年变更。

○租金的支付期限。

○租金的支付方式。

○未按照约定支付租金的后果。

（二）租金条款的审查要点

主要审查租金条款的一般内容是否全面约定，有没有遗漏，如租金的标准是否约定明确，租金是否每年递增，如果递增，每年递增的幅度是多少，是固定的递增，还是按照比例递增。如果租金约定不明确，租金支付期限约定不明确，那么，法律有相应规定进行调整。但法律规定的调整，不一定符合当事人的需要，因此审查时需要与当事人沟通。

对于这一问题，《民法典》中有如下规定可供当事人参考。《民法典》第511条规定："当事人就有关合同内容约定不明确，依据前条规定仍不能确定的，适用下列规定：（一）质量要求不明确的，按照强制性国家标准履行；没有强制性国家标准的，按照推荐性国家标准履行；没有推荐性国家标准的，按照行业标准履行；没有国家标准、行业标准的，按照通常标准或者符合合同目的的特定标准履行。（二）价款或者报酬不明确的，按照订立合同时履行地的市场价格履行；依法应当执行政府定价或者政府指导价的，依照规定履行。……"《民法典》第721条规定："承租人应当按照约定的期限支付租金。对支付租金的期限没有约定或者约定不明确，依据本法第五百一十条的规定仍不能确定，租赁期限不满一年的，应当在租赁期限届满时支付；租赁期限一年以上的，应当在每届满一年时支付，剩余期限不满一年的，应当在租赁期限届满时支付。"

（三）租金标准条款的审查与修改示例

下面结合一个具体示例，进一步探讨应如何在实务中对租金标准条款进行审查与修改。

合同原稿	《房屋租赁合同》（合同编号：20200215） 第四条　租金 租金标准：每月按照人民币××元支付，租金总计：人民币××元
审查主体	代表甲方
审查意见	原稿遗漏了合同的一个重要内容，就是本合同出租人与承租人曾经作出的租金每年递增的口头约定
修改示范	《房屋租赁合同》（合同编号：20200215） 第四条　租金 *租金标准：2020年7月1日至2022年6月30日房屋租金每月5000元，合计120,000元；2022年7月1日至2024年6月30日房屋租金每月6000元，合计144,000元*

六、保证金条款的审查与修改

（一）保证金条款的主要内容

保证金条款在租赁合同中并不少见，其基本内容有：

○保证金的数额。

○保证金的交纳期限。

○保证金的担保范围。

○保证金的退还。

（二）保证金条款的审查要点

保证金条款主要有以下审查要点：

○保证金的数额是否足以达到担保目的。

○保证金的缴纳期限是否明确。

○保证金的退还方式是否明确。

设置保证金条款的目的是防止承租人拖欠租金、防止承租人损坏租赁物后消失，因此，保证金条款对于出租人一方很重要。所以在审查合同的时候，代表出租人一方的律师就需要充分注意该条款的设置。如果约定了保证金，保证金的数额也很重要。如果约定的保证金数额较低，则不足以起到风险防范的作用；但如果数额较高，则有可能导致承租人产生抵触情绪，不能实现合同交易目的。因此，保证金的数额需要根据情况而定。对于承租人来说，既然约定了保证金，那么，保证金的担保范围也要约定。而且，因为保证金是要退还的，所以保证金什么时候退还，怎么退还，也需要约定明确。

（三）保证金条款审查与修改示例

下面结合一个具体示例，进一步了解在实务中应如何对保证金条款进行审查与修改。

合同原稿	《房屋租赁合同》（合同编号：201804280） 第五条　押金 乙方应当于××年××月××日前向甲方支付押金××元
审查主体	代表甲方

审查意见	如果承租人没有及时缴纳租金或者租赁期限内的其他有关费用，出租人是可以用保证金来主张抵扣的。这点原稿应当明确
修改示范	《房屋租赁合同》（合同编号：201804280） 第五条　保证金 乙方应当于××年××月××日前向甲方支付保证金××元。**保证金除用于抵扣乙方应当交纳的租金、其他费用以及乙方应当承担的违约金、赔偿金外，保证金剩余部分应在自房屋交还甲方之日起3个工作日内返还乙方**

七、其他费用条款的审查与修改

（一）其他费用条款的主要内容

其他费用条款一般具有如下内容：

○其他费用项目。

○其他费用承担主体。

○其他费用支付方式与期限。

○未按照约定支付其他费用的处理。

（二）其他费用条款审查要点

其他费用条款主要有以下审查要点：

○是否约定了其他费用的范围。

○是否约定了其他费用的承担主体。

○是否约定了逾期支付其他费用的法律后果。

很多情况下，在租赁合同的履行过程中会产生一些费用，而这些费用是使用租赁物而产生的，比如水电费、卫生费、物业费，在没有明确约定的情况下，应当由使用人缴纳，除非当事人另有约定。

实践中，拖欠这些费用的比比皆是，有的拖欠的数额甚至超过了当月租金。当拖欠数额超过保证金数额的时候，有的承租人有可能就逃之夭夭了。为了防范这些风险，合同应当约定，当这些费用总和超过一定数额的时候（约定保证金的，不要超过保证金数额），出租人可以解除合同，并且可以要求承租人支付一定数额的违约金，以避免损失扩大。

（三）其他费用条款审查与修改示例

下面结合一个示例，进一步了解在实务中应如何对其他费用条款进行审查与修改。

合同原稿	《房屋租赁合同》（合同编号：20170311） 第六条　水电费 租赁期内，租赁房屋发生的水电费等费用，乙方承担，乙方应当按时支付
审查主体	代表甲方
审查意见	原稿仅约定水电费，费用范围过窄，租赁期间不只产生这些费用，同时，原稿没有约定未按照约定缴纳这些费用的处理措施
修改示范	《房屋租赁合同》（合同编号：20170311） 第六条　其他费用 *租赁期内，下列费用由乙方承担，乙方应当按时交纳：* *（1）水费；* *（2）电费；* *（3）燃气费；* *（4）卫生费；* *（5）上网费；* *（6）物业管理费。* *承租人逾期缴纳上述费用的数额总和超过保证金数额的，出租人可以解除合同，并且有权要求承租人支付两个月租金作为违约金*

八、租赁物交付条款的审查与修改

（一）租赁物交付条款的主要内容

租赁物交付条款一般有如下内容：

○租赁物交付时间。

○租赁物交付条件。

○租赁物交付方式。

○逾期交付的后果。

（二）租赁物交付条款的审查要点

租赁物交付条款主要有以下审查要点：

第一，租赁物的交付时间。租赁物交付时间，既是开始计算租金的时间，也是承租人开始使用租赁物的时间，对于双方都很重要。

第二，租赁物的交付条件。交付条件是交付时间的前提，不能因为按期交付租赁物，就将租赁物的交付条件约定得过于宽松，否则，交付后承租人仍然可以解除合同。《民法典》第731条规定："租赁物危及承租人的安全或者健康的，即使承租人订立合同时明知该租赁物质量不合格，承租人仍然可以随时解除合同。"因此，即使承租人知道该租赁物质量不合格而使用租赁物，承租人仍然可以随时解除合同。

第三，租赁物的交付方式。交付租赁物的时候，交付方式的约定也很重要，可以约定签署交接单，就租赁物及其附属设备的相关状况进行清点确认，如果是租赁房屋的，还需要清点确认房屋内相关物品的品名、型号、规格数量等，清点无误后在交接单或者验收表上签字确认，并约定该交接单作为本合同的附件。

（三）租赁物交付条款审查与修改示例

下面结合一个具体示例，进一步了解在实务中应如何对租赁物交付条款进行审查与修改。

合同原稿	《房屋租赁合同》（合同编号：20190607） 第三条　租赁物交付 甲方应于____年____月____日前将房屋按约定条件交付乙方
审查主体	代表乙方
审查意见	双方曾约定租赁房屋的同时，出租人还要提供其他物品供承租人使用，但是合同中没有约定这些物品的范围，一旦出租人不提供这些物品，承租人很难证明出租人违约，故应当在合同中明确约定
修改示范	《房屋租赁合同》（合同编号：20190607） 第三条　租赁物交付 *甲方应于____年____月____日前将房屋交付乙方，交付时房屋内应当具备如下设施与物品：* *××牌××型号空调一台；* *××牌××型号××寸电视机一台；* *××牌××洗衣机一台*

九、租赁物返还条款的审查与修改

（一）租赁物返还条款的主要内容

租赁物返还条款是租赁合同的重要组成部分，应当审查其是否具有如下内容：

○租赁物的返还方式。

○租赁期间所产生的有关费用的结算。

○租赁物损坏的处理措施。

○逾期返还租赁物的后果。

一般情况下，合同期满或者解除后，租赁物应当返还，但是在实践中，合同往往没有约定租赁物返还条款，这就容易导致合同期满后出现租赁物没有及时返还的情形。

当返还租赁物时，出租人一般需要清点租赁物，看看租赁物是否正常消耗，租赁物的附属设施以及其他物品是否遗失或者损坏。然后还要验收相关费用的结算情况。如果承租人没有结算相关费用，应当及时结算，缴纳保证金的，应当在结算后及时返还。如果承租人逾期未结算或者未及时返还的，出租人可以采取什么措施，承租人应当承担什么后果，合同都应当有相应约定。

《民法典》中对租赁物返还的问题有如下规定。《民法典》第733条规定："租赁期限届满，承租人应当返还租赁物。返还的租赁物应当符合按照约定或者根据租赁物的性质使用后的状态。"《民法典》虽然规定了承租人按照约定返还租赁物的义务，但是没有规定承租人违反该义务的处理措施，这需要当事人进一步明确。

（二）租赁物交付条款审查与修改示例

下面结合一个具体示例，进一步了解在实务中应如何对租赁物交付条款进行审查与修改。

合同原稿	《房屋租赁合同》（合同编号：20180111） 第九条　租赁物返还 租赁期满或合同解除后，乙方应当按照正常使用后的状态交还房屋及其附属物品、设施设备

审查主体	代表甲方
审查意见	原稿约定不全，没有约定返还方式，也没有约定相关费用的结算事宜以及逾期返还的措施
修改示范	《房屋租赁合同》（合同编号：20180111） 第九条　租赁物返还 *租赁期满或合同解除后，甲方应当按照《房屋交付验收表》对房屋和附属物品、设施设备及水电费、物业费、卫生费等相关费用的结算等情况进行验收，如租赁物有遗失或者损坏，乙方按照双方签收《房屋交付验收表》（见附件一）的价格赔偿。如乙方没有及时结算相关费用，应当及时结算，否则，甲方以保证金抵扣。* **合同期限届满或者依约解除合同，乙方拒绝退房的，按照本合同月租金的200%向甲方支付违约金，直到退房之日止**

十、优先承租条款的审查与修改

（一）优先承租条款的主要内容

优先承租条款在实践中很少有约定，主要是由相关法律规定调整，但是合同仍然有约定空间，一般这一条款具备如下内容：

○优先承租的条件。

○优先承租权的丧失。

对于优先承租问题，《民法典》有如下的规定。《民法典》第734条规定："租赁期限届满，承租人继续使用租赁物，出租人没有提出异议的，原租赁合同继续有效，但是租赁期限为不定期。租赁期限届满，房屋承租人享有以同等条件优先承租的权利。"因此，租赁期满，承租人享有优先承租权，但前提是在法律规定的是同等条件下。至于何为同等条件，当事人可以在合同中约定，比如约定承租人如果有严重违约行为，经常拖欠租金，就丧失优先承租权。

（二）优先承租条款的审查要点

在审查优先承租条款时，主要是审查合同是否设置了同等条件的判断标准，以及是否约定了在同等条件下优先承租权的丧失情形，比如约定承租人严重违约时丧失优先承租权。

（三）优先承租条款审查与修改示例

下面结合一个示例，进一步了解在实务中应如何对优先承租条款进行审查与修改。

合同原稿	《房屋租赁合同》（合同编号：20180101） 第十条　优先承租权 租赁期满，乙方需要继续租房的，应当至少提前 30 日书面通知甲方，同等条件下乙方享有优先承租权
审查主体	代表甲方
审查意见	甲方的本意是，乙方享有优先承租权，但是乙方有重大违约行为的除外，而该内容在合同中没有体现。因此，合同原稿没有准确表达当事人的真实意思，需要补充
修改示范	《房屋租赁合同》（合同编号：20180101） 第十条　优先承租权 租赁期满，乙方需要继续租房的，应当至少提前 30 日书面通知甲方，同等条件下乙方享有优先承租权，**但乙方存在违约行为的除外**

十一、租赁物维修条款的审查与修改

（一）租赁物维修条款的主要内容

租赁物维修条款是租赁合同的主要条款之一，其一般具有如下内容：

○维修范围。

○维修主体。

○维修费用。

○维修期限。

○维修方式。

○维修不能的处理。

按照《民法典》第 712 条的规定："出租人应当履行租赁物的维修义务，但是当事人另有约定的除外。"根据该法律规定，租赁物的维修义务一般由出租人承担，但是允许当事人另行约定。因此，当事人可以根据不同的维修事项，约定不同的主体承担租赁物的维修义务，如约定租赁物本身的维修义务，由出租人承担，而对于租赁物的附属品或者日常消费品的维修义务则由承租人承担。

如果承担维修义务的一方没有及时履行维修义务，甚至拒绝履行维修义务的，另一方如何处理？根据相关法律规定，承租人可以自行维修，维修费用由出租人负担，并且因维修租赁物影响承租人使用的，应当相应减少租金或者延长租期。按照《民法典》第 713 条的规定："承租人在租赁物需要维修时可以请求出租人在合理期限内维修。出租人未履行维修义务的，承租人可以自行维修，维修费用由出租人负担。因维修租赁物影响承租人使用的，应当相应减少租金或者延长租期。因承租人的过错致使租赁物需要维修的，出租人不承担前款规定的维修义务。"

（二）租赁物维修条款的审查要点

在审查租赁物维修条款时，主要审查该条款是否约定全面，对租赁物的维修范围、维修主体、维修期限、维修方式等是否都有约定，是否都已约定明确。对于已经有法律规定的，是否将该法律规定所涉及的内容约定得更为具体实用，比如《民法典》第 713 条规定的"出租人在合理期限内维修"，合同是否对合理期限进一步明确，约定出租人在接到通知后 3 日内完成维修等。

对于法律规定不详细的，是否有补充约定，比如《民法典》第 713 条规定了"出租人未履行维修义务的，承租人可以自行维修，维修费用由出租人负担"，合同是否约定了承租人也不维修的处理措施，比如约定："出租人未履行维修义务的，承租人可以选择解除合同等其他救济措施"，而不一定选择"承租人自行维修"。

（三）租赁维修条款的审查与修改示例

下面结合一个具体示例，进一步了解应如何在实务中对租赁物维修条款进行审查与修改。

合同原稿	《房屋租赁合同》（合同编号：20160301） 第七条　租赁物维修 在合同履行期限内，对于该房屋及其附属物品、设施设备因合理使用而导致房屋及其附属物品、设施设备无法正常使用的，由甲方承担维修责任

审查主体	代表乙方
审查意见	合同原稿没有约定维修方式与维修期限，也没有约定逾期维修的责任，在合同履行中容易产生争议，因此需要补充
修改示范 1	《房屋租赁合同》（合同编号：20160301） 第七条　租赁物维修 在合同履行期限内，对于该房屋及其附属物品、设施设备因合理使用等原因而导致房屋及其附属物品、设施设备无法正常使用的，由甲方承担维修责任，**甲方应当在接到承租人通知后________日内进行维修。** **逾期不维修的，乙方选择代为维修，维修费用由甲方承担。因维修影响乙方使用该租赁房屋的，应当相应延长租赁期或减少租金**
修改示范 2	《房屋租赁合同》（合同编号：20160301） 第七条　租赁物维修 *在合同履行期限内，因正常使用过程中发生的堵塞、漏水，开裂等原因，致使房屋使用受影响的，由甲方承担维修责任。甲方须在接到乙方通知之日起 7 日以内完成维修义务，如果 7 日以内没有完成维修事项，乙方有权解除合同，并且有权要求出租方承担一个月租金的违约责任*

十二、租赁物增设他物与扩建条款的审查与修改

（一）租赁物增设他物与扩建条款的主要内容

该条款是租赁合同的主要条款之一，一般具有如下内容：

○出租人是否同意增设他物与扩建。

○如果可以增设他物与扩建，增设他物与扩建的范围是什么，或者禁止增设他物与扩建的范围是什么。

○增设他物与扩建后的财产归属。

首先是出租人是否同意增设他物与扩建的问题。《民法典》第 715 条规定：“承租人经出租人同意，可以对租赁物进行改善或者增设他物。承租人未经出租人同意，对租赁物进行改善或者增设他物的，出租人可以请求承租人恢复原状或者赔偿损失。”也就是说，承租人对租赁物进行改善或者增设他物，是需要出租人同意的，这是前提。否则，出租人可以请求承租人恢复

原状或者赔偿损失。

其次是增设他物与扩建的范围问题。只有出租人同意增设他物与扩建，才可能再进一步约定增设他物与扩建的范围，才可能进一步约定增设与扩建物在租赁期限届满后的财产归宿。如果出租人同意增设他物与扩建，而没有约定增设与扩建物的财产归宿，那么需要审查法律的相关规定，看看是否对委托人有利。

对于这一问题，我们可以参考下列两个司法解释的规定：《最高人民法院关于审理城镇房屋租赁合同纠纷案件司法解释的理解与适用》第10条规定："承租人经出租人同意装饰装修，租赁期间届满或者合同解除时，除当事人另有约定外，未形成附合的装饰装修物，可由承租人拆除。因拆除造成房屋毁损的，承租人应当恢复原状。"《最高人民法院关于审理城镇房屋租赁合同纠纷案件司法解释的理解与适用》第11条规定："承租人经出租人同意装饰装修，合同解除时，双方对已形成附合的装饰装修物的处理没有约定的，人民法院按照下列情形分别处理：（一）因出租人违约导致合同解除，承租人请求出租人赔偿剩余租赁期内装饰装修残值损失的，应予支持；（二）因承租人违约导致合同解除，承租人请求出租人赔偿剩余租赁期内装饰装修残值损失的，不予支持。但出租人同意利用的，应在利用价值范围内予以适当补偿；（三）因双方违约导致合同解除，剩余租赁期内的装饰装修残值损失，由双方根据各自的过错承担相应的责任；（四）因不可归责于双方的事由导致合同解除的，剩余租赁期内的装饰装修残值损失，由双方按照公平原则分担。法律另有规定的，适用其规定。"

因此，未形成附合的装饰装修物，可由承租人拆除。而对于已形成附合的装饰装修物，没有约定的，法院可以根据不同情形分别处理。但是当事人有约定的，则按照约定处理。所以，当事人可以在合同中事先约定，按照约定处理。

（二）租赁物的增设他物与扩建条款审查与修改示例

下面结合一个具体示例，进一步了解应如何在实务中对租赁物的增设他物与扩建条款进行审查与修改。

合同原稿	《门面租赁合同》（合同编号：20200506） 第十二条　装修装饰 本合同乙方可以对门面进行装饰装修、增设附属设施
审查主体	代表乙方
审查意见	与乙方沟通得知，甲方同意乙方对门面进行装修，同时对装修后的财产归宿达成一致意见，按折价处理
修改示范	《门面租赁合同》（合同编号：20200506） 第十二条　装修装饰 本合同乙方可以对租赁物进行装饰装修、增设附属设施，**但是不得影响主体结构，租赁期满后，前述约定的增设物或者装修物按照成本价的40%归甲方所有**

第四节　租赁合同综合审查与修改示例

下面结合一个具体示例，以求对租赁合同的综合审查与修改有所了解。

一、租赁合同原稿

房屋租赁合同（合同编号：20190827）
甲方：杨某某
联系方式：××××
乙方：张某某
联系方式：××××
甲乙双方经过充分协商，就房屋的租赁事宜达成如下协议：
第一条　房屋的基本情况
甲方房屋位于怀化市鹤城区城北街道怀北路北××春小区××栋××单元××房。
第二条　房屋用途
该房屋用途为居住，除双方另有约定，乙方不得任意改变房屋用途。
第三条　租赁期限
从2019年8月29日至2020年8月29日止。
第四条　租金
该房屋的租金为每月人民币壹仟伍佰元整（1500.00元）。

第五条　付款方式

该房屋租金为每季度一交，乙方于每季度的第一个月的 5 号前一次性交清三个月租金共肆仟伍佰元整（4500.00 元）。

第六条　押金

乙方向甲方交纳押金贰仟元整（2000.00 元）。

第七条　水电费

1. 该房屋租赁期内的水电费及卫生费由乙方承担，甲方概不负责。

2. 该房屋租赁期内的物业费由乙方承担。

第八条　乙方有下列情形之一的，甲方可以终止合同并且收回房屋，造成甲方损失，由乙方负责赔偿：

1. 拖欠房屋租金；

2. 擅自拆改租赁房屋结构或者改变房屋用途的；

3. 利用承租房屋进行违法活动的；

4. 故意损坏承租房屋以及屋内物品的。

第九条　提前终止合同

房屋租赁期间，任何一方如有特殊情况需要提前终止合同的，应提前一个月通知对方，经双方协商后签订终止合同，在终止合同书签订前，本合同仍然有效。

第十条　乙方在租赁期间在室内发生任何意外事件与甲方无关，由乙方自己负责。

第十一条　在该房屋的室内生活用品乙方不得损坏，物品清单如下：

1. 冰箱一台；

2. 电视机一台；

3. 热水器一台；

4. 洗衣机一台；

5. 液化气罐一个；

6. 液化气灶一台；

7. 抽油烟机一台；

8. 空调一台；

9. 木床一张；

10. 20 厘米厚床垫一张。

第十二条　本合同在履行过程中发生争议，由双方协商解决，协商不成，由仲裁委员会仲裁协商解决或者向人民法院起诉。

第十三条　本合同未尽事项由双方另行协商，并且签订补充合同。

第十四条　本合同一式两份，甲乙双方各执一份。

甲方签字

乙方签字

2019 年 × ×月 × ×日

二、租赁合同修改过程稿（代表出租人修改）

（一）关于合同主体

合同原稿	甲方：杨某某 联系方式：×××× 乙方：张某某 联系方式：××××
审查意见	原稿主体信息不全，自然人的住址与身份证号是不能省略的，否则一旦发生纠纷，就难以确定诉讼主体。因此，甲方应当要求乙方提供身份证原件，并且按照身份证信息如实填写，并且保留身份证复印件
修改示范	甲方**（出租方）**：杨某某 **住所：××××** **身份证号：××××** 联系方式：×××× 乙方**（承租方）**：张某某 **住所：××××** **身份证号：××××** 联系方式：××××

（二）关于第一条

合同原稿	第一条　房屋的基本情况 甲方房屋位于怀化市鹤城区城北街道怀北路北××春小区××栋××单元××房
审查意见	合同原稿仅仅表述了租赁房屋的具体位置，而没有表述租赁房屋的其他基本信息，比如房屋的面积、房屋权属状况等。确定了房屋权属状况，一来可以证明出租人是租赁房屋的权利主体，让承租人放心，二来可以表明租赁物为合法租赁物，一举两得
修改示范	第一条　房屋的基本情况 甲方房屋位于怀化市鹤城区城北街道××路北××春小区××栋××单元××房，**产权人为甲方，产权证号××××，建筑面积××平方米**

（三）关于第二条

合同原稿	第二条　房屋用途 该房屋用途为居住，除双方另有约定外，乙方不得任意改变房屋用途
审查意见	合同原稿没有设立专门的违约责任条款，而本条款设定了违约情形，却没有设定违约后果，需要增加
修改示范	第二条　房屋用途 *该房屋用途为居住，乙方不得改变房屋用途，否则，甲方有权解除合同，造成损失的，乙方承担赔偿责任*

（四）关于第五条

合同原稿	第五条　付款方式 该房屋租金为每季度一交，乙方每季度的第一个月的 5 号前一次性交清三个月租金共肆仟伍佰元整（4500.00 元）
审查意见	合同原稿没有设立专门的违约责任条款，而本条款约定了付款期限，却没有约定乙方逾期付款的违约责任，需要增加
修改示范	第五条　付款方式 房屋租金每季度一交，乙方于每季度的第一个月的 5 号前一次性交清三个月租金共肆仟伍佰元整（4500.00 元）。**逾期未支付的，每日按照逾期未交纳租金 0.6%的标准支付违约金。逾期超过 30 日的，甲方可以解除合同，并且按照前述标准追究乙方的违约责任**

（五）关于第六条

合同原稿	第六条　押金 乙方向甲方交纳押金贰仟元整（2000.00 元）
审查意见	该条款存在如下问题： （1）押金的担保范围没有明确； （2）交纳押金的期限没有约定； （3）逾期交纳押金的后果没有约定； （4）对于甲方来说，押金数额过低，不足以防范风险，甚至远远低于租赁房屋内的常用物品金额，一旦乙方造成屋内物品损毁，或者拖欠物业管理费、水电费等，甲方损失惨重，维权成本很高； （5）“押金”这一表述不规范，使用“保证金”较为规范

修改示范	第六条　保证金 自本合同签订之日起 3 日内，乙方向甲方交纳保证金 ×万元，在合同期满或者解除合同时，结清乙方下列全部费用后 3 日内，甲方退还乙方保证金： 1. 租金； 2. 违约金； 3. 赔偿金； 4. 水电费； 5. 卫生费； 6. 物业管理费； 7. 其他有关费用。 交纳保证金后，本合同生效

（六）关于第七条

合同原稿	第七条　水电费 1. 该房屋租赁期内的水电费及卫生费由乙方承担，甲方概不负责。 2. 该房屋租赁期内的物业费由乙方承担
审查意见	原稿约定不全，仅约定了水电费，而合同履行中远远不止这些费用，费用范围约定过窄。标题是水电费的约定，而内容却约定了物业费，内容与标题不符。另外，对不按时交纳相关费用的后果，合同没有涉及，需要增加
修改示范	第七条　其他费用 该房屋租赁期间下列费用由乙方承担，须于每月 5 号前交纳，逾期未交纳的，除继续交纳外，乙方每日按照未交金额 0.6% 的标准向甲方支付违约金： 1. 水费； 2. 电费； 3. 卫生费； 4. 燃气费； 5. 宽带费； 6. 物业服务费。 上述费用超过保证金数额时，甲方可以解除合同，并且按照前述标准支付违约金

（七）关于第九条

合同原稿	第九条　提前终止合同 房屋租赁期间，任何一方如有特殊情况需要提前终止合同的，应提前一个月通知对方，经双方协商后签订终止合同，在终止合同书签订前，本合同仍然有效
审查意见	双方的真实意思是，双方可以提前解除合同，但是需要协商，协商的内容为是否需要补偿一定比例的违约金，而合同没有体现当事人的真实意思
修改示范	第九条　提前终止合同 *任何一方均可提前解除合同，但须提前一个月通知对方，并且向对方支付本合同二个月租金作为违约金，解约方不再承担其他违约责任*

（八）关于第十一条

合同原稿	第十一条　在该房屋的室内生活用品乙方不得损坏，物品清单如下： 1. 冰箱一台； 2. 电视机一台； 3. 热水器一台； 4. 洗衣机一台； 5. 液化气罐一个； 6. 液化气灶一台； 7. 抽油烟机一台； 8. 空调一台； 9. 木床一张； 10. 20 厘米厚床垫一张
审查意见	这些附属物品，一是种类较多，二是价格不一，一旦丢失或者损坏，难以举证证明损失数额，所以最好在合同中明确记录。如果内容繁杂，也可以列表作为附件
修改示范	第十一条　*经双方清点确认，租赁房屋内下列物品表面清洁，无划痕、裂斑，现双方作价如下，如有遗失或者损坏，乙方按照下列金额赔偿：* *1. 某某品牌冰箱一台，***2019 年 5 月购买，购买价 3000 元，现作价 2800 元；** *2. 某某品牌电视机一台，***2019 年 6 月购买，购买价 4200 元，现作价 3800 元；** *3. 热水器一台，***2019 年 5 月购买，购买价 700 元，现作价 600 元；**

	*4. 洗衣机一台，***2019 年 6 月购买，购买价 3000 元，现作价 2800 元；** *5. 液化气罐一个，***作价 200 元；** *6. 液化气灶一台，***作价 400 元；** *7. 抽油烟机一台，***2019 年 5 月购买，购买价 5700 元，现作价 5600 元；** *8. 空调一台，***2019 年 8 月购买，购买价 3600 元，现作价 3500 元；** *9. 木床一张，***作价 2000 元**

（九）关于租赁物是否可以增设他物问题

合同原稿	合同原稿没有约定是否可以增设他物，但是乙方口头要求增设附属设施，甲方也表示同意
审查意见	因为承租人需要增设他物，所以为了合同交易目的最大化的实现，出租人就会尽可能满足对方的要求，但是作为交换，也为了自身利益的要求，可以同时在合同中约定，租赁期满或合同终止后，前述约定增设物无偿归出租人所有
修改示范	增加一条，作为合同第十条，其他条款依次后移。 **承租人可以装饰装修、增设附属设施、增设设备，但是禁止主体结构改动，租赁期满或合同终止后，前述约定增设物无偿归出租人所有**

（十）关于第十二条

合同原稿	第十二条　本合同在履行过程中发生争议，由双方协商解决，协商不成，由仲裁委员会仲裁协商解决或者向人民法院起诉
审查意见	原稿对于争议解决方式约定不明确，将仲裁和诉讼同时约定为争议解决方式，而且诉讼也没有管辖法院。如果约定为诉讼解决方式，应当为专属管辖，不必要约定管辖法院。 司法解释对此有专门规定。《最高人民法院关于适用〈中华人民共和国民事诉讼法〉的解释》第 28 条规定："民事诉讼法第三十三条第一项规定的不动产纠纷是指因不动产的权利确认、分割、相邻关系等引起的物权纠纷。农村土地承包经营合同纠纷、房屋租赁合同纠纷、建设工程施工合同纠纷、政策性房买卖合同纠纷，按照不动产纠纷确定管辖。不动产已登记的，以不动产登记簿记载的所在地为不动产所在地；不动产未登记的，以不动产实际所在地为不动产所在地。"
修改示范	*第十二条　本合同在履行过程中发生争议，由双方协商解决，协商不成，任何一方均可向人民法院提起诉讼*

三、租赁合同修改意见稿

房屋租赁合同（合同编号：20190827）

甲方（**出租方**）：杨某某

住所：××××

身份证号：××××

联系方式：××××

乙方（**承租方**）：张某某

住所：××××

身份证号：××××

联系方式：××××

甲乙双方经过充分协商，就房屋的租赁事宜达成如下协议：

第一条　房屋的基本情况

房屋位于怀化市鹤城区城北街道××路北××春小区××栋××单元××房，**产权人为甲方，产权证号××××，建筑面积××平方米**。

第二条　房屋用途

该房屋用途为居住，乙方不得改变房屋用途，否则，甲方有权解除合同，造成损失的，乙方承担赔偿责任。

第三条　租赁期限

从2019年8月29日至2020年8月29日止。

第四条　租金

该房屋的租金为每月人民币壹仟伍佰元整（1500.00元）。

第五条　付款方式

房屋租金每季度一交，乙方于每季度的第一个月的5号前一次性交清三个月租金共肆仟伍佰元整（4500.00元）。**逾期未支付的，每日按照逾期未交纳租金0.6%的标准支付违约金。逾期超过30日的，甲方可以解除合同，并且按照前述标准追究乙方的违约责任**。

第六条　保证金

自本合同签订之日起3日内，乙方向甲方交纳保证金×万元，在合同期满或者解除合同时，结清乙方下列全部费用后3日内，甲方退还乙方保证金：

1. 租金；

2. 违约金；

3. 赔偿金；

4. 水电费；

5. 卫生费；

6. 物业管理费；

7. 其他有关费用。

交纳保证金后，本合同生效。

第七条　其他费用

该房屋租赁期间下列费用由乙方承担，须于每月 5 号前交纳，逾期未交纳的，除继续交纳外，乙方每日按照未交金额 0.6% 的标准向甲方支付违约金：

1. 水费；

2. 电费；

3. 卫生费；

4. 燃气费；

5. 宽带费；

6. 物业服务费。

上述费用超过保证金数额时，甲方可以解除合同，并且按照前述标准支付违约金。

第八条　乙方有下列情形之一的，甲方可以终止合同并且收回房屋，造成甲方损失，由乙方负责赔偿：

1. 拖欠房屋租金；

2. 擅自拆改租赁房屋结构或者改变房屋用途的；

3. 利用租赁房屋进行违法活动的；

4. 故意损坏租赁房屋以及屋内物品的。

第九条　提前终止合同

任何一方均可提前解除合同，但须提前一个月通知对方，并且向对方支付本合同二个月租金作为违约金，解约方不再承担其他违约责任。

第十条　承租人可以装饰装修、增设附属设施、增设设备，但是禁止主体结构改动，租赁期满或合同终止后，前述约定增设物无偿归出租人所有。

第十一条　乙方在租赁期间在室内发生任何意外事件与甲方无关，由乙方自己负责。

第十二条　*经双方清点确认，租赁房屋内下列物品表面清洁，无划痕、裂斑，现双方作价如下，如有遗失或者损坏，乙方按照下列金额赔偿：*

*1. 某某品牌冰箱一台，***2019 年 5 月购买，购买价 3000 元，现作价 2800 元；**

*2. 某某品牌电视机一台，***2019 年 6 月购买，购买价 4200 元，现作 3800 元；**

*3. 热水器一台，***2019 年 5 月购买，购买价 700 元，现作价 600 元；**

*4. 洗衣机一台，***2019 年 6 月购买，购买价 3000 元，现作价 2800 元；**

*5. 液化气罐一个，***作价 200 元；**

*6. 液化气灶一台，***作价 400 元；**

*7. 抽油烟机一台，***2019 年 5 月购买，购买价 5700 元，现作价 5600 元；**

*8. 空调一台，***2019 年 8 月购买，购买价 3600 元，现作价 3500 元；**

*9. 木床一张，***作价 2000 元。**

第十三条　*本合同在履行过程中发生争议，由双方协商解决，协商不成，任何一方均可向人民法院提起诉讼。*

第十四条　本合同未尽事项由双方另行协商，并且签订补充合同。

第十五条　本合同一式两份，甲乙双方各执一份。

甲方签字：

乙方签字：

2019 年××月××日

第三章　借款合同的审查与修改

第一节　借款合同的概念与主要特征

一、借款合同的概念

借款合同是借款人向贷款人借款，到期返还借款并支付利息的合同。因此，借款合同的一方转移的是本金，获得的是本金与利息。另一方得到的是本金，付出的是本金与利息。

二、借款合同的主要特征

（一）借款合同的标的物是货币

根据《民法典》第667条的规定，借款合同是借款人向贷款人借款，到期返还借款并支付利息的合同。因此，借款合同的标的物是货币。这是借款合同与其他合同最主要的区别。

（二）借款合同具有期限性

根据《民法典》第667条规定，借款合同到期后需要返还本金并且支付利息，因此，借款合同是有一定期限性的。

（三）借款合同分为民间借贷与金融机构借款合同

根据出借人主体不同，借款合同可区分为民间借贷合同与金融机构借款合同。银行或者非银行类金融机构与借款人签订的借款合同为金融机构借款合同，其他的均为民间借贷合同。

金融机构签订的借款合同一般是诺成合同，自合同成立时生效。

民间借贷合同具有实践合同的特点，一般认为合同需要实际交付货币才生效。有关法律依据如下：《民法典》第 671 条规定："贷款人未按照约定的日期、数额提供借款，造成借款人损失的，应当赔偿损失。……"《民法典》第 679 条规定："自然人之间的借款合同，自贷款人提供借款时成立。"

第二节　借款合同的框架审查与修改

一、借款合同主要框架的依据

（一）法律依据

《民法典》第 470 条规定："合同的内容由当事人约定，一般包括下列条款：（一）当事人的姓名或者名称和住所；（二）标的；（三）数量；（四）质量；（五）价款或者报酬；（六）履行期限、地点和方式；（七）违约责任；（八）解决争议的方法。……"因此，一般合同应当包括如下框架：

序号	框架名称
1	双方主体名称
2	标的
3	数量
4	质量
5	价款
6	履行期限
7	履行地点
8	履行方式
9	违约责任
10	争议处理办法

《民法典》第 668 条规定："借款合同应当采用书面形式，但是自然人之间借款另有约定的除外。借款合同的内容一般包括借款种类、币种、用途、数额、利率、期限和还款方式等条款。"据此，买卖合同除应当具有《民法

典》第470条规定的框架外，还应当具有如下独特框架：

序号	框架名称
1	借款种类
2	币种
3	借款用途
4	借款数额
5	利率
6	借款期限
7	还款方式

（二）当事人交易需要依据

很多时候，出借人为了借款的安全，多半会要求借款人提供担保，担保的形式包括抵押、质押、保证等。另外，借款合同中，出借人的目的就是获取利息，所以利息支付方式就是其中的主要内容之一，比如提供借款后多长时间就需要支付利息，逾期支付利息会承担什么后果，实践中当事人都会详细约定。因此，实践中，借款合同还可能存在如下框架：

序号	框架名称
1	担保
2	利息支付方式
3	提前还款

二、借款合同的主要框架

根据《民法典》第470条、第668条规定，结合有关当事人需要，借款合同的主要框架有：

序号	框架名称
1	合同主体
2	借款币种

序号	框架名称
3	借款金额
4	借款用途
5	利率
6	借款期限
7	还款期限
8	利息支付方式
9	担保
10	违约责任
11	争议处理

三、借款合同主要框架的审查与修改

下面结合一个具体示例，进一步了解在实务中应如何对借款合同的框架进行审查与修改。

1. 合同原稿

借款合同（合同编号：20200501）
甲方（出借方）：杨某某
身份证号码：××××
乙方（借款方）：张某某
身份证号码：××××
甲乙双方就借款事项达成如下协议：
1. 借款
甲方向乙方借款人民币伍拾万元（500,000.00元）。
2. 借款期限
借款期限一年，自2020年5月1日至2021年4月30日。
3. 利息
月息4分
4. 还款
还款期限：分两期还清。

第一期：还款期限为2020年11月1日；

第二期：还款期限为2021年4月30日。

5. 借款担保

由××提供属于其所有的房产作为本合同的担保。

6. 违约责任

6.1 乙方未按本合同约定用途使用借款，甲方有权对违约使用部分在违约使用期间按日利率万分之________计收利息。

6.2 乙方未按期本合同约定两次还款的，对逾期还款金额在逾期期间按日利率万分之________计收利息。

7. 本合同争议解决方式

甲乙双方在履行本合同过程中发生争议时，既可以通过协商解决，也可以直接向合同履行地人民法院起诉。

8. 本合同一式两份，甲乙双方各执一份。

甲方：

乙方：

2020年××月××日

2. 审查原稿框架

审查原稿框架的主要目的是看看原稿整体内容情况，看看原稿都有什么框架，看看原稿框架之间有无重复，是否存在有矛盾或者不一致的地方。

序号	原稿条款内容	得出原稿框架
1	甲方（出借方）：杨某某 身份证号码：×××× 乙方（借款方）：张某某 身份证号码：××××	合同主体
2	1. 借款 甲方向乙方借款人民币伍拾万元（500,000.00元）	借款金额
3	2. 借款期限 借款期限一年，自2020年5月1日至2021年4月30日	借款期限
4	3. 利息 月息4分	利率

序号	原稿条款内容	得出原稿框架
5	4. 还款 还款期限：分两期还清 第一期：还款期限为2020年11月1日； 第二期：还款期限为2021年4月30日	还款方式
6	5. 借款担保 由××提供属于其所有的房产作为本合同的担保	担保
7	6. 违约责任 6.1 乙方未按本合同约定用途使用借款，甲方有权对违约使用部分在违约使用期间按日利率万分之________计收利息。 6.2 乙方未按期本合同约定两次还款的，对逾期还款金额在逾期期间按日利率万分之________计收利息	违约责任
8	7. 本合同争议解决方式 甲乙双方在履行本合同过程中发生争议时，既可以通过协商解决，也可以直接向合同履行地人民法院起诉	管辖

3. 对比原稿框架

对比原稿框架与一般借款合同框架的目的，是看看原稿有什么框架，与一般借款合同框架相比，缺少什么框架。如果缺少某个框架，是否需要增加，如果不增加对本合同有什么影响。

如果我们不把一般借款合同的框架与本合同框架进行对比，就难以发现本合同缺少什么框架，进而难以发现本合同还有什么框架需要增加。即使我们不列表对比，起码心中要有一个借款合同框架来对比。

通过将一般借款合同框架与本合同框架进行对比，我们可以得到下面一个借款合同框架对比表：

序号	借款合同一般框架	原稿框架	对比结果
1	合同主体	合同主体	
2	借款币种	借款币种	

序号	借款合同一般框架	原稿框架	对比结果
3	借款金额	借款金额	
4	借款用途		缺少
5	利率	利率	
6	借款期限	借款期限	
7	还款期限	还款期限	
8	利息支付方式		缺少
9	抵押	担保	缺少
10	违约责任	违约责任	
11	争议处理	争议处理	

4. 原稿框架审查与修改

（1）修改主体。

代表甲方。

合同地位：出借人。

（2）审查意见。

将原稿框架与一般借款合同的框架相比较，发现缺少如下内容，对于出借人来说，这些内容必不可少，是履行借款合同的重要保障，须明确约定：

○抵押。

○借款用途。

○利息支付方式。

首先，本合同虽然设立了抵押条款，但是抵押物的许多情况都没有明确，如被担保债权的种类和数额，债务人履行债务的期限，抵押财产的名称、数量、担保范围，以及办理抵押登记手续等内容都没有约定，抵押条款形同虚设。

其次，原稿缺少借款用途的约定，应当增加该部分内容。原稿在违约责任一栏中约定了违反借款用途的违约责任，但是在合同条款中并没有约定借款用途这一内容，导致违反借款用途的违约责任在合同中立不住脚。

最后，缺少利息的支付条款。如果合同原稿仅仅约定了利率，而没有约定利息支付方式，那么合同就会不够完整。利息是在还款时一并支付，还是分期支付；如果分期支付，多长时间支付一次，每次支付金额是多少。上述内容都没有约定。

5. 修改示范

（1）修改抵押条款："对于本合同项下的借款本息及费用，由××提供的房产作为抵押物进行担保，并另行签订《抵押合同》作为本合同的从合同。"

（2）增加"借款用途"条款，作为合同第3条，约定："本合同借款仅用于果树种植。"

（3）增加"利息支付方式"条款，作为合同第4条，约定："按照年利率36%计算利息，每季度的第一个星期五之前支付一次。"并且在违约责任条款中相应增加与此相对应的违约责任。

其他条款依次后移。

第三节　借款合同具体条款的审查与修改

一、借款合同主体条款的审查与修改

（一）借款合同主体条款的审查要点

借款合同的出借人是提供借款方，对其做一般审查即可，主要审查以下内容：

○借款人名称、姓名是否规范。

○借款人信息是否全面。

○借款人信息是否真实。

○借款人信誉是否可靠。

○借款人履行能力是否具备。

如果借款人是法人，则应当查验营业执照，审查主体名称与相关信息是否严格按照营业执照填写。如果是自然人，则应当查验自然人身份证，审查

有关信息是否按照身份证信息填写，如自然人姓名、年龄、身份证号码等是否填写完整、正确。如果自然人已婚，还需要考虑是否让自然人配偶共同签字确认，以增加借款人的偿还能力。另外还要核实借款人是否涉诉，有没有被列入失信人员名单等，以评估借款人信誉及其履行能力。

（二）借款合同主体条款审查与修改示例

下面结合一个具体示例，进一步了解应如何在实务中对借款合同主体条款进行审查与修改。

合同原稿	《借款合同》（合同编号：20140301） 甲方：高×× 乙方：海南××环保公司 住所：××××
审查主体	代表甲方
审查意见	借款人名称表述不规范，乙方为海南某某环保有限公司，少了“有限”两个字，导致借款人名称书写错误。借款人信息表述也不完整，法定代表人、住所、统一社会信用代码一应不全，都没有约定
修改示范	《借款合同》（合同编号：20140301） 甲方：高×× **住所：××××** **身份证号码：××××** **联系方式：××××** 乙方：海南××××环保**有限**公司 住所：×××× **法定代表人：×××** **联系方式：××××** **统一社会信用代码：××××**

二、借款条款的审查与修改

（一）借款条款的审查要点

借款条款是借款合同的核心条款，一般包括如下内容：

○借款金额。

○借款币种。

○借款提供方式。

○借款用途。

○借款期限。

（二）借款条款的审查要点

以下几点需要在审查借款合同时高度注意：

首先，需要审查借款金额是否明确，一般是先写大写金额，再写小写金额，二者需要完全一致。对于什么时候提供借款，提供借款的方式，是现金提供，还是转账提供，都需要约定明确，而约定转账方式的优点是能够留下提供借款的痕迹，便于举证。

其次，审查借款用途是否约定明确。对此，法律与司法解释有相关规定。《民法典》第673条规定："借款人未按照约定的借款用途使用借款的，贷款人可以停止发放借款、提前收回借款或者解除合同。"《最高人民法院关于审理民间借贷案件适用法律若干问题的规定》第13条第4项规定了有关借款合同的无效情形："……（四）出借人事先知道或者应当知道借款人借款用于违法犯罪活动仍然提供借款的……"所以，借款合同应当约定借款用途可以保障资金安全，避免借款人挪作他用。同时，可以证明出借人出借款项是用于正当目的，并非用于违法犯罪。

（三）借款条款审查与修改示例

下面结合一个具体示例，进一步了解应如何在实务中对借款条款进行审查与修改。

合同原稿	《借款合同》（合同编号：20190505） 第一条　借款 甲方向乙方借款人民币伍拾万元（500,000.00元）
审查主体	代表甲方
审查意见	原稿表述不规范，按照原稿表述，甲方似乎为借款人，是甲方向乙方"借"。准确表述为："甲方向乙方提供借款人民币伍拾万元整。"同时，原稿约定内容不全，遗漏重要事项，如借款用途、借款期限等都没有约定

<table>
<tr><td>修改示范</td><td>《借款合同》（合同编号：20190505）
第一条　借款
合同签订后 3 日内，甲方向乙方提供借款人民币伍拾万元整（500,000.00元）。借款用途：×××种植业。
提供借款方式：转账
乙方指定账号：××××
开户银行：××××
户名：××××
银行账号：××××</td></tr>
</table>

三、利率条款的审查与修改

（一）利率条款的审查要点

利率条款是借款合同的主要条款，是利息计算的基础，该条款主要有以下审查要点：

○利率是否约定规范。

○利率是否符合法律规定。

实践中将利息与利率混淆的情况时有发生，认为利率就是利息，利息就是利率。实际上，利息是根据利率与借款本金、借款期限计算得出的。所以，利率是利息计算的条件之一，同一利率因借款本金、借款期限不同，得出的利息也不同。利率一般按年计算，按年计算的，称为年利率，为规范表述。但是实践中经常出现用月利率、日利率表示的情况，为不规范表述。

关于利率的标准，法律有相应规定，主要是禁止高利借贷的规定。《最高人民法院关于审理民间借贷案件适用法律若干问题的规定》第 26 条规定："出借人请求借款人按照合同约定利率支付利息的，人民法院应予支持，但是双方约定的利率超过合同成立时一年期贷款市场报价利率四倍的除外。前款所称'一年期贷款市场报价利率'，是指中国人民银行授权全国银行间同业拆借中心自 2019 年 8 月 20 日起每月发布的一年期贷款市场报价利率。"该规定对民间借贷利率进行大幅下调，明确以中国人民银行授权全国银行间同业拆借中心每月 20 日发布的一年期贷款市场报价利率的 4 倍为标准，取代了原《规定》中"以 24% 和 36% 为基准的两线三区"的规定。按照目前一年期贷款市场报价利率3.85%的4倍计算，民间借贷利率的上限应当为15.4%，与过去的24%和36%相比较有较大幅度的下降。

（二）利率条款审查与修改示例

下面结合一个示例，在实务中应如何对利率条款进行审查与修改。

合同原稿	《借款合同》（合同编号：20190305） 第五条　利息 本合同利息：月息六分
审查主体	代表甲方
审查意见	该条款表述不规范，因为利息是根据利率与借款本金、借款期限计算得出的，所以，该条款标题规范表述应当是利率。而且，原稿约定利率超过法律规定的上限，需要调整
修改示范	《借款合同》（合同编号：20190305） 第五条　利息 *借款期限内，按照年利率××%计算利息*

四、利息条款的审查与修改

（一）利息条款的主要内容

利息条款包括利率条款，利息是根据借款本金、借款期限与利率计算得来的，但是利息条款还有其他内容：

○利息的支付方式。

○利息的支付期限。

○逾期支付利息的救济方式。

（二）利息条款的审查要点

在审查利息条款的时候，我们主要审查：

1. 是否约定利息的支付方式与期限，如约定利息是还款时一次性支付，还是分期支付。如果是分期支付，多长时间支付一次，每次支付的金额是多少。

2. 是否约定不同情形下的利息计算方法，如借期内的利息计算方式，逾期利息的计算方式，该约定有没有违反相关法律规定。

对于不同情形下利息的计算方法，司法解释有下列规定：

《最高人民法院关于审理民间借贷案件适用法律若干问题的规定》第25条规定：“出借人请求借款人按照合同约定利率支付利息的，人民法院应予支持，但是双方约定的利率超过合同成立时一年期贷款市场报价利率四倍的除外。前款所称‘一年期贷款市场报价利率’，是指中国人民银行授权全国银行间同业拆借中心自2019年8月20日起每月发布的一年期贷款市场报价利率。”

《最高人民法院关于审理民间借贷案件适用法律若干问题的规定》第28条规定：“借贷双方对逾期利率有约定的，从其约定，但是以不超过合同成立时一年期贷款市场报价利率四倍为限。未约定逾期利率或者约定不明的，人民法院可以区分不同情况处理：（一）既未约定借期内利率，也未约定逾期利率，出借人主张借款人自逾期还款之日起参照余期贷款市场报价利率标准计算的利息承担逾期还款违约责任的，人民法院应予支持；（二）约定了借期内利率但是未约定逾期利率，出借人主张借款人自逾期还款之日起按照借期内利率支付资金占用期间利息的，人民法院应予支持。”

《最高人民法院关于审理民间借贷案件适用法律若干问题的规定》第29条规定：“出借人与借款人既约定了逾期利率，又约定了违约金或者其他费用，出借人可以选择主张逾期利息、违约金或者其他费用，也可以一并主张，但是总计超过合同成立时一年期贷款市场报价利率四倍的部分，人民法院不予支持。”

（三）利息条款审查与修改示例

下面结合一个具体示例，进一步了解在实务中应如何对利息条款进行审查与修改。

合同原稿	《借款合同》（合同编号：20190305） 第六条　利息支付方式 利息每月支付一次，借款期限届满，乙方一次性支付剩余利息
审查主体	代表甲方

审查意见	原稿没有约定利息的每次支付期限与支付方式
修改示范	《借款合同》（合同编号：20190305） 第六条　利息支付期限与方式 利息每月支付一次，**每月 25 日以前支付**。借款期限届满，乙方一次性支付剩余利息。**乙方未能按照合同约定支付任何一期利息，甲方有权要求乙方立即偿还所有未还本金及利息**

五、担保条款的审查与修改

（一）担保条款的主要内容

担保条款不是借款合同的必备条款，但是对于借款合同的履行却有至关重要的作用，能够为借款合同的履行提供最大限度的保障。

担保条款一般具备如下内容：

○担保方式。

○担保范围。

○担保期限。

首先是担保方式的问题。担保方式多种多样，但是需要明确。如果是保证，保证人可以在借款合同上签字，约定保证方式、保证期限、保证责任等内容；如果是抵押，则需要明确抵押物的状况、担保范围、担保期限等，并且需要办理抵押登记手续；如果是质押，还需要签订质押合同，并且转移质物的占有。

实践中有的还有订立买卖合同作为民间借贷合同担保的情况。对于这种情形，司法解释有相关规定。《最高人民法院关于审理民间借贷案件适用法律若干问题的规定》第 23 条规定：“当事人以订立买卖合同作为民间借贷合同的担保，借款到期后借款人不能还款，出借人请求履行买卖合同的，人民法院应当按照民间借贷法律关系审理。当事人根据法庭审理情况变更诉讼请求的，人民法院应当准许。按照民间借贷法律关系审理作出的判决生效后，借款人不履行生效判决确定的金钱债务，出借人可以申请拍卖买卖合同标的物，以偿还债务。就拍卖所得的价款与应偿还借款本息之间的差额，借款人或者出借人有权主张返还或者补偿。”

其次是担保范围的问题。担保范围是各种担保合同的重点审查对象。《民法典》对这一问题设置了规定。《民法典》第389条规定：“担保物权的担保范围包括主债权及其利息、违约金、损害赔偿金、保管担保财产和实现担保物权的费用。当事人另有约定的，按照其约定。”因此，如果合同没有约定，那么担保物权的担保范围就包括主债权及其利息、违约金、损害赔偿金、保管担保财产和实现担保物权的费用。如果有约定的，按照约定。

（二）担保条款审查与修改示例

下面结合一个具体示例，进一步了解在实务中应如何对担保条款进行审查与修改。

合同原稿	《借款合同》（合同编号：20200108） 第七条　抵押担保 乙方自愿以坐落于××星坪××花园3栋5单元77号门面作为湖南××科技有限公司履行《借款合同》还款义务的担保，该门面产权属于乙方所有，共30平方米，房产权证号为××，土地使用证号为××
审查主体	代表甲方
审查意见	合同原稿约定的是抵押物的担保形式，而抵押物情况复杂，还需要办理抵押登记等，很难在主合同中表述全面，所以，建议另行签订抵押合同为宜
修改示范	建议另行签订抵押合同，抵押合同重点约定如下内容： ○被担保债权的种类和数额。 ○抵押财产情况。 包括抵押财产的名称、数量等情况，也包括抵押物的名称、产权证、坐落位置等。 ○担保范围。 包括主债权及其利息、违约金、损害赔偿金、保管担保财产和实现担保物权的费用。 ○抵押房产评估。 本合同签订后3日内，甲乙双方共同办理抵押房产的评估手续，评估费用由乙方承担。如因乙方原因未能办理抵押房产评估的，乙方承担违约金五万元。 ○抵押登记手续。 本合同签订后3日内，甲乙双方共同办理抵押房产的抵押登记手续，如因乙方原因未能办理抵押登记的，乙方需承因此给甲方造成的损失

六、还款条款的审查与修改

（一）还款条款的主要内容

还款是借款合同的核心条款，能否按时还款，关系到出借人的核心利益。该条款一般具有如下内容：

○是一次性还款，还是分期还款。

○每一期还款的时间与还款金额。

○逾期还款的救济途径。

○提前还款情形。

（二）还款条款的审查要点

首先审查还款的方式，看是一次性还款还是分期还款。如果是一次性还款，要审查还款期限是否约定明确；如果是分期还款，则要审查每期还款期限与数额是否约定清楚，如果任何一期未能还款，出借人可以采取什么措施。

如果借款人还款能力较好，可能提前还款的，还要约定提前还款的处理办法，约定利息是按照实际出借日的天数偿还，还是按照合同约定的时间偿还。如果没有约定的，司法解释规定是按照实际天数偿还。《最高人民法院关于审理民间借贷案件适用法律若干问题的规定》第 30 条规定："借款人可以提前偿还借款，但是当事人另有约定的除外。借款人提前偿还借款并主张按照实际借款期限计算利息的，人民法院应予支持。"

（三）还款条款审查与修改示例

下面结合一个具体示例，进一步了解在实务中应如何对还款进行审查与修改。

合同原稿	《借款合同》（合同编号：20000101） 第九条　还款期限 乙方分期归还本合同约定的借款，2000 年 3 月 25 日以前还款八万元（80,000.00 元）；2000 年 6 月 25 日以前还款七万元（70,000.00 元）；2000 年 9 月 25 日以前还款八万元（80,000.00 元）；2000 年 12 月 25 日以前还款五万元（50,000.00 元）
审查主体	代表甲方

<table>
<tr><td>审查意见</td><td>如果其中一期没有按照约定期限还款，出借人有何救济途径，原稿没有约定</td></tr>
<tr><td>修改示范</td><td>《借款合同》（合同编号：20000101）
第九条　还款期限
乙方按照如下期限分期偿还借款，若任何一期没有按照约定期限偿还借款，甲方有权宣布所有未还借款到期，要求乙方立即偿还合同约定的所有未还借款及其利息。
<table>
<tr><th>序号</th><th>还款时间</th><th>还款金额</th><th>还款利息</th></tr>
<tr><td>第一期</td><td>2000年3月25日以前</td><td>八万元（80,000.00元）</td><td>×××</td></tr>
<tr><td>第二期</td><td>2000年6月25日以前</td><td>七万元（70,000.00元）</td><td>×××</td></tr>
<tr><td>第三期</td><td>2000年9月25日以前</td><td>八万元（80,000.00元）</td><td>×××</td></tr>
<tr><td>第四期</td><td>2000年12月25日以前</td><td>五万元（50,000.00元）</td><td>×××</td></tr>
</table>
</td></tr>
</table>

第四节　借款合同综合审查与修改示例

下面结合一个具体示例，进一步了解在实务中应如何对借款合同进行综合审查与修改。

一、借款合同原稿

借款合同（合同编号：20200501）
甲方（出借方）：杨某某
身份证号码：××××
乙方（借款方）：张某某
身份证号码：××××
甲乙双方就借款事项达成如下协议：

1. 借款

甲方向乙方借款人民币伍拾万元（500,000.00 元）。

2. 借款期限

乙方借款期限一年，自 2020 年 5 月 1 日至 2021 年 4 月 30 日。

3. 利息

月息 4 分。

4. 还款

乙方还款期限：分两期还清。

第一期：还款期限为 2020 年 11 月 1 日；

第二期：还款期限为 2021 年 4 月 30 日。

还款方式：转账。

5. 借款担保

由××提供属于其所有的房产作为本合同的担保。

6. 违约责任

6.1 乙方未按本合同约定用途使用借款，甲方有权对违约使用部分在违约使用期间按月息 4 分计收利息。

6.2 乙方未按本合同约定还款期限还款的，对逾期还款金额在逾期期间按月息 4 分计收利息。

7. 本合同争议解决方式

甲乙双方在履行本合同过程中发生争议时，既可以通过协商解决，也可以直接向合同履行地人民法院起诉。

8. 本合同一式两份，甲乙双方各执一份。

甲方：

乙方：

2020 年××月××日

二、借款合同修改过程稿

代表出借人一方修改。

（一）关于合同主体

合同原稿	甲方（出借方）：杨某某 身份证号码：×××× 乙方（借款方）：张某某 身份证号码：××××
审查意见	主体信息不全，对于借款人是自然人的，应当提供身份证复印件，并且核实原件，在合同中应当按照身份证信息填写

修改示范	甲方（出借方）：杨某某 **住所：怀化市人民南路××号** 身份证号码：×××× **联系方式：××××** 乙方（借款方）：张某某 **住所：中方县××××** 身份证号码：×××× **联系方式：××××**

（二）关于借款条款

合同原稿	甲乙双方就借款事项达成如下协议
审查意见	没有表明双方的真实意思
修改示范	*甲方愿意提供借款给乙方，为明确各自的权利、义务，甲、乙双方遵照《合同法》的有关规定，经协商一致，订立本合同，以便共同遵守执行*

（三）关于第一条

合同原稿	1. 借款 甲方向乙方借款人民币伍拾万元（500,000.00元）
审查意见	合同原稿表述不当，容易产生歧义，可以理解为甲方向乙方提供借款，也可以理解为乙方向甲方提供借款。虽然可以从整个合同中判断出甲方是出借人，但是就本条款而言，是会产生争议的
修改示范	1. *甲方向乙方提供借款人民币伍拾万元整（500,000.00元）* **乙方指定的收款账户为：** **开户银行：××××** **银行账号：××××**

（四）关于第三条

合同原稿	3. 利息 月息四分
审查意见	月息4分，属于口头用语，表述不当，利息与利率不同，准确表述应当是利息按照多少利率计算。另外，该条款还缺少利息支付方式与支付期限，需要补充
修改示范	3. 利息 *按照年利率××%计算利息*，**每季度的第一个星期五之前支付一次**

（五）关于第四条

合同原稿	4. 还款 乙方还款期限：分两期还清。 第一期：还款期限为 2020 年 11 月 1 日； 第二期：还款期限为 2021 年 4 月 30 日。 还款方式：转账
审查意见	两期的还款金额均没有约定。同时，合同没有约定还款方式，是还款到甲方指定的账户中还是现金支付，合同中没有明确
修改示范	4. 还款 *乙方在 2020 年 11 月 1 日偿还贰拾伍万元（250,000 元）；余款在 2021 年 4 月 30 日还清。* 还款方式为转账，**甲方指定的收款账户：** **开户银行：××××** **银行账号：××××**

（六）关于第五条

合同原稿	5. 借款担保 由××提供属于其所有的房产作为本合同的担保
审查意见	由于抵押物不是属于债务人所有，而是第三人提供，而第三人又没有被列为合同当事人，因此，抵押合同应当另行签订
修改示范	5. 借款担保 *对于本合同项下的借款本息及费用，由××提供的房产作为抵押物进行担保，并另行签订《抵押合同》作为本合同的从合同*

（七）关于第六条

合同原稿	6. 违约责任 6.1　乙方未按本合同约定用途使用借款，甲方有权对违约使用部分在违约使用期间按月息 4 分计收利息。 6.2　乙方未按本合同约定还款期限还款的，对逾期还款金额在逾期期间按月息 4 分计收利息
审查意见	“6.1 条款”来得突兀，合同没有约定借款用途，但是却设定了“乙方未按本合同约定用途使用借款”的违约责任。此外，对还款逾期程度没有分别设置处理措施，从合同原稿看，逾期一个月与逾期两个月的后果是一样的

修改示范	6. 违约责任 *6.1 乙方未按本合同约定用途使用借款，甲方有权解除合同，并且对违约使用部分按照年利率××% 计收利息。* *6.2 乙方未按期本合同约定还款期限还款超过 30 天的，甲方有权宣布未还借款到期，要求乙方立即偿还所有未还借款本金与利息，并且按照年利率××% 计收利息。* *6.3 乙方迟延支付任何一期利息超过 30 天的，甲方有权要求乙方立即偿还所有未还借款本金与利息，并且有权要求乙方按照年利率××% 计收利息*

（八）关于第七条

合同原稿	7. 本合同争议解决方式 甲乙双方在履行本合同过程中发生争议时，可以通过协商解决，也可以直接向被告所在地的人民法院起诉
审查意见	本合同是出借人疏忽了，自己起草的合同，却将管辖权约定到了被告所在地。估计是合同起草人员在起草合同时拼凑条款得来的。如果约定管辖法院为被告所在地，那么，结合借款合同实际情况来看，出借人一方成为被告的可能性很小，而借款人成为被告的概率很大，等于约定了由借款人一方所在地法院管辖。从借款合同的双方地位来看，出借人具有优势地位，管辖权约定在借款人一方，明显对出借人不利
修改示范	7. 本合同争议解决方式 甲乙双方在履行本合同过程中发生争议时，可以直接向*甲方*所在地的人民法院起诉

（九）关于合同整体框架

1. 原稿缺少借款用途的约定

原稿在违约责任一栏中约定了违反借款用途的违约责任，但是在合同条款中并没有约定借款用途这一内容，需要补充。

2. 原稿缺少利息的支付条款

合同原稿仅仅约定了利率，而没有约定利息支付方式，利息是在还款时一并支付，还是分期支付，如果分期支付，多长时间支付一次，每次支付金额是多少，这些都没有约定。

3. 修改示范

○增加合同条款，作为合同第 3 条，约定：“本合同借款仅用于果树种植。”

○在合同第 4 条中增加有关利息支付方式的约定，约定：“按照年利率××% 计算利息，每季度的第一个星期五之前支付一次。”

其他条款依次后移。

三、借款合同修改意见稿

借款合同（合同编号：20200501）

甲方（出借方）：杨某某

住所：怀化市人民南路××号

身份证号码：××××

联系方式：××××

乙方（借款方）：张某某

住所：中方县×××

身份证号码：××××

联系方式：××××

甲方愿意提供借款给乙方，为明确各自的权利、义务，甲、乙双方遵照合同法的有关规定，经协商一致，订立本合同，以便共同遵守执行：

1. *甲方向乙方提供借款人民币伍拾万元整（500,000.00元）。*

乙方指定的收款账户为：

开户银行：××××

银行账号：××××

2. 借款期限

乙方借款期限一年，自 2020 年 5 月 1 日至 2021 年 4 月 30 日。

3. 借款用途

本合同借款仅用于果树种植。

4. 利息

按照年利率××%计算利息， **每季度的第一个星期五之前支付一次。**

5. 还款

乙方在 2020 年 11 月 1 日偿还贰拾伍万元（250,000 元）；余款在 2021 年 4 月 30 日还清。

还款方式为转账，**甲方指定的收款账户：**

开户银行：××××

银行账号：××××

6. 借款担保

对于本合同项下的借款本息及费用，由××提供的房产作为抵押物进行担保，并另行签订《抵押合同》作为本合同的从合同。

7. 违约责任

7.1　乙方未按本合同约定用途使用借款，甲方有权解除合同，并且对违约使用部分按照年利率××%计收利息。

7.2　乙方未按期本合同约定还款期限还款超过30天的，甲方有权宣布未还借款到期，要求乙方立即偿还所有未还借款本金与利息，并且按照年利率××%计收利息。

7.3　乙方迟延支付任何一期利息超过30天的，甲方有权要求乙方立即偿还所有未还借款本金与利息，并且有权要求乙方按照年利率××%计收利息。

8. 本合同争议解决方式

甲乙双方在履行本合同过程中发生争议时，可以直接向甲方所在地的人民法院起诉。

9. 本合同一式两份，甲乙双方各执一份。

甲方：

乙方：

2020年××月××日

第四章　保证合同的审查与修改

第一节　保证合同的概念与特征

一、保证合同的概念

保证合同是为保障债权的实现，保证人和债权人约定，当债务人不履行到期债务或者发生当事人约定的情形时，保证人履行债务或者承担责任的合同。

二、保证合同的主要特征

（一）保证合同是人的担保

这是保证合同与其他担保合同的区别，其他担保均为财与物的担保，而保证合同是人的担保。《民法典》第681条规定："为保障债权的实现，保证人和债权人约定，当债务人不履行到期债务或者发生当事人约定的情形时，保证人履行债务或者承担责任的合同。"

（二）保证合同的保证人资格有一定要求

首先，债务人一般不得作为保证人。其次，机关法人，以公益为目的的非营利法人、非法人组织不得为保证人。对此，《民法典》有相关规定。《民法典》第683条规定："机关法人不得为保证人，但是经国务院批准为使用外国政府或者国际经济组织贷款进行转贷的除外。以公益为目的的非营利法人、非法人组织不得为保证人。"

（三）保证人承担保证责任的方式有履行债务，还有承担责任

根据《民法典》第681条的规定，当债务人不履行到期债务或者发生当事人约定的情形时，保证人履行债务或者承担责任。

第二节　保证合同的框架审查与修改

一、保证合同主要框架的依据

（一）法律依据

《民法典》第470条规定："合同的内容由当事人约定，一般包括下列条款：（一）当事人的姓名或者名称和住所；（二）标的；（三）数量；（四）质量；（五）价款或者报酬；（六）履行期限、地点和方式；（七）违约责任；（八）解决争议的方法。……"因此，一般合同应当包括如下框架：

序号	框架名称
1	双方主体名称
2	标的
3	数量
4	质量
5	价款
6	履行期限
7	履行地点
8	履行方式
9	违约责任
10	争议处理办法

《民法典》第684条规定："保证合同的内容一般包括被保证的主债权的种类、数额，债务人履行债务的期限，保证的方式、范围和期间等条款。"据此，保证合同除应当具有《民法典》第470条规定的框架外，还应当具有如下独特框架：

序号	框架名称
1	被保证的主债权的种类
2	被保证的主债权的数额
3	债务人履行债务的期限
4	保证的方式
5	保证的范围
6	保证期限

（二）当事人有关交易实践依据

实践中，保证合同有些时候会约定保证责任的免除、共同保证条款、通知义务等。因此在实践中，保证合同还可能存在如下框架：

序号	框架名称
1	保证责任免除
2	共同保证

二、保证合同的主要框架

根据《民法典》的有关规定，结合当事人实际需要，保证合同的主要框架有：

序号	框架名称
1	合同主体
2	被保证主债权的种类
3	主债权的数额
4	债务人履行债务的期限
5	保证的方式
6	保证的范围
7	保证的期限
8	保证责任的解除
9	免责条款
10	通知义务

序号	框架名称
11	违约责任
12	争议处理

三、保证合同主要框架的审查与修改

下面结合一个具体示例，进一步了解在实务中应如何对保证合同的框架进行审查与修改。

1. 合同原稿

保证合同（合同编号：20210227）

保证人（甲方）：________

住所：××××

联系方式：××××

出借人（乙方）：________

住所：××××

联系方式：××××

借款人：（丙方）：________

住所：××××

联系方式：××××

为乙方与丙方于2021年3月1日签订的借款合同（以下简称主合同）的顺利履行，甲方愿意向乙方提供保证担保。经协商一致，甲乙丙三方约定如下协议：

第一条　保证的范围包括主债权及其利息、违约金、损害赔偿金和实现债权的费用。

第二条　甲方承担保证担保的保证责任为贰拾万元整。

第三条　甲方承担保证责任的期限直至本合同项下的所有债务全部还清时为止。

第四条　保证期间，甲方不得再向第三方提供担保。

第五条　保证期间，债权人和债务人未经保证人书面同意，不得协商变更主债权债务合同内容。

第六条　保证期间，乙方有权要求甲方提供其财务资料。

第七条　本合同的效力独立于主合同，主合同无效并不影响本保证合同的效力。

第八条　甲方违反本合同第四条、第六条约定的，乙方有权要求甲方提前承担保证责任。

第九条　下列情形甲方免责：

1. 因乙方违约致使丙方不能履行义务的，甲方不承担保证责任。

2. 因不可抗力造成丙方不能履行义务的，甲方不承担保证责任。

第十条　因本保证合同发生的纠纷，由三方协商解决，协商不成的，通过诉讼程序解决，诉讼管辖地法院为________法院。

第十一条　本合同自三方签字盖章后生效。

第十二条　本合同正本一式三份，甲乙丙三方各执一份。副本________份。

甲方：

乙方：

2021 年 ××月 ××日

2. 审查原稿框架

审查原稿框架的主要目的，是看看原稿整体内容情况，看看原稿都有什么框架，看看原稿框架之间有无重复，是否存在有矛盾或者不一致的地方。

序号	原稿内容	原稿框架
1	保证人（甲方）：________ 住所：×××× 联系方式：×××× 出借人（乙方）：________ 住所：×××× 联系方式：×××× 借款人：（丙方）：________ 住所：×××× 联系方式：××××	合同主体
	为乙方与丙方于 2021 年 3 月 1 日签订的借款合同（以下简称主合同）的顺利履行，甲方愿意向乙方提供保证担保。经协商一致，甲、乙、丙三方约定如下协议：	被保证主债权种类
2	第一条　保证的范围包括主债权及其利息、违约金、损害赔偿金和实现债权的费用	保证范围
3	第二条　甲方承担保证担保的保证责任为贰拾万元整	保证数额
4	第二条　甲方承担保证责任的期限直至本合同项下的所有债务全部还清时为止	
5	第四条　保证期间，甲方不得再向第三方提供担保	保证期间
6	第五条　保证期间，债权人和债务人未经保证人书面同意，不得协商变更主债权债务合同内容	主合同变更

序号	原稿内容	原稿框架
7	第六条　保证期间，乙方有权要求甲方提供其财务资料	乙方权利
8	第七条　本合同的效力独立于主合同，主合同无效并不影响本保证合同的效力	合同效力
9	第八条　甲方违反本合同第四条、第六条约定的，乙方有权要求甲方提前承担保证责任。 第九条　下列情形甲方免责： 1. 因乙方违约致使丙方不能履行义务的，甲方不承担保证责任。 2. 因不可抗力造成丙方不能履行义务的，甲方不承担保证责任	违约责任
10	第十条　因本保证合同发生的纠纷，由三方协商解决，协商不成的，通过诉讼程序解决，诉讼管辖地法院为________法院	管辖

3. 对比原稿框架

将原稿框架与一般保证合同框架对比的目的，是看看原稿有什么框架，与一般保证合同框架相比，缺少什么框架。如果缺少某个框架，是否需要增加，如果不增加对本合同有什么影响。我们如果不把一般保证合同的框架与本合同框架进行对比，就难以发现本合同缺少什么框架，进而难以发现本合同还有什么框架需要增加。即使我们不列表对比，至少心中要有一个保证合同框架用来对比。

通过将一般保证合同框架与本合同框架进行对比，我们可以得到如下的保证合同框架对比表：

序号	保证合同一般框架	原稿框架	对比结果
1	合同主体	合同主体	
2	被保证主债权的种类	被保证主债权的种类	
3	主债权的数额	主债权的数额	

序号	保证合同一般框架	原稿框架	对比结果
4	债务人履行债务的期限	债务人履行债务的期限	
5	保证的方式		缺少
6	保证的范围	保证的范围	
7	保证的期限	保证的期限	
8	保证责任的解除	保证责任的解除	
9	免责条款	免责条款	
10	通知义务	通知义务	
11	违约责任	违约责任	
12	争议处理	争议处理	

4. 原稿框架审查与修改

（1）审查主体。

代表乙方。

合同地位：债权人。

（2）审查意见。

该合同原稿为乙方提供，将原稿框架与一般保证合同主要框架相比较后，发现原稿中有如下问题：

①保证范围与保证金额可能产生矛盾，建议选择删除第 2 条。

第 1 条与第 2 条不一致，可能相互矛盾，容易引起争议。第 1 条约定的保证的范围包括主债权及其利息、违约金、损害赔偿金和实现债权的费用，而第 2 条则约定乙方承担保证担保的保证责任以 20 万元整为限。第 2 条数额可能低于也可能高于第 1 条，当然也可能等于第 1 条。如果第 1 条数额总和超过 20 万元整，显然，第 1 条对债权人有利，他会选择第 1 条。如果第 1 条数额总和没有达到 20 万元整，或者等于第 2 条，也没有关系，因为我们只需要保证人承担第 1 条约定的保证责任，多出的也没有意义。所以，债权人会在以上两个条款中选择第 1 条，而删除第 2 条。如果我们两个条款都保留，一旦保证责任数额总和超过 20 万元，保证人会以第 2 条为由抗辩，造成不必要的麻烦。

②第 5 条可能无效。

第 5 条约定："本合同的效力独立于主合同，主合同无效并不影响本保证合同的效力。"表面上看，该条款对债权人有利，无论主合同是否无效，都不影响保证合同的效力。其实不然，该约定可能违反法律强制性规定而无效。有关规定如下：

《民法典》第 682 条规定："保证合同是主债权债务合同的从合同。主债权债务合同无效的，保证合同无效，但是法律另有规定的除外。……"《最高人民法院关于适用〈中华人民共和国民法典〉有关担保制度的解释》第 2 条规定："当事人在担保合同中约定担保合同的效力独立于主合同，或者约定担保人对主合同无效的法律后果承担担保责任，该有关担保独立性的约定无效。主合同有效的，有关担保独立性的约定无效不影响担保合同的效力；主合同无效的，人民法院应当认定担保合同无效，但是法律另有规定的除外。因金融机构开立的独立保函发生的纠纷，适用《最高人民法院关于审理独立保函纠纷案件若干问题的规定》。"当然，对于债权人来说，这么约定没有坏处，所以可以保留，但是需要了解上述法律规定。

③缺少框架：保证方式。

原《担保法》规定，当事人在保证合同中对保证方式没有约定或者约定不明确的，按照连带责任保证承担保证责任。但是，《民法典》对该条款进行了相反的规定。如果没有约定保证方式，或者保证方式约定不明确的，就按照一般保证承担保证责任。《民法典》第 686 条规定："保证的方式包括一般保证和连带责任保证。当事人在保证合同中对保证方式没有约定或者约定不明确的，按照一般保证承担保证责任。"所以，债权人应当明确约定保证人的保证方式，增加保证方式条款，否则，法律规定为一般保证责任方式，对债权人不利。

（3）修改示范。

①删除第 2 条。

②增加保证方式条款，作为第 2 条，约定："本合同的保证方式为连带责任保证。"

第三节　保证合同具体条款的审查与修改

一、保证合同主体条款的审查与修改

（一）保证合同主体条款的审查要点

在审查保证合同主体条款时，主要审查保证人的资格，下列主体一般不得担任保证人：

○机关法人。

○以公益为目的的非营利法人。

○以公益为目的的非法人组织。

对于机关法人不得担任担保人的情形，《民法典》有专门的规定。《民法典》第683条规定："机关法人不得为保证人，但是经国务院批准为使用外国政府或者国际经济组织贷款进行转贷的除外。以公益为目的的非营利法人、非法人组织不得为保证人。"该法律规定属于效力性强制性规定，如果违反该法律规定，签订的合同则无效。

法人，在我国民法中分为营利法人、非营利法人与特别法人，营利法人范围较广，一般可以担任保证人；而非营利法人主要包括事业单位、社会团体、基金会等，通常以公益为目的，一般不能担任保证人。对于非营利法人不能担任担保人的问题，司法解释有如下规定：《最高人民法院关于适用〈中华人民共和国民法典〉有关担保制度的解释》第5条规定："机关法人提供担保的，人民法院应当认定担保合同无效，但是经国务院批准为使用外国政府或者国际经济组织贷款进行转贷的除外。居民委员会、村民委员会提供担保的，人民法院应当认定担保合同无效，但是依法代行村集体经济组织职能的村民委员会，依照村民委员会组织法规定的讨论决定程序对外提供担保的除外。"《最高人民法院关于适用〈中华人民共和国民法典〉有关担保制度的解释》第6条规定："以公益为目的的非营利性学校、幼儿园、医疗机构、养老机构等提供担保的，人民法院应当认定担保合同无效，但是有下列情形之一的除外：（一）在购入或者以融资租赁方式承租教育设施、医疗卫生设施、养老服务设施和其他公益设施时，出卖人、出租人为担保价款或者租金实现而在该公益设施上保留所有权；（二）以教育设施、医疗卫生设施、养老服务设施和其他公益设施以外的不动产、动产或者财产权利设立担保物权。登记为营利法人的学校、幼儿园、医疗机构、养老机构等提供担保，当事人以其不具有担保资格为由主张担保合同无效的，人民法院不予支持。"

非法人组织也可以分为以营利为目的的组织和以公益为目的的组织，前者包括独资企业、合伙企业等，后者包括业主委员会等。以公益为目的的非法人组织一般也不能担任保证人。

保证合同主体条款除了不得违反上述法律规定以及司法解释外，还需要符合法律规定的一般合同主体要求，才能具备保证人资格，如企业法人的分支机构、职能部门没有得到法人的书面授权不能作为保证人。

（二）保证合同主体条款审查与修改示例

下面结合一个具体示例，进一步了解在实务中应如何对保证合同主体条款进行审查与修改。

合同原稿	出借人（甲方）：湖南××有限公司 住所：×××× 法定代表人：××× 联系方式：×××× 保证人（乙方）：××学院 住所：×××× 法定代表人：××× 联系方式：××××
审查主体	代表甲方
审查意见	原稿保证人资格有问题，根据《最高人民法院关于适用〈中华人民共和国民法典〉有关担保制度的解释》第6条的规定，以公益为目的的非营利性学校、幼儿园、医疗机构、养老机构等提供担保的，人民法院应当认定担保合同无效。××学院属于以公益为目的的主体，因此，该主体不得为他人提供担保，否则，保证合同无效
修改示范	乙方不得作为保证人

二、保证范围条款的审查与修改

（一）保证范围条款的主要内容

保证范围条款是保证合同的主要条款之一，所谓保证范围，主要包括：

○主债权。

○利息。

○违约金。

○损害赔偿金。

○实现债权的费用。

如果保证合同没有约定保证范围，还可以按照法律规定来确定保证范围。《民法典》第389条规定："担保物权的担保范围包括主债权及其利息、违约金、损害赔偿金、保管担保财产和实现担保物权的费用。当事人另有约定的，按照其约定。"《民法典》第691条规定："保证的范围包括主债权及其利息、违约金、损害赔偿金和实现债权的费用。当事人另有约定的，按照其约定。"

（二）保证范围条款审查与修改示例

下面结合一个具体示例，进一步了解在实务中应如何对保证范围条款进行审查与修改。

合同原稿	《保证合同》（合审字：20190505） 第一条　保证范围 丙方在主合同规定的债务履行期届满没有归还贷款的，乙方对该债务承担连带责任。但乙方仅对主债权承担连带保证责任
审查主体	代表甲方
审查意见	原稿约定很明确，乙方愿意提供连带责任保证，但是该保证范围仅限于主债权。 因此，原稿保证范围过窄，不利于甲方
修改示范	如果可能，可以对保证范围不作约定

三、保证方式条款的审查与修改

（一）保证方式条款的审查要点

我们主要审查合同是否约定了保证方式。

保证方式有两种，一种是连带责任保证；另一种是一般保证。如果合同没有约定保证方式，那就推定为一般保证。这个地方需要注意，按照我国原《担保法》的规定，如果当事人对保证方式没有约定或约定不明确的，就按照连带责任保证承担保证责任。但是，现《民法典》作出了相反的规定，如果当事人对保证方式没有约定或约定不明确的，保证人应当按照一般保证承担保证责任。《民法典》第687条规定："当事人在保证合同中约定，债务人不能履行债务时，由保证人承担保证责任的，为一般保证。一般保证的保证人在主合同纠纷未经审判或者仲裁，并就债务人财产依法强制执行仍不能履行债务前，有权拒绝向债权人承担保证责任，但是有下列情形之一的除外：（一）债务人下落不明，且无财产可供执行；（二）人民法院已经受理债务人破产案件；（三）债权人有证据证明债务人的财产不足以履行全部债务或者丧失履行债务能力；（四）保证人书面表示放弃本款规定的权利。"

保证方式的约定有两种形式，一种是合同直接约定保证方式为连带责任保证或者一般保证；另一种是合同不直接约定保证方式为连带责任保证或者一般保证，而是约定当债务人不能履行债务时，保证人承担保证责任，或者约定当债务人不履行债务时，保证人承担保证责任。当约定债务人不能履行债务时保证人才承担保证责任的，为一般保证；约定当债务人不履行债务时保证人承担保证责任的，为连带责任保证。《民法典》第688条规定："当事人在保证合同中约定保证人和债务人对债务承担连带责任的，为连带责任保证。连带责任保证的债务人不履行到期债务或者发生当事人约定的情形时，债权人可以请求债务人履行债务，也可以请求保证人在其保证范围内承担保证责任。"

区分连带责任保证和一般保证的意义在于保证人是否享有先诉抗辩权。如果是一般保证，保证人享有先诉抗辩权，保证人在主合同纠纷未经审判或者仲裁，并就债务人财产依法强制执行仍不能履行债务前，有权拒绝向债权人承担保证责任；而连带责任的保证人则不享有先诉抗辩权，只要债务人不履行债务，债权人就可以直接向保证人主张保证责任。

（二）保证方式条款的审查与修改示例

下面结合一个具体示例，进一步了解在实务中应如何对保证方式条款进行审查与修改。

合同原稿	《保证合同》（合同编号：20210301） 第三条　保证方式 本合同保证人承担保证责任的方式为一般保证。 乙方同意为丙方与甲方于2021年3月1日签订的《借款合同》（合同编号：20210301）提供还款保证，如丙方在该合同约定期限未归还上述合同所借款项的，乙方予以归还
审查主体	代表乙方
审查意见	原稿第一款约定证人承担保证责任的方式为一般保证，而第二款约定的内容却又是连带责任保证的内容，前后矛盾
修改示范	《保证合同》（合同编号：20210301） 第三条　保证方式 本合同保证人承担保证责任的方式为一般保证。 乙方同意为丙方与甲方于2021年3月1日签订的《借款合同》（合同编号：20210301）提供还款保证，*如丙方不能归还上述合同所借款项的*，乙方予以归还

四、保证期间条款的审查与修改

（一）保证期间条款的审查要点

该条款主要有以下审查要点：

○是否约定了保证期间。

○保证期间约定是否符合要求。

○约定的保证期间是否明确。

保证期间的作用，《民法典》作出了规定。《民法典》第693条规定："一般保证的债权人未在保证期间对债务人提起诉讼或者申请仲裁的，保证人不再承担保证责任。连带责任保证的债权人未在保证期间请求保证人承担保证责任的，保证人不再承担保证责任。"因此，保证期间的作用是保证人承担保证责任的期限，一旦超过这个期限，保证人不再承担保证责任。所以，保证期间需要约定。

保证期间的约定需要符合法律的要求。《民法典》第692条规定："保证期间是确定保证人承担保证责任的期间，不发生中止、中断和延长。债权人与保证人可以约定保证期间，但是约定的保证期间早于主债务履行期限或者与主债务履行期限同时届满的，视为没有约定；没有约定或者约定不明确的，保证期间为主债务履行期限届满之日起六个月。债权人与债务人对主债务履行期限没有约定或者约定不明确的，保证期间自债权人请求债务人履行债务的宽限期届满之日起计算。"也就是说，保证期间的约定是有法律要求的，不能早于或者等于主债务履行期限，如果约定的保证期间早于主债务履行期限或者与主债务履行期限同时届满的，视为没有约定；没有约定或者约定不明确的，保证期间为主债务履行期限届满之日起6个月。

按照有关司法解释的要求，保证期间一定要约定明确。《最高人民法院关于适用〈中华人民共和国民法典〉有关担保制度的解释》第32条规定："保证合同约定保证人承担保证责任直至主债务本息还清时为止等类似内容的，视为约定不明，保证期间为主债务履行期限届满之日起6个月。"保证期限的约定，不仅不能早于或者等于主债务履行期限，而且也不能约定保证人承担保证责任直至主债务本息还清时为止等类似内容，否则视为约定不明，保证期间为主债务履行期限届满之日起6个月。

（二）保证期间条款审查与修改示例

下面结合一个具体示例，进一步了解在实务中应如何对保证期间条款进行审查与修改。

合同原稿	《保证合同》（合同编号：20180901） 第四条　保证期限 本合同乙方承担保证责任的保证期间为自主债务履行期限届满之日起算，直至主债务本息还清时为止
审查主体	代表债权人
审查意见	原稿中有关保证人承担保证责任的保证期间直至主债务本息还清时为止等内容，视为约定不明。约定不明的，保证期间为主债务履行期限届满之日起 6 个月。因此，虽然这种约定表面上看似乎对债权人有利，保证期间直至主债务本息还清时为止，但在实际上对其不利，保证期间会一直持续到主债务履行期限届满之日起 6 个月。不如约定一个明确的期限，如 2 年期限
修改示范	《保证合同》（合同编号：20180901） 第四条　保证期限 *本合同乙方承担保证责任的保证期间为自主合同债务人的主债务履行期限届满之日起二年*

五、最高额保证条款的审查与修改

（一）最高额保证条款的审查要点

普通保证一般为定额担保或全额担保，而最高额保证，是在最高债权额限度内由保证人对一定期间连续发生的债权作担保。无论将来如何发生变动，均以最高限额为限，达不到最高限额的，以实际发生的债务余额为限；超过最高限额的，以最高限额为限。

法律与司法解释的有关规定如下：

《民法典》第 690 条规定："保证人与债权人可以协商订立最高额保证的合同，约定在最高债权额限度内就一定期间连续发生的债权提供保证。最高额保证除适用本章规定外，参照适用本法第二编最高额抵押权的有关规定。"《最高人民法院关于适用〈中华人民共和国民法典〉有关担保制度的解释》第 15 条规定："最高额担保中的最高债权额，是指包括主债权及其利息、违约金、损害赔偿金、保管担保财产的费用、实现债权或者实现担保物权的费用等在内的全部债权，但是当事人另有约定的除外。登记的最高债权额与当事人约定的最高债权额不一致的，人民法院应当依据登记的最高债权额确定债权人优先受偿的范围。”

（二）最高额保证条款审查与修改示例

下面结合一个具体示例，进一步了解在实务中应如何对最高额保证条款进行审查与修改。

合同原稿	《保证合同》（合同编号：20190701） 第四条　保证责任 对于甲方与乙方之间因为签订《购销合同》而形成的一系列债权，丙方愿意为其提供最高额保证，最高额度为人民币________元整（________元）
审查主体	代表甲方
审查意见	最高额保证，是保证人为一定期间内连续发生的多笔债务确定一个最高额度，由保证人在此最高额度内对债务人的债务向债权人提供保证。因此，原稿缺少期限的约定
修改示范	《保证合同》（合同编号：20190701） 第四条　保证责任 对于甲方与乙方之间因为签订《购销合同》**在____年____月____日至____年____月____日期间**形成的一系列债权，丙方愿意为其提供最高额保证，最高额度为人民币________元整（________元）

第四节　保证合同综合审查与修改示例

下面结合一个具体示例，以了解如何在实务中对保证合同进行综合审查与修改。

一、保证合同原稿

保证合同（合同编号：20210227）

保证人（甲方）：××××

住所：××××

联系方式：××××

出借人（乙方）：________

住所：××××

联系方式：××××

借款人（丙方）：××××

住所：××××

联系方式：××××

为乙方与丙方于2021年××月××日签订的借款合同（以下简称主合同）的顺利履行，甲方愿意向乙方提供保证担保。经协商一致，甲乙丙三方约定如下协议：

第一条 保证的范围包括主债权及其利息、违约金、损害赔偿金和实现债权的费用。

第二条 甲方承担保证担保的保证责任为贰拾万元整。

第三条 甲方承担保证责任的期限直至本合同项下的所有债务全部还清时为止。

第四条 保证期间，甲方不得再向第三方提供担保。

第五条 保证期间，债权人和债务人未经保证人书面同意，不得协商变更主债权债务合同内容。

第六条 保证期间，乙方有权要求甲方提供其财务资料。

第七条 本合同的效力独立于主合同，主合同无效并不影响本保证合同的效力。

第八条 甲方违反本合同第五条、第六条约定的，乙方有权要求甲方提前承担保证责任。

第九条 下列情形甲方免责：

1. 因乙方违约致使丙方不能履行义务的，甲方不承担保证责任。

2. 因不可抗力造成丙方不能履行义务的，甲方不承担保证责任。

第十条 因本保证合同发生的纠纷，由三方协商解决，协商不成的，通过诉讼程序解决，诉讼管辖地法院为________法院。

第十一条 本合同自三方签字盖章后生效。

第十二条 本合同正本一式三份，甲乙丙三方各执一份。副本________份。

甲方：

乙方：

2021年××月××日

二、保证合同修改过程稿（代表债权人一方修改）

（一）关于合同主体

合同原稿	保证人（甲方）：××× 住所：×××× 联系方式：×××× 出借人（乙方）：××× 住所：×××× 联系方式：×××× 借款人（丙方）：××× 住所：×××× 联系方式：××××
审查意见	合同主体信息不全，需要补充
修改示范	保证人（甲方）：××× 住所：×××× **法定代表人：×××** **统一社会信用代码：××××** 联系方式：×××× 出借人（乙方）：××× 住所：×××× **法定代表人：×××** **统一社会信用代码：××××** 联系方式：×××× 借款人（丙方）：××× 住所：×××× **法定代表人：×××** **统一社会信用代码：××××** 联系方式：××××

（二）关于合同第一条

合同原稿	第一条　保证的范围包括主债权及其利息、违约金、损害赔偿金和实现债权的费用
审查意见	原稿实际上是抄写了法律规定，比较笼统，如实现债权的费用究竟包括哪些费用，应当具体明确

修改示范	第一条　**保证范围** *甲方承担的保证范围包括：主债权及其利息、债务人应支付的违约金和赔偿金以及实现债权的费用（包括但不限于诉讼费、律师费、差旅费、保全费、鉴定费等）*

（三）关于第二条

合同原稿	第二条　甲方承担保证担保的保证责任为贰拾万元整
审查意见	与本合同第1条重复，而且矛盾。与主债务贰拾万元的数额相比，本合同的第2条与第1条担保金额不一致，第2条低于第1条担保金额
修改示范	删除第2条

（四）关于第三条

合同原稿	第三条　甲方承担保证责任的期限直至本合同项下的所有债务全部还清时为止
审查意见	原稿中有关保证人承担保证责任的期限直至主债务本息还清时为止等内容，视为约定不明。约定不明的，保证期间为主债务履行期限届满之日起6个月。因此，虽然表面上看似乎对债权人有利，保证期间直至主债务本息还清时为止，但是实际上对其不利，反而是直到主债务履行期限届满之日起6个月。不如约定一个可靠期限，如2年期限
修改示范	第三条　保证期间 *甲方的保证期间为：自本合同生效之日起至主合同的丙方应当履行还款义务履行期限届满之日后二年止*

（五）关于第八条

合同原稿	第八条　甲方违反本合同第五条、第六条约定的，乙方有权要求甲方提前承担保证责任
审查意见	合同第4条、第6条性质是一样的，都是甲方在保证期间违反保证合同约定的情形，所以，第4条也应当列入甲方提前承担保证责任的理由之中。而第5条是甲方的权利，不应当是甲方提前承担责任的理由
修改示范	第八条　*甲方违反本合同第四条、第六条约定的*，乙方有权要求甲方提前承担保证责任

（六）关于第十条

合同原稿	第十条　争议处理 因本保证合同发生的纠纷，由三方协商解决，协商不成的，通过诉讼程序解决，诉讼管辖地法院为________法院
审查意见	保证合同争议处理，应当按照主合同的内容来确定。主合同约定为债权人所在地法院管辖

（七）关于合同整体框架

1. 遗漏框架：保证方式

原来的《担保法》规定，当事人在保证合同中对保证方式没有约定或者约定不明确的，按照连带责任保证承担保证责任。但是现在《民法典》对该条款进行了相反的规定。如果没有约定保证方式，或者保证方式约定不明确的，则按照一般保证承担保证责任。按照《民法典》第686条规定："保证的方式包括一般保证和连带责任保证。当事人在保证合同中对保证方式没有约定或者约定不明确的，按照一般保证承担保证责任。"所以，债权人应当明确约定保证人的保证方式，增加保证方式条款，否则，法律规定为一般保证责任方式，对债权人不利。

2. 修改示范

增加保证方式条款，作为第2条，约定："本合同甲方的保证方式为连带责任保证。"

三、保证合同修改意见稿

保证合同（合同编号：20210227）
保证人（甲方）：××××
住所：××××
法定代表人：××××
统一社会信用代码：××××
联系方式：××××
出借人（乙方）：××××
住所：××××
法定代表人：××××
统一社会信用代码：××××
联系方式：××××

借款人（丙方）：××××
住所：××××
法定代表人：×××
统一社会信用代码：××××
联系方式：××××

为乙方与丙方于2021年3月1日签订的借款合同（以下简称主合同）的顺利履行，甲方愿意向乙方提供保证担保。经协商一致，甲乙丙三方约定如下协议：

第一条 **保证范围**

甲方承担的保证范围包括：主债权及其利息、债务人应支付的违约金和赔偿金以及实现债权的费用（包括但不限于诉讼费、律师费、差旅费、保全费、鉴定费等）。

第二条 保证方式

本合同甲方的保证方式为连带责任保证。

第三条 保证期间

甲方的保证期间为：自本合同生效之日起至主合同的丙方应当履行还款义务履行期限届满之日后二年止。

第四条 保证期间，甲方不得再向第三方提供担保。

第五条 保证期间，债权人和债务人未经保证人书面同意，不得协商变更主债权债务合同内容。

第六条 保证期间，乙方有权要求甲方提供其财务资料。

第七条 本合同的效力独立于主合同，主合同无效并不影响本保证合同的效力。

第八条 *甲方违反本合同第四条、*第六条*约定的*，乙方有权要求甲方提前承担保证责任。

第九条 下列情形甲方免责：

1. 因乙方违约致使丙方不能履行义务的，甲方不承担保证责任。
2. 因不可抗力造成丙方不能履行义务的，甲方不承担保证责任。

第十条 因本保证合同发生的纠纷，由三方协商解决，协商不成的，通过诉讼程序解决，诉讼管辖地法院为________法院。

第十一条 本合同自三方签字盖章后生效。

第十二条 本合同正本一式三份，甲乙丙三方各执一份。副本________份。

甲方：
乙方：
2021年××月××日

第五章　仓储合同的审查与修改

第一节　仓储合同的概念与主要特征

一、仓储合同的概念

仓储合同是保管人储存存货人交付的仓储物，存货人支付仓储费的合同。也就是说，合同一方储存另一方交付的仓储物而得到仓储费，而另一方是交付仓储物给一方保管而支付仓储费。

二、仓储合同的主要特征

（一）仓储合同是保管合同的特殊种类

仓储合同是保管行业在交易过程中分离出来的，其本质仍然是为他人保管财物，属于保管合同。法律规定，没有仓储合同有关规定的，适用保管合同的有关规定。

（二）出具仓单是仓储合同的重要特征

存货人交付仓储物的，保管人应当出具仓单、入库单等凭证。对于这一问题，《民法典》第908条规定："存货人交付仓储物的，保管人应当出具仓单、入库单等凭证。"

（三）仓储合同的保管人必须是核准登记的专营或者兼营仓储业务的

仓储合同的保管人是经过工商行政管理机关核准登记的专营或者兼营仓储业务的法人、非法人组织、个体工商户等。

第二节　仓储合同的框架审查与修改

一、仓储合同的框架依据

（一）法律依据

《民法典》第470条规定：“合同的内容由当事人约定，一般包括下列条款：（一）当事人的姓名或者名称和住所；（二）标的；（三）数量；（四）质量；（五）价款或者报酬；（六）履行期限、地点和方式；（七）违约责任；（八）解决争议的方法。……”因此，一般合同应当包括如下框架：

序号	框架名称
1	双方主体名称
2	标的
3	数量
4	质量
5	价款
6	履行期限
7	履行地点
8	履行方式
9	违约责任
10	争议处理办法

《民法典》第908条规定：“存货人交付仓储物的，保管人应当出具仓单、入库单等凭证。”《民法典》第909条规定：“保管人应当在仓单上签名或者盖章。仓单包括下列事项：（一）存货人的姓名或者名称和住所；（二）仓储物的品种、数量、质量、包装及其件数和标记；（三）仓储物的损耗标准；（四）储存场所；（五）储存期限；（六）仓储费；（七）仓储物已经办理保险的，其保险金额、期间以及保险人的名称；（八）填发人、填发地和填发日期。”据此，仓储合同除应当具有《民法典》第470条规定的框

架外，还应当具有如下独特框架：

序号	框架名称
1	存货人的姓名或者名称和住所
2	仓储物的品种、数量、质量、包装及其件数和标记
3	仓储物的损耗标准
4	储存场所
5	储存期限
6	仓储费
7	保险

（二）当事人交易需要依据

在实践中，当事人为了交易需要，仓储合同还可能存在如下框架：

序号	框架名称
1	保管条件
2	仓储物入库、出库手续

二、仓储合同的主要框架

根据以上法律规定，结合当事人有关需要，仓储合同的主要框架有：

序号	框架名称
1	合同主体
2	仓储物
3	仓储场所、仓储物占用仓库位置与面积
4	仓储物入库手续
5	仓储物验收
6	仓储物包装
7	仓储物保管要求
8	仓储物瑕疵
9	储存期限

序号	框架名称
10	仓储物自然损耗的标准和对损耗的具体处理办法
11	保管与通知
12	仓储物保险
13	仓储物出库
14	仓储物计费的项目、标准、计算方法
15	仓储物结算的方式
16	仓储合同的变更、解除
17	违约责任
18	管辖

三、仓储合同主要框架审查与修改示例

1. 合同原稿

下面结合一个具体示例，进一步了解在实务中应如何对仓储合同的框架进行审查与修改。

仓储合同（合同编号：20190909）
甲方（保管人）：________
住所：________
法定代表人：________
联系方式：________
统一社会信用代码：________
乙方（存货人）：________
住所：________
法定代表人：________
联系方式：________
统一社会信用代码：________
经甲乙双方友好协商一致，特签订本合同共同遵守。
第一条　仓储物
储存货物的品名、品种、规格、数量、质量、包装、标示。

1. 货物品名：________
2. 品种规格：________
3. 数量：________
4. 质量：________
5. 货物包装：________
6. 标示：________

第二条　储存期限：________
第三条　储存场所：________
第四条　仓储物保险：________
第五条　双方权利义务：________
第六条　仓储费及其他费用
仓储费：________
保管费：________
其他费用：________
第七条　违约责任
第八条　争议处理方式
第九条　本合同自双方签字盖章时生效。
第十条　本合同一式两份，甲乙双方各执一份。

甲方（盖章）：________　　乙方（盖章）：________
法定代表人（签字）：________　　法定代表人（签字）：________
____年____月____日　　____年____月____日

2. 审查原稿框架

序号	原稿条款内容	得出原稿框架
1	甲方（保管人）：________ 住所：________ 法定代表人：________ 联系方式：________ 统一社会信用代码：________ 乙方（存货人）：________ 住所：________ 法定代表人：________ 联系方式：________ 统一社会信用代码：________	合同主体

序号	原稿条款内容	得出原稿框架
2	第一条　仓储物 储存货物的品名、品种、规格、数量、质量、包装、标示。 1. 货物品名：________ 2. 品种规格：________ 3. 数量：________ 4. 质量：________ 5. 货物包装：________ 6. 标示：________	仓储物
3	第二条　储存期限：________	仓储期限
4	第三条　储存场所：________	仓储场所
5	第四条　仓储物保险：________	保险
6	第五条　双方权利义务：________	权利义务
7	第六条　仓储费及其他费用 仓储费：________ 保管费：________ 其他费用：________	仓储费
8	第七条　违约责任	违约责任
9	第八条　争议处理方式	争议处理方式

3. 对比原稿框架

将原稿框架与一般仓储合同框架做对比的目的，是看看原稿有什么框架，与一般仓储合同框架相比，缺少什么框架。如果缺少某个框架，是否需要增加，如果不增加对本合同有什么影响。我们如果不把一般仓储合同的框架与本合同框架进行对比，就难以发现本合同缺少什么框架，进而难以发现本合同还有什么框架需要增加。即使我们不列表对比，起码心中要有一个仓储合同框架来对比。

通过将一般仓储合同框架与本合同框架进行对比，我们可以得到如下的仓储合同框架对比表。

序号	原稿框架名称	仓储合同框架名称	对比结果
1	合同主体	合同主体	
2	仓储物	仓储物	
3	仓储场所、仓储物占用仓库位置与面积	仓储场所、仓储物占用仓库位置与面积	
4	仓储物入库手续		缺少
5	仓储物验收		缺少
6	仓储物包装	仓储物包装	
7	仓储物保管要求	仓储物保管要求	
8	仓储物瑕疵		缺少
9	储存期限	储存期限	
10	仓储物自然损耗的标准和对损耗的具体处理办法		缺少
11	保管与通知	保管与通知	
12	仓储物保险	仓储物保险	
13	仓储物出库	仓储物出库	
14	仓储物计费的项目、标准、计算方法	仓储物计费的项目、标准、计算方法	
15	仓储物结算的方式	仓储物结算的方式	
16	仓储合同的变更、解除		缺少
17	违约责任	违约责任	
18	争议处理方式	争议解决方式	

4. 原稿框架审查与修改

（1）审查主体。

代表乙方。

合同地位：债权人。

（2）审查意见。

通过将原稿框架与一般仓储合同的框架相比较，发现缺少三个框架：

〇保管条件、保管措施。

〇仓储物自然损耗的标准和对损耗的具体处理办法。

〇仓储物入库手续与验收。

经过与当事人沟通，发现本合同仓储物是鞭炮，需要较为安全的保管条件，也需要相应的保管措施，因此，保管条件与保管措施在本合同中，就成了不可缺少的合同框架。由于鞭炮与损耗关系不大，损耗框架可以忽略。

需要提醒当事人的是，该合同版本是框架式版本，具体内容都还是一片空白，需要进一步落实。因此，建议当事人先把合同的各个条款约定明确，再提交审查与修改。我们不仅要审查合同条款是否齐全，还要审查条款的内容是否完善，是否清楚，是否合法，是否公平。同时，建议存货人这一方，增加以下两个合同条款，以确定初步的合同框架：第一是保管条件、保管措施；第二是仓储物入库手续与验收。

第三节　仓储合同具体条款的审查与修改

一、仓储合同主体条款的审查与修改

（一）仓储合同主体条款的审查要点

仓储合同主体条款主要有以下审查要点：

〇主体表述是否规范。

〇双方主体信息是否齐全。

〇保管人是否具有从事仓储保管业务的资质。

仓储合同中的保管人应当是经过工商行政管理部门核准登记的专营或者兼营仓储业务的法人或者其他组织、个体工商户等，如果是储存危险物品的，还需要安监部门核发相应的批准证书。因此，我们审查仓储合同主体时，一定要审查保管人的营业执照与相应的批准证书，审查其是否具有从事仓储业务的资质。存货人资质法律没有特别要求，符合一般合同主体资格即可。

（二）仓储合同主体条款审查与修改示例

下面结合一个具体示例，进一步了解在实务中应如何对仓储合同主体条

款进行审查与修改。

合同原稿	《仓储合同》（合同编号：20200416） 保管人（以下简称甲方）：×××× 住所：×××× 存货人（以下简称乙方）：×××× 住所：××××
审查主体	代表甲方
审查意见	原稿没有审查保管人营业执照，同时，原稿中有关主体的信息不全
修改示范	《仓储合同》（合同编号：20200416） 保管人（以下简称甲方）：×××× 住所：×××× **法定代表人：××××** **统一社会信用代码：××××** **联系方式：××××** 存货人（以下简称乙方）：×××× 住所：×××× **法定代表人：××××** **统一社会信用代码：××××** **联系方式：××××**

二、仓储物条款的审查与修改

（一）仓储物条款的主要内容

仓储物是合同标的指向的物，是保管人的保管对象，是存货人储存对象，需要明确，根据《民法典》第909条的规定，仓储物条款应当具有如下内容：

○仓储物的品种。

○仓储物的数量。

○仓储物质量。

○仓储物的包装及其件数和标记。

（二）仓储物条款的审查要点

对于仓储物条款，我们主要审查该条款是否将上述有关内容约定全面，仓储物是否合法。对于保管人来说，对于自己保管的仓储物一定要了解情况，便于决定是否保管以及如何保管。了解的内容主要是仓储物是否属于违法物品以及仓储物的性质。《民法典》第909条规定："保管人应当在仓单上签名或者盖章。仓单包括下列事项：（一）存货人的姓名或者名称和住所；（二）仓储物的品种、数量、质量、包装及其件数和标记；（三）仓储物的损耗标准；（四）储存场所；（五）储存期限；（六）仓储费；（七）仓储物已经办理保险的，其保险金额、期间以及保险人的名称；（八）填发人、填发地和填发日期。"

了解仓储物是否为违法物品，主要是为了防止存货人利用仓储合同储存违法物品，避免保管人承担相关法律责任；了解仓储物的性质，主要是为了妥善保管仓储物，因为不同的仓储物有不同的保管方法与保管措施。对于储存易燃、易爆、有毒、有腐蚀性、有放射性等危险物品或者易变质物品的，保管人还需要根据存货人说明的该物品的性质，提供的有关资料说明进行保管，并且存货人还应当说明相应的保管条件。《民法典》第906条规定："储存易燃、易爆、有毒、有腐蚀性、有放射性等危险物品或者易变质物品的，存货人应当说明该物品的性质，提供有关资料。存货人违反前款规定的，保管人可以拒收仓储物，也可以采取相应措施以避免损失的发生，因此产生的费用由存货人负担。保管人储存易燃、易爆、有毒、有腐蚀性、有放射性等危险物品的，应当具备相应的保管条件。"

（三）仓储物条款审查与修改示例

下面结合一个具体示例，进一步了解在实务中应如何对仓储物条款进行审查与修改。

合同原稿	《仓储合同》（合同编号：20190203） 第一条　仓储物的品名、品种、规格、数量 1. 货物品名：×××× 2. 品种规格：×××× 3. 数量：××××
审查主体	代表甲方

<table>
<tr><td>审查意见</td><td>仓储物信息不全，遗漏了仓储物的质量、标记等重要信息。这种仓储合同使用列举式表述方式，过于复杂，容易遗漏合同内容，用表格式来表述更好</td></tr>
<tr><td>修改示范</td><td>《仓储合同》（合同编号：20190203）
见如下表格
第一条　仓储物的品种、数量、质量、包装及其和标记
<table><tr><td>仓储物名称</td><td>品种</td><td>数量</td><td>质量</td><td>包装</td><td>件数</td><td>标记</td></tr><tr><td></td><td></td><td></td><td></td><td></td><td></td><td></td></tr><tr><td></td><td></td><td></td><td></td><td></td><td></td><td></td></tr></table></td></tr>
</table>

三、仓储场所条款的审查与修改

（一）仓储场所条款的审查要点

该条款主要有以下审查要点：

○仓储物的仓储场所。

○仓储物占用仓库的位置。

○仓储物占用仓库的面积。

很多情况下，存货人都会事先了解了保管人的仓储条件，判断保管人的仓储条件是否有利于仓储物的储存与仓储物的运输，才决定是否与其签订仓储合同。因此，约定仓储场所、位置十分重要，需要约定明确，保证与存货人的要求一致。通过审查仓储物占用仓库的面积，可以确定货物对仓库的要求以及占用场地所产生的费用。

（二）仓储场所条款审查与修改示例

下面结合一个具体示例，进一步了解在实务中应如何对仓储场所条款进行审查与修改。

合同原稿	《仓储合同》（合同编号：20171201） 第二条　仓储物占用面积________
审查主体	代表乙方

审查意见	存货人的要求很明确，其需要甲方靠东面临街的2号货位，如果甲方不能保证给其该仓储物位置，存货人将不会签约。因此，原稿约定不全面，遗漏仓储场所与仓储物在仓储场所中所占位置
修改示范	《仓储合同》（合同编号：20171201） 第二条　仓储物占用仓库位置与面积：________**（具体位置与面积见仓库平面图）。甲方不得擅自调整仓储物储存位置，否则，乙方可以解除合同，并且有权要求甲方按照本合同约定的保管费总额的30%向乙方支付违约金**

四、仓储物保管条款的审查与修改

（一）仓储物保管条款的主要内容

该条款一般具有如下内容：

○保管要求。

○保管条件。

○保管方法。

○违反保管条件、保管方法的救济措施。

仓储保管中的货物种类不一，保管条件、保管方法与保管要求也就各不相同。比如有些储存物需要在冷冻库储存，而有些又需要在高温下储存。不少货物由于本身的性质需要与其他货物分开，并且需要特殊的保管条件或保管方法。因此，审查仓储合同，需要审查合同是否明确了保管要求和保管条件。

《民法典》对这一问题也有规定。《民法典》第906条规定："储存易燃、易爆、有毒、有腐蚀性、有放射性等危险物品或者易变质物品的，存货人应当说明该物品的性质，提供有关资料。存货人违反前款规定的，保管人可以拒收仓储物，也可以采取相应措施以避免损失的发生，因此产生的费用由存货人负担。保管人储存易燃、易爆、有毒、有腐蚀性、有放射性等危险物品的，应当具备相应的保管条件。"

（二）仓储物保管条款审查与修改示例

下面结合一个具体示例，进一步了解在实务中应如何对仓储物保管条款进行审查与修改。

合同原稿	《仓储合同》（合同编号：20190505） 第三条　本合同仓储物需要采取特殊保管条件与保管措施
审查主体	代表乙方
审查意见	原稿中的“特殊”没有判断标准，需要明确。明确约定本合同仓储物需要什么特殊保管条件，又需要什么特殊保管措施
修改示范	《仓储合同》（合同编号 20190505） 第三条　本合同仓储物需要采取特殊保管条件与保管措施 **1. 保管条件：________** **2. 保管措施：________**

五、仓储物出入库与验收条款的审查与修改

（一）仓储物出入库与验收条款的主要内容

该条款一般具有如下内容：

○储存物出入库验收。

○储存物出入库时间、地点。

○储存物出入库手续。

○存货人提供的仓储物必要资料。

法律首先对验收主体、验收内容和验收方法作出了规定。《民法典》第907条规定：“保管人应当按照约定对入库仓储物进行验收。保管人验收时发现入库仓储物与约定不符合的，应当及时通知存货人。保管人验收后，发生仓储物的品种、数量、质量不符合约定的，保管人应当承担赔偿责任。”因此，验收主体是保管人，验收的内容是仓储物的品名、规格、数量、外包装状况等；验收的方法是保管人按照合同约定的仓储物品种、数量和质量，对入库物进行验收，如果发现入库的仓储物与合同约定不一致的，应及时通知存货人。验收无误后，向存货人出具仓单。

除法律规定的内容之外，当事人还应当约定入库时间，以及存货人提供仓储物相关资料的时间与方式，如果没有提供必要的资料或提供资料不及时、不齐全的，由存货人承担因此造成的损失。

如果出库后是由保管人代为发运的，合同中还应当约定以下事项：

第一，仓储物的运输方式，是公路运输还是铁路运输，还是以其他方式运输；第二，发送时间；第三，运输地点；第四，相关费用的负担。

为防止出现储存期限届满、存货人或者仓单持有人不提取仓储物的情形，合同中还要明确约定保管人拥有催告其在一定期限内提取仓储物的权利；逾期不提取的，保管人可以提存仓储物，并且同时还有权要求存货人或者仓单持有人承担逾期提取的违约责任。

（二）仓储物入库与验收条款的审查与修改示例

下面结合一个具体示例，进一步了解在实务中应如何对仓储物入库与验收条款进行审查与修改。

合同原稿	《仓储合同》（合同编号：20201201） 第四条　仓储物入库及验收 乙方应当在本合同签订后 3 日内办理入库手续，入库前，甲乙双方共同验收入库的仓储物，验收入库后由甲方按照验收情况出具仓单
审查主体	代表甲方
审查意见	仓储物入库时，存货人主要有三个任务，第一，存货人应按照合同的约定负责仓储物的包装；第二，存货人按照合同约定的品种、数量、质量、包装等将货物交付给保管人入库；第三，向保管人提供验收资料。而保管人主要任务是核实存货人的三个任务是否按照约定落实到位，验收后出具仓单。因此，原稿约定不全，需要补全
修改示范	《仓储合同》（合同编号：20201201） 第四条　仓储物入库及验收 *乙方应当在本合同签订后 3 日内按照合同约定将仓储物交付给甲方，并向甲方提供相关验收资料。甲方按照约定对仓储物进行验收，验收符合约定的，按照约定出具仓单，发现仓储物与约定不一致的，应当及时通知乙方*

六、仓储物损耗条款的审查与修改

（一）仓储物损耗条款的主要内容

该条款一般具有如下内容：

○损耗标准。

〇损耗计算方法。

〇损耗处理。

仓储物在储存、运输过程中，由于环境因素和仓储物自身性质等原因，不可避免地会发生数量、重量的减少，因此，当事人一般会约定损耗标准与损耗计算方法，并对超过损耗标准的情形作出相关处理。当然，国家有关主管部门对此也作出规定，规定了货物自然损耗标准。因此，仓储合同中仓储物的损耗标准，有国家规定标准的，可以约定按照国家标准执行，当事人也可以自行约定标准。损耗超过标准时，合同也要约定相应的处理方式。比如，合同约定验收过程中，仓储物损耗在一定范围内的，仓库可按实际验收数量或者重量入库，如果损耗超过规定的，也应根据核实后的实际情况作出验收记录。

（二）仓储物损耗条款审查与修改示例

下面结合一个具体示例，进一步了解在实务中应如何对仓储物损耗条款进行审查与修改。

合同原稿	《仓储合同》（合同编号：20170601） 第六条　本合同仓储物损耗按照国家标准执行
审查主体	代表甲方
审查意见	原稿中的“国家标准”过于笼统，应当明确约定国家标准的名称与标准代号等
修改示范	《仓储合同》（合同编号：20170601） 第六条　本合同仓储物损耗按照**（国家标准名称与编号）**标准执行

七、仓储费条款的审查与修改

（一）仓储费条款的审查要点

该条款是仓储合同的核心条款，主要审查是否约定了下列各种费用：

〇仓库使用费。

〇保管费。

〇转仓费。

〇出入库装卸搬运费、车皮、站台、包装整理、商品养护等费用。

有些仓储合同对仓储费没有进行细分，将所有费用都认定为仓储费，但是在实践中，往往会因为仓储费约定不明发生争执，认为仓储费是仓储费，仓库使用费是仓库使用费，装卸费是装卸费。因此，仓储费的约定还是进一步明确为好。如果是单列仓储费的，合同要明确仓储费包括哪些费用；如果是仓储费、保管费、装卸费分别开列的，合同应当明确各项费用的计算方法与支付方式等。毕竟《民法典》第 904 条作出了规定：“仓储合同是保管人储存存货人交付的仓储物，存货人支付仓储费的合同。”

（二）仓储费条款审查与修改示例

下面结合一个具体示例，进一步了解在实务中应如何对保管费条款进行审查与修改。

合同原稿	《仓储合同》（合同编号：20180808） 第九条　仓储费共贰万元，应在乙方交付仓储物时提前支付
审查主体	代表甲方
审查意见	仓储费不能确定其具体范围。该费用是否包括仓库使用费、保管费、装卸费，合同没有明确。解决的办法有以下两种：其一是将仓储费进行定义，将仓储费包括哪些具体费用进行明确约定。其二是将各种具体费用分别约定
修改示范	《仓储合同》（合同编号：20180808） 第九条　仓储费 **1. 甲方提供仓库________平方米由乙方使用，使用费为________元整。** 2. 仓储费________元。 **3. 仓储物出入库装卸费________元。** **4. 其他费用：据实结算。** **在仓储物交付保管时，乙方应先行交付上述费用中的前两项费用；其余费用由乙方在出库前一次性支付。** **上述所有费用一律以银行转账方式支付。** **开户银行：________** **银行账号：________**

八、仓储物保险条款的审查与修改

（一）仓储物保险条款的审查要点

该条款主要有以下审查要点：

○入库后是否需要办理保险。

○办理何种保险。

○保险期限。

○费用承担主体。

该条款非仓储合同的必要条款，但是对于某些仓储合同来说，却是必要条款，目的是防止仓储物的意外损毁。对于这一问题，《民法典》也作出了相关规定。《民法典》第909条规定："保管人应当在仓单上签名或者盖章。仓单包括下列事项：（一）存货人的姓名或者名称和住所；（二）仓储物的品种、数量、质量、包装及其件数和标记；（三）仓储物的损耗标准；（四）储存场所；（五）储存期限；（六）仓储费；（七）仓储物已经办理保险的，其保险金额、期间以及保险人的名称；（八）填发人、填发地和填发日期。"因此，仓单具有保险事项内容。

（二）仓储物保险条款审查与修改示例

下面结合一个具体示例，进一步了解在实务中应如何对仓储物保险条款进行审查与修改。

合同原稿	《仓储合同》（合同编号：20180808） 第七条　仓储物保险 货物入库后应当由存货人办理保险
审查主体	代表甲方
审查意见	原稿约定不全面，没有约定办理保险的主体、险种、金额、期限等，合同应当补充约定
修改示范	《仓储合同》（合同编号：20180808） 第七条　仓储物保险 *本合同仓储物入库后应当由存货人负责办理保险*

修改示范	**费用由存货人承担，未办理仓储物保险，导致仓储物意外损毁的，保管人不承担任何责任。** **保险按照下列要求办理：** **险种名称：________** **保险金额：________** **保险期限：________** **投保人名称：________**

九、储存期限条款的审查与修改

（一）储存期限条款的审查要点

该条款主要有以下审查要点：

○是否约定储存期限。

○储存期限是否明确。

储存期限是保管人保管义务的期限，在该期限内，保管人发现入库仓储物有变质或者其他损坏情况的，应当及时通知存货人或者仓单持有人。储存期限内，因保管不善造成仓储物毁损、灭失的，保管人应当承担赔偿责任。

储存期限没有约定或者约定不明确的，按照法律规定，存货人或者仓单持有人可以随时提取仓储物，保管人也可以随时请求存货人或者仓单持有人提取仓储物，但是应当给予必要的准备时间。储存期限届满，存货人或者仓单持有人应当凭仓单、入库单等提取仓储物。如果没有特别约定，存货人或者仓单持有人逾期提取的，应当加收仓储费；提前提取的，不减收仓储费。储存期限届满，如果存货人或者仓单持有人不提取仓储物，保管人可以催告其在合理期限内提取；逾期不提取的，保管人可以提存仓储物。

（二）储存期限条款审查与修改示例

下面结合一个具体示例，进一步探讨应如何在实务中对储存期限条款进行审查与修改。

合同原稿	《仓储合同》（合同编号：20180808） 第六条　储存期限 储存期限____年，从____年____月____日至____年____月____日止

审查主体	代表乙方
审查意见	原稿仅约定了储存期限，而没有约定储存期限内给付的相关义务
修改示范	《仓储合同》（合同编号：20180808） 第六条　储存期限 储存期限____年，从____年____月____日至____年____月____日止。 **储存期间，因甲方保管不善造成仓储物毁损、灭失的，甲方应当承担损害赔偿责任。如果保管人发现入库仓储物有变质或者其他损坏的，应当及时通知存货人或者仓单持有人**

十、通知义务条款的审查与修改

（一）通知义务条款的审查要点

该条款主要有以下审查要点：

○通知主体。

○通知原因。

○通知期限。

○通知方式。

仓储物入库以后，便已经脱离存货人而处于保管人保管之下，如果仓储物有任何异常情况出现，保管人有义务及时通知存货人。《民法典》第912条规定："保管人发现入库仓储物有变质或者其他损坏的，应当及时通知存货人或者仓单持有人。"根据这一法律规定，通知主体是保管人，通知原因是仓储物出现变质或者其他损坏的异常情况，通知期限是发现异常后立即通知，通知方式主要是依据合同约定的联系方式进行通知。《民法典》第913条规定："保管人发现入库仓储物有变质或者其他损坏，危及其他仓储物的安全和正常保管的，应当催告存货人或者仓单持有人作出必要的处置。因情况紧急，保管人可以作出必要的处置；但是，事后应当将该情况及时通知存货人或者仓单持有人。"

在储存期限届满后，保管人亦有义务及时通知存货人。《民法典》第916条规定："储存期限届满，存货人或者仓单持有人不提取仓储物的，保管人可以催告其在合理期限内提取；逾期不提取的，保管人可以提存仓储物。”

（二）通知义务条款审查与修改示例

下面结合一个具体示例，进一步了解在实务中应如何对通知义务条款进行审查与修改。

合同原稿	《仓储合同》（合同编号：20201010） 第八条　保管人发现入库仓储物有变质或者其他损坏的，应当及时通知存货人或者仓单持有人
审查主体	代表乙方
审查意见	原稿实际上是抄写《民法典》第913条，而民法典还有其他相应规定，抄写也不全面
修改示范	《仓储合同》（合同编号：20201010） 第八条　*仓储物出现下列情况时，保管人有义务及时书面通知存货人或仓单持有人：* *第三人对保管人提起诉讼或者对保管物申请扣押的；* *保管人发现入库仓储物有变质或者其他损坏，危及其他仓储物的安全和正常保管的；* *保管人发现入库仓储物有变质或者其他损坏的；* *由保管方负责发运的货物，不能按期发货的*

十一、违约责任条款的审查与修改

（一）违约责任条款的审查要点

该条款主要有以下审查要点：

○保管人承担违约责任的情形。

○保管人承担违约责任的方式。

○存货人承担违约责任的情形。

○存货人承担违约责任的方式。

仓储合同违约责任比较复杂，涉及很多方面，稍不谨慎就会遗漏。所以，在审查合同的时候，可以先将保管人与存货人的违约情形列出，然后针对各种违约情形设定责任。设定违约责任时，我们还需要参考法律规定，法律有规定的，而且法律规定是对己方有利的，可以按照法律规定执行。如果法律规定对己方不利的，那就需要通过约定改变。

下面这些法条规定了存货人的责任：

《民法典》第893条规定："寄存人交付的保管物有瑕疵或者根据保管物的性质需要采取特殊保管措施的，寄存人应当将有关情况告知保管人。寄存人未告知，致使保管物受损失的，保管人不承担赔偿责任；保管人因此受损失的，除保管人知道或者应当知道且未采取补救措施外，寄存人应当承担赔偿责任。"

《民法典》第915条规定："储存期限届满，存货人或者仓单持有人应当凭仓单、入库单等提取仓储物。存货人或者仓单持有人逾期提取的，应当加收仓储费；提前提取的，不减收仓储费。"

下面这些法条规定了保管人的责任：

《民法典》第894条规定："保管人不得将保管物转交第三人保管，但是当事人另有约定的除外。保管人违反前款规定，将保管物转交第三人保管，造成保管物损失的，应当承担赔偿责任。"

《民法典》第897条规定："保管期内，因保管人保管不善造成保管物毁损、灭失的，保管人应当承担赔偿责任。但是，无偿保管人证明自己没有故意或者重大过失的，不承担赔偿责任。"

《民法典》第907条规定："保管人应当按照约定对入库仓储物进行验收。保管人验收时发现入库仓储物与约定不符合的，应当及时通知存货人。保管人验收后，发生仓储物的品种、数量、质量不符合约定的，保管人应当承担赔偿责任。"

《民法典》第917条规定："储存期内，因保管不善造成仓储物毁损、灭失的，保管人应当承担赔偿责任。因仓储物本身的自然性质、包装不符合约定或者超过有效储存期造成仓储物变质、损坏的，保管人不承担赔偿责任。"

（二）违约责任条款审查与修改示例

下面结合一个示例，进一步了解在实务中应如何对违约责任条款进行审查与修改。

合同原稿	仓储合同（合同编号：20××××××） 第十二条　违约责任 因为甲方原因，致使仓储物不能入库的，甲方支付乙方赔偿金××万元。 仓储期间，甲方未按照合同约定的条件与要求保管仓储物的，甲方承担××万元违约金，造成仓储物损失的，还需要进一步赔偿损失。 乙方未按照国家标准和要求对仓储物进行包装的，仓储物损失由乙方承担，仓储物交付造成其他仓储物损失的，由乙方承担赔偿责任。 乙方提供验收资料不全的或者逾期提供验收资料的，每日支付甲方××%的违约金，因为资料逾期或者不全造成损失的，还需要赔偿损失。 乙方逾期提取仓储物的，按照逾期天数，每日向甲方支付保管费总额的××%违约金。 乙方逾期支付仓储费、保管费等合同约定费用的，每逾期一天，每日支付甲方合同总费用××%的违约金
审查主体	代表乙方
审查意见	原稿中甲方的违约责任过轻，与乙方违约责任不平等，需要调整。调整的方法为增加甲方相关违约责任，或者相应减少乙方相关违约责任
修改示范	仓储合同（合同编号：20××××××） 第十二条　违约责任 因为甲方原因，致使仓储物不能入库的，甲方支付乙方赔偿金××万元。 仓储期间，甲方未按照合同约定的条件与要求保管仓储物的，甲方承担××万元违约金，造成仓储物损失的，还需要进一步赔偿损失。 **仓储物有变质或者其他损坏的，甲方未及时通知乙方或者仓单持有人的，支付乙方违约金××万元，违约金不足以赔偿损失的，还要继续承担赔偿责任。** **由于甲方原因致使仓储物不能按照约定出库的，除向乙方支付违约金××万元以外，还需要赔偿乙方因此造成的损失。** 乙方未按照国家标准和要求对仓储物进行包装的，仓储物损失由乙方承担，仓储物造成交付其他仓储物损失的，由乙方承担赔偿责任。 *乙方提供验收资料不全的或者逾期提供验收资料而造成损失的，由乙方承担。* *乙方逾期提取仓储物的，按照逾期天数，每日向甲方支付逾期保管费________。* 乙方逾期支付仓储费、保管费等合同约定费用的，每逾期一天，每日支付甲方合同总费用××%的违约金

十二、免责条款的审查与修改

（一）免责条款的审查要点

该条款主要有以下审查要点：

○免责情形是否约定。

○免责情形是否明确。

○免责情形是否符合法律规定。

违约责任一般情况下会从正面约定，约定在哪些情形下由谁承担什么责任。而免责条款，是约定在哪些情况下当事人不承担责任。二者共同构成违约责任的基本体系。

法律规定的免责情形有不可抗力。《民法典》第590条规定："当事人一方因不可抗力不能履行合同的，根据不可抗力的影响，部分或者全部免除责任，但是法律另有规定的除外。因不可抗力不能履行合同的，应当及时通知对方，以减轻可能给对方造成的损失，并应当在合理期限内提供证明。当事人迟延履行后发生不可抗力的，不免除其违约责任。"

法律规定不能免责的情形主要在《民法典》第506条中。《民法典》第506条规定："合同中的下列免责条款无效：（一）造成对方人身损害的；（二）因故意或者重大过失造成对方财产损失的。"

（二）免责条款审查与修改示例

下面结合一个具体示例，进一步了解应如何在实务中对免责条款进行审查与修改。

合同原稿	《仓储合同》（合同编号：20191112） 第十一条　下列情形下甲方不承担责任： 仓储物本身的自然性质造成的损耗； 包装不符合约定造成仓储物损失； 仓储物超过有效储存期造成仓储物变质、损坏
审查主体	代表甲方
审查意见	该免责条款属于安慰条款，没有实际意义。因为法律已经有明确规定，以上情形保管人不承担责任

修改示范	《仓储合同》（合同编号：20191112） 第十一条　下列情形甲方不承担责任： 仓储物本身的自然性质造成的损耗； 包装不符合约定造成仓储物损失； 仓储物超过有效储存期造成仓储物变质、损坏； **乙方未按照约定办理保险导致仓储物意外损毁的**

第六章　广告合同的审查与修改

第一节　广告合同的主要特征

一、广告合同的类型较多

广告合同类型较多，除了广告设计合同之外，还包括广告制作合同、广告发布合同等。如果进一步细分，广告合同还可以分为广告代言人聘用合同、广告拍摄合同等。

二、广告合同涉及的法律规范较多

广告合同不仅有法律和行政法规调整，如《广告法》《广告管理条例》等，许多部门规章也有相应规定，如《医疗器械广告管理办法》《医疗广告管理办法》《药品广告审查办法》《烟草广告管理暂行办法》。

三、有些广告发布必须经过行政机关审批

《广告法》第46条规定："发布医疗、药品、医疗器械、农药、兽药和保健食品广告，以及法律、行政法规规定应当进行审查的其他广告，应当在发布前由有关部门（以下简称广告审查机关）对广告内容进行审查；未经审查，不得发布。"这些审批手续是否齐全，直接关系到广告合同是否成立。

四、发布的广告内容的合法性要求严格，有些广告不得发布

由于广告涉及社会公众利益，所以法律对广告发布活动进行了相应干预。

《广告法》第15条规定："麻醉药品、精神药品、医疗用毒性药品、放射性药品等特殊药品，药品类易制毒化学品，以及戒毒治疗的药品、医疗器械和治疗方法，不得作广告。……"《广告法》第9条规定："广告不得有下列情形：（一）使用或者变相使用中华人民共和国的国旗、国歌、国徽，军旗、军歌、军徽；（二）使用或者变相使用国家机关、国家机关工作人员的名义或者形象；（三）使用'国家级''最高级''最佳'等用语；（四）损害国家的尊严或者利益，泄露国家秘密；（五）妨碍社会安定，损害社会公共利益；（六）危害人身、财产安全，泄露个人隐私；（七）妨碍社会公共秩序或者违背社会良好风尚；（八）含有淫秽、色情、赌博、迷信、恐怖、暴力的内容；（九）含有民族、种族、宗教、性别歧视的内容；（十）妨碍环境、自然资源或者文化遗产保护；（十一）法律、行政法规规定禁止的其他情形。"

第二节　广告合同框架的审查与修改

一、广告合同主要框架的依据

广告合同类似于委托合同与承揽合同，不是《民法典》规定的有名合同，但是仍然具有合同的一般框架。广告合同的框架依据主要包括以下两个方面：

（一）《民法典》相关规定

《民法典》第470条规定："合同的内容由当事人约定，一般包括下列条款：（一）当事人的名称或者姓名和住所；（二）标的；（三）数量；（四）质量；（五）价款或者报酬；（六）履行期限、地点和方式；（七）违约责任；（八）解决争议的方法。……"因此，一般合同应当包括如下框架：

序号	框架名称
1	双方主体名称
2	标的
3	数量

序号	框架名称
4	质量
5	价款
6	履行期限
7	履行地点
8	履行方式
9	违约责任
10	争议处理办法

（二）广告法以及其他法律规定

广告法、知识产权法等都对广告合同有相关规定，比如知识产权、保密等方面的规定。

二、广告合同的主要框架

广告合同的主要类型有广告设计合同、广告制作合同、广告发布合同等。不同的广告类型合同，其框架也不同。

（一）广告设计合同的主要框架

序号	框架名称
1	合同主体
2	广告设计内容
3	广告设计素材
4	初步设计方案
5	反馈意见
6	设计成果
7	报酬
8	知识产权
9	保密
10	违约责任

（二）广告制作合同的主要框架

序号	框架名称
1	合同主体
2	广告制作内容
3	广告制作材料
4	广告制作要求
5	履行期限、地点
6	知识产权
7	保密
8	违约责任

（三）广告发布合同的主要框架

序号	框架名称
1	合同主体
2	广告内容
3	发布媒体
4	发布范围
5	服务期限
6	发布方式
7	安装、摆放
8	广告牌安全
9	广告维护
10	广告拆除
11	其他费用
12	报酬
13	知识产权
14	保密
15	违约责任

三、广告合同主要框架的审查与修改

下面我们结合一个广告制作合同，进一步了解应如何在实务中对广告合同的主要框架进行审查与修改。

1. 合同原稿

广告牌制作与服务协议（合同编号：20190909）
甲方：湖南××有限公司
住所：××××
乙方：湖南××建设有限公司
住所：××××
甲乙双方经充分协商，达成如下协议：
第一条　户外广告规格
广告牌为铝合金材料，规格6m×5m×3cm（长×宽×厚），全底板霓虹灯，共两块。广告内容为××冰箱广告（详见本合同附件）。
第二条　制作期限与安装地点
乙方于××××年××月××日前完成制作，××××年××月××日前将广告牌运送至××市府星路天星花园3栋楼顶西侧，具体位置由甲方根据具体情况指定。
第三条　场地要求
甲方提供的场地内需要有使用方便的电源，电源与安装地点最长距离不超过150米。
第四条　广告安全责任
乙方负责合同约定期限内的安全保障义务，避免发生安全事故。
第五条　亮灯时间
合同约定期限内，广告牌每晚亮灯时间为5小时，除因供电原因外，乙方应当保证按时亮灯。
第六条　知识产权
乙方制作的广告作品，其知识产权归甲方所有，未经甲方书面同意，乙方不得使用，否则，由乙方承担侵权责任。
第七条　保密事项
双方在本协议履行过程中知悉的对方商业秘密，未经对方书面同意，不得向第三方披露，否则，承担违约责任。
第八条　广告费用
甲方向乙方支付的全部费用为××元（大写）人民币。该费用为乙方完成本合同约定各项工作所需的所有费用，甲方不再支付其他任何费用。
该费用由甲方在乙方安装完成后的3天以内一次性支付。
第九条　违约责任
乙方逾期完成制作与安装的，每逾期一天，按照合同约定总价款的1%支付违约金。甲方逾期支付报酬的，按照逾期部分1%的标准支付违约金。因乙方制作的广告存在质量问题或者广告安装存在的安全隐患问题，造成甲方、乙方或者第三方人身损害或者财产损失的，皆由乙方承担赔偿责任。

第十条 争议处理

双方未尽事宜，可由双方协商解决，协商不成，双方均可向乙方所在地人民法院提起诉讼。

第十一条 其他

本合同一式两份，自双方签字盖章之日起生效。双方封存签字的广告图纸为合同的组成部分，具有与合同相同的法律效力。

甲方：

乙方：

2019年9月9日

2. 审查原稿框架

审查原稿框架的主要目的，主要是看看原稿整体内容情况，看看原稿都有什么框架，看看原稿框架之间有无重复，是否存在有矛盾或者不一致的地方。

序号	原稿合同内容	原稿框架
1	广告牌制作与服务协议（合同编号：20190909） 甲方：湖南××有限公司 住所：×××× 乙方：湖南××建设有限公司 住所地：××××	合同主体
2	第一条 户外广告规格 广告牌为铝合金材料，规格6m×5m×3cm（长×宽×厚），全底板霓虹灯，共两块。广告内容为××冰箱广告（详见本合同附件）	广告要求
3	第二条 制作期限与安装地点 乙方于××××年××月××日前完成制作，××××年××月××日前将广告牌运送至××市府星路天星花园3栋楼顶西侧，具体位置由甲方根据具体情况指定	履行期限、地点

序号	原稿合同内容	原稿框架
4	第三条　场地要求 甲方提供的场地内需要有使用方便的电源，电源与安装地点最长距离不超过 150 米	协助
5	第四条　广告安全责任 乙方负责合同约定期限内的安全保障义务，避免发生安全事故	安全保障
6	第五条　亮灯时间 合同约定期限内，广告牌每晚亮灯时间为 5 小时，除因供电原因外，乙方应当保证按时亮灯	服务期限
7	第六条　知识产权 乙方制作的广告作品，其知识产权归甲方所有，未经甲方书面同意，乙方不得使用，否则，由乙方承担侵权责任	知识产权
8	第七条　保密事项 双方在本协议履行过程中知悉的对方商业秘密，未经对方书面同意，不得向第三方披露，否则，承担违约责任	保密
9	第八条　广告费用 甲方向乙方支付的全部费用为 × ×元（大写）人民币。该费用为乙方完成本合同约定各项工作所需的所有费用，甲方不再支付其他任何费用。 该费用由甲方在乙方安装完成后的 3 天以内一次性支付	报酬
10	第九条　违约责任 乙方逾期完成制作与安装的，每逾期一天，按照合同约定总价款的 1% 支付违约金。甲方逾期支付报酬的。按照逾期部分 1% 的标准支付违约金。因乙方制作的广告存在质量问题或者广告安装存在的安全隐患问题，造成甲方、乙方或者第三方人身损害或者财产损失的，皆由乙方承担赔偿责任	违约责任

序号	原稿合同内容	原稿框架
11	第十条　争议处理 双方未尽事宜，可由双方协商解决，协商不成的，双方均可向乙方所在地人民法院提起诉讼	争议处理

3. 对比原稿框架

我们如果不把一般广告合同的框架与本合同框架进行对比，那就有可能不知道本合同还缺少什么框架，不知道本合同还需要什么框架。为了防止遗漏，现列表对比，即使我们不列表对比，至少心中要有一个标准合同框架用来对比。

通过将一般广告制作合同框架与本合同框架进行对比，我们可以得到如下的广告制作合同框架对比表。

序号	一般广告制作框架名称	待审稿框架	对比结果
1	合同主体	合同主体	
2	广告制作内容	广告制作内容	
3	广告制作材料		缺少
4	广告制作要求	广告制作要求	
5	履行期限、地点	服务期限	
6	知识产权	知识产权	
7	保密	保密	
8	违约责任	违约责任	

本广告制作服务合同是广告制作合同与广告服务合同的结合体，所以还需要参考广告发布合同的一些框架对比，对比结果如下：

序号	一般广告发布合同框架	待审稿框架	对比结果
1	安装、摆放		缺少
2	广告牌安全	安全保障	
3	广告维护		缺少

序号	一般广告发布合同框架	待审稿框架	对比结果
4	广告拆除		缺少
5	其他费用		缺少

4. 原稿审查与修改

（1）审查主体。

代表甲方。

合同地位：广告主。

（2）审查意见。

与一般广告合同相比较而言，原稿缺少下列条款，广告主应考虑是否有必要增加：第一，禁止转委托条款；第二，广告维护条款；第三，广告拆除条款。

本原稿为《广告制作与服务协议》，甲方之所以与乙方签约，主要是基于乙方的信誉与技术，因此，甲方有必要在合同中约定，禁止乙方将本合同的任何工作交由第三方完成。合同一旦没有约定，根据承揽合同的相关法律规定，乙方是可以将广告制作合同的辅助工作交由第三方完成的。对于这一问题，《民法典》第773条规定："承揽人可以将其承揽的辅助工作交由第三人完成。承揽人将其承揽的辅助工作交由第三人完成的，应当就该第三人完成的工作成果向定作人负责。"

甲方的原意是，本合同乙方的工作，除了广告制作，还有安装、维护、拆除任务，广告费用也是按照这个意思支付的，而合同中没有看到广告维护与广告拆除的约定，属于重大遗漏。

（3）修改示范。

①增加合同条款，作为合同第××条，约定：

"第××条　广告安装、维护与拆除"。

"本合同广告牌在乙方妥善安装后由乙方进行日常维护，保持广告完好无损，内容清晰可见，如出现广告牌破损、字迹或者内容模糊，乙方应当及时修复，维护费用已经计算在报酬之内，甲方不再另行支付。"

"甲方可以随时拆除本合同项下的广告，乙方应当在接到甲方拆除通知后3日内拆除完毕，拆除后的材料归甲方所有，费用由乙方承担。"

“拆除过程中，若造成乙方自身，或者造成甲方、第三方人身损害及财产损失的，均由乙方承担赔偿责任。”

②增加合同条款，作为合同第××条，约定：

“第×× 条　禁止转委托”

“乙方务必以自己的设备、技术和劳力，按照甲方的要求完成工作，交付工作成果，如果乙方将其承揽的工作交由第三人完成的，甲方可以解除合同。并且有权要求乙方承担违约责任。”

第三节　广告合同具体条款的审查与修改

一、广告合同主体条款的审查与修改

（一）广告合同主体条款的审查要点

该条款主要有以下审查要点：

○审查主体信息是否全面。

○审查特定广告是否具备有关证明文件。

○审查广告经营者、广告发布者是否具有合法经营资质。

广告合同中广告主的主体资格只要符合一般合同的签订主体资格即可，但广告经营者或者广告发布者，除了要具备一般合同主体资格以外，还需要具备广告经营或者广告发布的资质，还要办理相关审批登记手续。

虽然广告主不需要特定资质，但是当其签订特定类型的广告时，需要具备法律规定的证明文件。

《广告法》第32条规定：“广告主委托设计、制作、发布广告，应当委托具有合法经营资格的广告经营者、广告发布者。”《广告管理条例》第6条规定：“经营广告业务的单位和个体工商户（以下简称广告经营者），应当按照本条例和有关法规的规定，向工商行政管理机关申请，分别情况办理审批登记手续：（一）专营广告业务的企业，发给《企业法人营业执照》；（二）兼营广告业务的事业单位，发给《广告经营许可证》；（三）具备经营广告业务能力的个体工商户，发给《营业执照》；（四）兼营广告业务的企业，应当办理经营范围变更登记。”

（二）广告合同主体条款审查与修改示例

下面结合一个具体示例，进一步了解在实务中应如何对广告合同主体条款进行审查与修改。

合同原稿	《户外广告制作服务合同》（合同编号：20190102） 甲方：湖南××有限公司 住所：×××× 乙方：湖南××建设有限公司 住所地：××××
审查主体	代表甲方
审查意见	经审查，乙方拥有营业执照等相关文件，具有广告制作、广告发布资质。但是，原稿主体信息不全，需要补充
修改示范	《户外广告制作服务合同》（合同编号：20190102） 甲方：湖南××有限公司 住所：×××× **法定代表人：×××** **统一社会信用代码：××××** **联系人：×××** **银行账号：××××** 乙方：湖南××建设有限公司 住所地：××× **法定代表人：×××** **统一社会信用代码：××××** **联系人：×××** **银行账号：××××**

二、广告素材条款的审查与修改

（一）广告素材条款的审查要点

广告素材条款主要有以下审查要点：

○提供广告素材的范围。

○提供广告素材的期限。

○未按时提供广告素材的救济途径。

广告设计合同中，一般情况下都需要广告主提供广告素材，用作广告设计者的设计基础。但在设置合同条款时，有关提供广告素材的条款经常被遗漏，导致广告设计合同缺少重要条款，给合同履行带来麻烦，甚至有可能因此产生纠纷。一旦约定广告素材条款，那么，广告素材的范围，提供广告素材的时间，逾期提供广告素材的后果，这些内容都需要一一约定明确。

（二）广告素材条款审查与修改示例

下面结合一个示例，进一步了解应如何在实务中对广告素材条款进行审查与修改。

合同原稿	《广告设计合同》（合同编号：20190601） 第三条　广告素材提供 甲方应当及时向乙方提供用于广告设计的广告素材，否则一切后果由甲方承担
审查主体	代表乙方
审查意见	原稿约定了广告素材的提供主体，也约定了未及时提供广告素材的后果，但后果约定不具体，而且也没有约定广告素材的范围以及提供广告素材的具体期限
修改示范	《广告设计合同》（合同编号：20190601） 第三条　广告素材提供 *甲方应当在合同签订后 3 日内向乙方提供下列广告素材：* *广告产品说明；* *拍摄作品；* ________ **若甲方逾期提供素材，广告设计时间相应顺延**

三、设计成果条款的审查与修改

（一）设计成果条款的主要内容

该条款一般应当具备如下内容：

○初稿提交日期。

○广告主反馈日期。

○成果提交日期。

○广告主确认日期。

广告素材提供之后，广告设计者需要按照约定进行设计，并且应在约定期限内完成初稿。一般情况下，广告设计者提交的初稿是否符合广告主的需要，需要广告主反馈信息，并且提出修改建议。然后再由广告设计者进行修改，之后再次让广告主确认。如果有一方违约，另一方时间相应顺延，并且由违约方承担相应责任。

（二）设计成果条款审查与修改示例

下面结合一个具体示例，进一步了解在实务中应如何对设计成果条款进行审查与修改。

合同原稿	《户外广告设计合同》（合同编号：20200301） 第四条　设计成果 乙方应当在5日内提交设计初稿，甲方收到后及时提出书面修改意见，乙方在3日内进行修改并且提交设计稿供甲方审查确认
审查主体	代表乙方
审查意见	原稿约定出现一系列问题，首先没有约定乙方提交初稿的起始日，也没有约定甲方提出修改意见的具体日期，一个“及时”让人无所适从。同时，原稿中“乙方在3日内进行修改并且提交设计稿供甲方审查确认”的内容仍然缺乏起始日的约定，合同履行期限无法确定，所以，合同需要修改
修改示范	《户外广告设计合同》（合同编号：20200301） 第四条　设计成果 *乙方应当于甲方提供广告素材后5日内提交设计初稿，甲方收到初稿后3日内提出审查意见并书面反馈给乙方，乙方在收到书面反馈意见后3日内进行修改，并且提交设计稿供甲方审查确认，甲方未按约定时间提交广告素材的，乙方设计时间顺延。造成损失的，由违约方承担违约责任*

四、运送、摆放与安装条款的审查与修改

户外广告，一般需要进行运送、摆放与安装，审查合同时，看看这些内容是否有了约定，以及是否约定明确。

（一）运送、摆放与安装条款的审查要点

该条款主要有以下审查要点：

〇运送、摆放与安装的时间是否确定。

〇运送、摆放与安装的地点是否确定。

〇运送、摆放与安装的费用由谁承担。

〇运送、摆放与安装需要调整的情形是否约定。

在实践中，该条款经常会被忽略，没有约定。即使有了约定的，也不够具体明确，尤其是运送、摆放与安装的时间与地点大多数是不具体的，审查时需要注意。

此外，运送、摆放与安装的费用事宜在实务中也经常被忽略。运送、摆放与安装的费用事宜没有约定的原因，主要是业内普遍认为这部分费用应当由广告经营者来承担，所以就在合同中省略了这一约定，但是在广告合同对这部分费用没有约定明确的时候，仍然会产生争议。

（二）运送、摆放与安装条款审查与修改示例

下面结合一个具体示例，进一步了解在实务中应如何对摆放与安装条款进行审查与修改。

合同原稿	《户外广告制作服务合同》（合同编号：20200305） 第七条　运送、摆放与安装 乙方采取适当的运输方式将广告牌运送到××市×××路天星花园3栋楼顶右侧进行安装，具体位置由甲方根据实际情况指定
审查主体	代表甲方
审查意见	原稿约定的运送主体明确，运送地点清楚。但是，没有约定履行期限，没有约定运送、摆放与安装的费用承担，且对摆放安装需要进行调整的情形也没有约定。因此，不利于合同履行，需要补充约定
修改示范	《户外广告制作服务合同》（合同编号：20200305） 第七条　运送、摆放与安装 **广告牌制作完成后3日内，**乙方负责将广告牌运送到××市×××路天星花园3栋楼顶右侧进行安装，具体位置由甲方根据实际情况指定，**运送、摆放与安装费用由乙方承担**。 **安装与摆放过程中，如果需要对安装摆放进行调整的，乙方应当服从，但是由此增加的费用，由甲方承担**

五、安全保障条款的审查与修改

（一）安全保障条款的审查要点

广告制作、广告运送、广告摆放与安装、广告维护、广告拆除都可能涉及安全事故，所以，广告合同中，有必要约定双方的防范义务与防范责任。如果合同中没有这些条款或者内容，合同则存在严重缺陷，不利于责任承担。

当然，广告合同的安全责任如果约定不明，可以适用相关法律的规定，但是相关法律规定并不一定利于己方当事人。根据广告合同的性质来看，广告合同与委托合同、承揽合同最相类似，那么，就最可能适用承揽合同、委托合同的有关规定，而承揽合同的有关规定是，在承揽过程中发生的安全事故原则上由承揽人承担。比如，《民法典》第1193条规定："承揽人在完成工作过程中造成第三人损害或者自己损害的，定作人不承担侵权责任。但是，定作人对定作、指示或者选任有过错的，应当承担相应的责任。"

如果参照委托合同，则法律另有规定。《民法典》第930条规定："受托人处理委托事务时，因不可归责于自己的事由受到损失的，可以向委托人请求赔偿损失。"

综上所述，如果广告合同性质认定不同，则适用的法律不同，进而责任认定也就不同。

（二）安全保障条款审查与修改示例

下面结合一个具体示例，进一步了解在实务中应如何对安全保障条款进行审查与修改。

合同原稿	《户外广告制作服务合同》（合同编号：20200305） 第九条　安全责任 乙方负责广告发布、广告维护、广告拆除方面的安全保障义务，采取必要的安全防护措施，消除事故隐患，如果发生施工事故造成甲方或者第三人财产损失的，由乙方承担责任
审查主体	代表甲方

审查意见	乙方承担责任范围过窄，不利于督促乙方尽职履行安全保障义务。因为广告安全保障责任范围除了施工事故造成的财产损失外，还应当包括人身损害。另外，法律规定有由双方承担连带责任的情形，所以还需要约定另一种情形，即法院判决甲方承担连带赔偿责任后甲方的追偿权问题
修改示范	《户外广告制作服务合同》（合同编号：20200305） 第九条　安全责任 *乙方应当采取必要的安全防护措施，消除事故隐患，在广告发布、广告维护、广告拆除等过程中造成甲方、乙方或者第三方人身、财产损失的，皆由乙方承担赔偿责任。* **如本合同约定期限内发生安全事故，导致甲方承担相关责任的，甲方可以向乙方追偿，乙方应当赔偿甲方因此遭受的所有损失，包括但不限于甲方支付的赔偿金、违约金、诉讼发生的所有费用、调查取证费用、鉴定费用、委托律师发生的律师代理费等**

六、广告维护条款的审查与修改

广告需要维护，而广告经营者具有比较专业的维修技能，所以，广告合同一般情况下都会约定由广告经营者承担维修义务，由广告主支付维修费用。

（一）广告维护条款的主要内容

该条款一般应当具有如下内容：

○广告维护期限。

○广告维护范围。

○广告维护费用。

广告维护条款在广告合同中十分重要，尤其是户外广告，如果疏于维护，不仅影响广而告之的广告目的，而且还会因为天气、人为等原因威胁他人人身财产安全，一旦发生事故，后果不堪设想。为了广告安全，合同往往会约定广告维护事宜，包括广告的维护期限、广告的维护方式、广告维护费用的承担等。

（二）广告维护条款审查与修改示例

下面结合一个具体示例，进一步了解在实务中应如何对广告维护条款进行审查与修改。

合同原稿	《广告制作与服务合同》（合同编号：20170315） 第十条　广告维护 乙方在约定期限内应当进行本合同项下广告的维护与管理，维护与管理所需费用已包含在本合同的总价款内，甲方不再另行支付
审查主体	代表甲方
审查意见	维护期限与维护费用已经约定，但是维护与管理的内容很抽象，不够具体，需要加以明确。同时，维护不及时与维护不到位的救济途径也没有约定
修改示范	《广告制作与服务合同》（合同编号：20170315） 第十条　广告维护 乙方在约定期限内应当进行本合同项下广告的维护与管理，**保持广告安全、完整、清洁，如出现破损、褪色、涂鸦、污染、倾斜、移位、脱落、倒塌等情形，乙方应当及时予以修复或者更换**。 维护与管理所需费用已包含在本合同的总价款内，甲方不再另行支付

七、广告费用条款的审查与修改

广告费用条款是广告合同的核心条款，需要特别重视。

（一）广告费用条款的审查要点

该条款主要有以下审查要点：

○广告费用的计算方法。

○广告费用的范围。

○广告费用的支付期限。

○广告费用的支付方式。

广告合同涉及的费用项目很多，除了广告合同各阶段需要的主要费用（如广告设计费、广告制作费、广告发布费等）外，还可能产生其他费用，如材料费用、媒体租金、电费、场地费、运输费用、安装费用、维护费用等。这些费用是否都包括在广告费用里面，合同应当明确约定。在广告合同审查的实践中，一般不会遗漏广告费用条款，但是对费用条款约定得不明确或者不全面的情况却屡见不鲜。在约定广告费用条款的时候，可以先约定总费用，然后将各种费用是否在总费用范围中的情况作出说明，并且约定哪些费用例外。也可以先列出各种费用的项目，然后确定该费用的承担主体、支付方式与支付期限。

（二）广告费用条款审查与修改示例

下面结合一个具体示例，进一步了解在实务中应如何对广告费用条款进行审查与修改。

合同原稿	户外广告设计制作合同（合审字：20190901） 第七条　费用 甲方支付的总费用为人民币贰佰万元整（2,000,000元）。 广告制作完成后3天内，甲方向乙方支付总费用的30%，广告发布后7天内，甲方向乙方支付总费用的30%，余款在维护期限到期后7日内付清。 甲方以银行转账方式将广告费用分次支付至乙方指定的银行账户，乙方指定的银行账户为： 开户银行：×××× 银行账号：××××
审查主体	代表甲方
审查意见	虽然约定了总费用，但是否包括材料费、场地租赁费用等，合同仍然没有明确，容易产生争议。建议使用概括加列举并列表述
修改示范	户外广告设计制作合同（合同编号：20190901） 第七条　费用 甲方支付的总费用为人民币贰佰万元整（2,000,000元），**包括但不限于广告设计费用、广告制作费用、发布费用、场地租金、电费、维修维护费、拆除费用以及其他费用。除前述费用外，甲方无须向乙方支付任何其他费用。** 广告制作完成后3天内，甲方向乙方支付总费用的30%，广告发布后7天内，甲方向乙方支付总费用的30%，余款在维护期限到期后7日内付清。 甲方以银行转账方式将广告费用按照前述方式分次支付至乙方指定的银行账户，乙方指定的银行账户为： 开户银行：×××× 银行账号：××××

八、保密条款的审查与修改

广告合同的保密条款虽然不是必备条款，但是广告合同往往涉及商业秘密，因此，只要可能涉及商业秘密，就需要设立该条款。

（一）保密条款的主要内容

该条款一般应当具有如下内容：

○保密范围是否约定。

○保密期限是否约定。

○保密主体是否明确。

○保密责任是否明确。

根据《反不正当竞争法》第 9 条的规定，商业秘密，是指不为公众所知悉、具有商业价值并经权利人采取相应保密措施的技术信息、经营信息等商业信息。关于保密范围，主要是在合同的签订及履行过程中知悉的对方商业秘密，包括经营信息与商业信息；保密期限一般为合同履行完毕后两年内，但也有更长的保密期限，比如永久保密。如果对保密层次要求比较高，应当另行签订保密合同，进行详细约定，如果保密层次要求不是很高，可以设立保密条款进行约定，约定保密范围、保密期限，以及违反保密条款的相关责任等内容即可。

（二）保密条款审查与修改示例

下面结合一个具体示例，进一步了解应如何在实务中对保密条款进行审查与修改。

合同原稿	户外广告设计制作合同（合审字：20171001） 第九条　保密 乙方在本合同的签订及履行过程中知悉的甲方商业秘密，未经甲方同意不得向任何第三方披露，否则由此产生的责任由乙方承担
审查主体	代表甲方
审查意见	原稿保密范围约定过于笼统，且内容不全，保密期限这一重要内容没有约定

修改示范	户外广告设计制作合同（合审字：20171001） 第九条　保密 乙方在本合同的签订及履行过程中知悉的甲方商业秘密，**包括甲方的财务信息、广告策划、市场计划、客户名单等所有信息，**未经甲方书面同意不得向任何第三方泄露，否则由此产生的责任由乙方承担。**保密期限到相关信息已经通过合法途径公开为止**

九、知识产权条款的审查与修改

（一）知识产权条款的审查要点

广告的设计或者是广告的制作，都可能产生设计方案、广告作品等知识产权，而知识产权又会产生一系列法律问题，如设计方案、作品的归宿问题、作品使用问题以及该作品侵犯他人权利问题。

对于知识产权的归属问题，如果有约定的，可以依照约定；如果没有约定，则根据法律规定确定。如作品归属问题没有约定，根据法律规定，作品归作者享有。《著作权法》第 11 条规定："著作权属于作者，本法另有规定的除外。创作作品的公民是作者。由法人或者非法人组织主持，代表法人或者非法人组织意志创作，并由法人或者非法人组织承担责任的作品，法人或者非法人组织视为作者。"

如果作品归属问题确定了，还需要进一步确定作品的使用权归属问题，如果约定作品权属归广告主，那么就要约定广告经营者的使用范围；如果约定广告作品归广告经营者所有，那么就要约定广告主的使用范围，约定广告主或者更高经营者是不是只能用于本次广告发布中。

另外，广告作品侵权事件屡有发生，主要是侵犯他人的著作权、肖像权、名誉权等。这些情况，合同也需要作出明确约定，避免合同一方侵犯他人合法权利而导致己方承担连带责任。对于这一问题，《民法典》也作出了相关规定。《民法典》第 1168 条规定："二人以上共同实施侵权行为，造成他人损害的，应当承担连带责任。"

（二）知识产权条款审查与修改示例

下面结合一个具体示例，进一步探讨在实务中应如何对知识产权条款进行审查与修改。

合同原稿	广告设计合同（合审字：20201201） 第十一条　知识产权 乙方应当亲自履行本合同约定的义务，乙方应当自主设计，不得剽窃、抄袭。 若侵犯第三人的相关权利，乙方承担全部责任
审查主体	代表甲方
审查意见	首先，关于侵犯第三方权益的约定，虽然合同约定由乙方单方承担全部责任，但是法律规定了由双方承担连带责任的情形。所以，还需要约定另一种情形，即法院判决甲方承担连带赔偿责任后甲方的追偿权问题。 其次，在广告合同中可能产生广告作品等知识产权，对其归属问题，合同也需要明确约定。如果没有约定，广告合同中产生的作品，其知识产权应当属于作者所有。因此，如果委托人需要广告合同中产生的作品为委托人所有，就必须明确约定
修改示范	广告设计合同（合审字：20201201） 第十一条　知识产权 乙方应当亲自履行本合同约定的义务，乙方应当自主设计，不得剽窃、抄袭。 *如乙方提供的广告作品侵犯第三人权利，导致甲方侵犯第三人权利的，乙方应当赔偿甲方因此遭受的所有损失，包括但不限于甲方支付的赔偿金、违约金、诉讼发生的所有费用、调查取证费用、鉴定费用、委托律师发生的律师代理费等*

十、广告发布条款的审查与修改

（一）广告发布条款的主要内容

广告发布条款，是广告制作与发布合同的主要条款，一般具有如下内容：

〇发布媒体是否明确。

〇发布内容是否合法。

〇发布期限是否明确。

〇发布方式是否确定。

广告发布的媒体多种多样，可以在报纸杂志上发布，也可以在电视广播里发布，因此，审查合同的时候，需要确定发布媒体。广告内容是否符合法律规定，需要在广告发布阶段重点审查，否则合同目的可能因为不能发布而不能实现。

（二）广告发布条款的审查要点

《广告法》在广告发布方面规定了三个方面的内容，审查时需要重点关注：第一，规定了一般广告的发布要求。第二，规定了哪些产品或者服务一律不得发布广告。第三，规定了有些广告需要审查批准后方能发布。

1. 一般广告发布的要求

正面要求：《广告法》第8条规定："广告中对商品的性能、功能、产地、用途、质量、成分、价格、生产者、有效期限、允诺等或者对服务的内容、提供者、形式、质量、价格、允诺等有表示的，应当准确、清楚、明白。广告中表明推销的商品或者服务附带赠送的，应当明示所附带赠送商品或者服务的品种、规格、数量、期限和方式。"

反面要求：《广告法》第9条规定："广告不得有下列情形：（一）使用或者变相使用中华人民共和国的国旗、国歌、国徽，军旗、军歌、军徽；（二）使用或者变相使用国家机关、国家机关工作人员的名义或者形象；（三）使用'国家级''最高级''最佳'等用语；（四）损害国家的尊严或者利益，泄露国家秘密；（五）妨碍社会安定，损害社会公共利益；（六）危害人身、财产安全，泄露个人隐私；（七）妨碍社会公共秩序或者违背社会良好风尚；（八）含有淫秽、色情、赌博、迷信、恐怖、暴力的内容；（九）含有民族、种族、宗教、性别歧视的内容；（十）妨碍环境、自然资源或者文化遗产保护；（十一）法律、行政法规规定禁止的其他情形。"

2. 不得发布广告的产品或服务

《广告法》第15条规定："麻醉药品、精神药品、医疗用毒性药品、放射性药品等特殊药品，药品类易制毒化学品，以及戒毒治疗的药品、医疗器械和治疗方法，不得作广告。前款规定以外的处方药，只能在国务院卫生行政部门和国务院药品监督管理部门共同指定的医学、药学专业刊物上作广告。"所以，除有关部门指定的专业刊物以外，其他单位或个人不得发布这些广告。

3. 需要提交有关证明方能发布的广告

《广告法》第46条规定："发布医疗、药品、医疗器械、农药、兽药和保健食品广告，以及法律、行政法规规定应当进行审查的其他广告，应当在发布前由有关部门（以下称广告审查机关）对广告内容进行审查；未经审查，不得发布。”所以，对于宣传上述产品的有关广告，应在发布前由有关部门进行审查。

（三）广告发布条款审查与修改示例

下面结合一个具体示例，进一步了解在实务中应如何对广告发布条款进行审查与修改。

合同原稿	广告制作与发布合同（合审字：20160215） 第九条　广告发布媒体与内容 9.1 发布媒体：全底板霓虹灯。 9.2 发布内容：××厂家生产的××电冰箱
审查主体	代表甲方
审查意见	原稿约定不全，没有约定发布地点与期限
修改示范	广告制作与发布合同（合审字：20160215） 第九条　广告发布媒体、地点与内容 **9.1　发布地点：××市人民南路人民影剧院楼顶。** 9.2　发布媒体：全底板霓虹灯。 9.3　发布内容：××厂家生产的××电冰箱。 **9.4　发布期限：2016年3月1日至2017年9月1日**

第四节　广告合同综合审查与修改

下面以一个广告制作合同为例，进一步说明在实务中应如何对广告合同进行综合审查与修改。

一、广告合同原稿

广告牌制作与服务协议（合同编号：20190909） 甲方：湖南××有限公司 住所：×××× 乙方：湖南××建设有限公司 住所：×××× 甲乙双方经充分协商，达成如下协议：

第一条　户外广告规格

广告牌为铝合金材料，规格6m×5m×3cm（长×宽×厚），全底板霓虹灯，共两块。广告内容为××冰箱广告（详见本合同附件）。

第二条　制作期限与安装地点

乙方于××××年××月××日前完成制作，××××年××月××日前将广告牌运送至××市府星路天星花园3栋楼顶西侧，具体位置由甲方根据具体情况指定。

第三条　场地要求

甲方提供的场地内需要有使用方便的电源，电源与安装地点最长距离不超过150米。

第四条　广告安全责任

乙方负责合同约定期限内的安全保障义务，避免发生安全事故。

第五条　亮灯时间

合同约定期限内，广告牌每晚亮灯时间为5小时，除因供电原因外，乙方应当保证按时亮灯。

第六条　知识产权

乙方制作的广告作品，其知识产权归甲方所有，未经甲方书面同意，乙方不得使用，否则，由乙方承担侵权责任。

第七条　保密事项

双方在本协议履行过程中知悉的对方商业秘密，未经对方书面同意，不得向第三方披露，否则，承担违约责任。

第八条　广告费用

甲方向乙方支付的全部费用为××元（大写）人民币。该费用为乙方完成本合同约定的各项工作的所有费用，甲方不再支付其他任何费用。

该费用由甲方在乙方安装完成后的3天以内一次性支付。

第九条　违约责任

乙方逾期完成制作与安装的，每逾期一天，按照合同约定的总价款的1%支付违约金。甲方逾期支付报酬的。按照逾期部分1%的标准支付违约金。因乙方制作的广告存在质量问题或者广告安装存在的安全隐患问题，造成甲方、乙方或者第三方人身损害或者财产损失的，皆由乙方承担赔偿责任。

第十条　争议处理

双方未尽事宜，可由双方协商解决，协商不成，双方均可向乙方所在地法院提起诉讼。

第十一条　其他

本合同一式两份，自双方签字盖章之日起生效。双方封存签字的广告图纸为合同的组成部分，具有与合同相同的法律效力。

甲方：

乙方：

____年____月____日

二、广告合同修改过程稿（代表广告主一方）

（一）关于合同主体

合同原稿	甲方：湖南××有限公司 住所：×××× 乙方：湖南××建设有限公司 住所：××××
审查意见	原稿主体信息不全，需要增加法定代表人、联系方式等内容，以方便合同履行
修改示范	甲方：湖南××有限公司 住所：×××× **法定代表人：李某某** **联系方式：××××** **统一社会信用代码：××××** 乙方：湖南××建设有限公司 住所：×××× **法定代表人：李某某** **联系方式：××××** **统一社会信用代码：××××**

（二）关于第一条

合同原稿	第一条　户外广告规格 广告牌为铝合金材料，规格6m×5m×3cm（长×宽×厚），全底板霓虹灯，共两块。广告内容为××冰箱广告（详见本合同附件）
审查意见	标题概念太小，没有涵盖条款内容，该内容不仅包括广告规格，还包括广告形式与广告内容
修改示范	第一条　户外广告**材料**、规格、**形式要求** 广告牌为铝合金材料，规格6m×5m×3cm（长×宽×厚），全底板霓虹灯，共两块。*广告内容为某品牌冰箱广告*（详见本合同附件）

（三）关于第三条

合同原稿	第三条　场地要求 甲方提供的场地需要有使用方便的电源，电源与安装地点最长距离不超过150米

审查意见	原稿有前言，无后语。条款约定了电源与安装广告地点之间的最长距离，但是没有约定超过这个距离的救济措施是什么，条款约定不完整。应当补充约定，如果超过该距离限度，乙方仍然应当履行安装义务，但因此增加的相关费用可以由甲方负责
修改示范	第三条　场地要求 甲方提供的场地需要有使用方便的电源，电源与安装地点最长距离不超过 150 米。**否则，因此增加的费用由甲方负责**

（四）关于第四条

合同原稿	第四条　广告安全责任 乙方负责合同约定期限内的安全保障义务，避免发生安全事故
审查意见	原稿约定不全，没有约定违反安全保障义务的责任承担
修改示范	第四条　广告安全责任 乙方负责合同约定期限内的安全保障义务，避免发生安全事故。**否则，因此产生的一切责任由乙方承担**

（五）关于第五条

合同原稿	第五条　亮灯时间 合同约定期限内，广告牌每晚亮灯时间为 5 小时，除因供电原因外，乙方应当保证按时亮灯
审查意见	原稿约定的亮灯时间不具体，没有约定在哪个时间段亮灯，另外，既然约定了亮灯时间，又约定按时亮灯，实属多余
修改示范	第五条　亮灯时间 合同约定期限内，广告牌每晚亮灯时间为 5 小时：**为每天 18 点 30 分到 23 点 30 分**

（六）关于第六条

合同原稿	第六条　知识产权 乙方制作的广告作品，其知识产权归甲方所有，未经甲方书面同意，乙方不得使用，否则，乙方承担侵权责任
审查意见	原稿约定对乙方略有不公，乙方制作的广告，知识产权可以约定为甲方所有，但同时应当赋予乙方在特定范围内的使用权，彰显合同公平精神，且对甲方没有危害

修改示范	第六条　知识产权 *乙方受甲方委托制作的广告作品，其知识产权归甲方所有，未经甲方书面同意，乙方也不得用于商业用途，否则，乙方承担侵权责任*

（七）关于第七条

合同原稿	第七条　保密事项 双方在本协议履行过程中知悉的对方商业秘密，未经对方书面同意，不得向第三方披露，否则，承担违约责任
审查意见	原稿约定不全，遗漏保密期限
修改示范	第七条　保密事项 双方在本协议签订及履行过程中知悉的对方商业秘密，未经对方书面同意，不得向任何第三方泄露，否则，承担违约责任。**保密期限直至相关信息已经被合法公开**

（八）关于第八条

合同原稿	第八条　广告费用 甲方向乙方支付的全部费用为××元（大写）人民币。该费用为乙方完成本合同约定的各项工作的所有费用，甲方不再支付其他任何费用。 该费用由甲方在乙方安装完成后的3天以内一次性支付
审查意见	原稿虽然约定了全部费用，也表明全部费用为乙方完成本合同约定的各项工作的全部费用，但是各项工作的全部费用是否包括材料费、场地租赁费用、维护费用等项目并没有明确，容易产生争议
修改示范	第八条　广告费用 甲方向乙方支付的全部费用为××元（大写）人民币。该费用为乙方完成本合同约定的各项工作的所有费用，**包括但不限于广告制作费用、发布费用、场地租金、广告牌建设费、电费、维修维护费、场地租金、拆除费用以及其他费用**。 该费用由甲方在乙方安装完成后的3天以内一次性支付

（九）关于第九条

合同原稿	第九条　违约责任 乙方逾期完成制作与安装的，每逾期一天，按照合同约定总价款的1%支付违约金。甲方逾期支付报酬的。按照逾期部分1%的标准支付违约金。因乙方制作的广告牌存在质量问题或者广告安装存在的安全隐患问题，造成甲方、乙方或者第三方人身损害或者财产损失的，皆由乙方承担全部赔偿责任
审查意见	原稿约定的违约责任过于简单，没有根据违约情形分别设定违约责任，遗漏许多重要内容，需要补充约定
修改示范	第九条　违约责任 乙方逾期完成制作与安装的，每逾期一天，按照合同约定的总价款的1%支付违约金。 因乙方制作的广告牌存在质量问题或者广告安装存在的安全隐患问题，造成甲方、乙方或者第三方人身损害或者财产损失的，皆由乙方承担全部赔偿责任。 **乙方违反本合同第五条约定的，亮灯时间顺延，并且每日向甲方支付违约金××元。** **乙方未及时履行维修、拆除义务的，每日向甲方支付违约金××元。造成损失的，还需要赔偿损失。** 甲方逾期支付报酬的。按照逾期部分1%的标准支付违约金

（十）关于合同整体框架

1. 遗漏条款：广告维护与拆除

甲方的原意是，本合同乙方的工作，除了广告制作，还有安装、维护、拆除任务，广告费用也是按照这个意思支付的，而合同中没有看到广告维护与广告拆除的约定。属于重大遗漏。

2. 修改示范

增加合同条款，作为合同第九条，约定：

“第九条　广告安装、维护与拆除

“本合同广告牌在由乙方妥善安装后便由乙方进行日常维护，保持广告牌完好无损，内容清晰可见，如出现广告牌破损、字迹或者内容模糊，乙方应当及时修复，维护费用已经计算在报酬之内，甲方不再另行支付。

“甲方可以随时拆除本合同项下的广告，乙方应当在接到甲方拆除通知后3日内拆除完毕，拆除后的材料归甲方所有，费用由乙方承担。”

“拆除过程中，若造成乙方自身，或者造成甲方、第三方人身损害及财产损失的，均由乙方承担赔偿责任。”

其他条款依次后移。

三、广告合同修改意见稿

广告牌制作与服务协议（合同编号：20190909）

甲方：湖南××有限公司

住所：××××

法定代表人：李某某

联系方式：××××

统一社会信用代码：××××

乙方：湖南××建设有限公司

住所：××××

法定代表人：李某某

联系方式：××××

统一社会信用代码：××××

甲乙双方经充分协商，达成如下协议：

第一条　户外广告**材料**、规格、**形式要求**

广告牌为铝合金材料，规格6m×5m×3cm（长×宽×厚），全底板霓虹灯，共两块。*广告内容为某品牌冰箱广告（详见本合同附件）*。

第二条　制作期限与安装地点

乙方于××××年××月××日前完成制作，××××年××月××日前将广告牌运送至××市府星路天星花园3栋楼顶西侧，具体位置由甲方根据具体情况指定。

第三条　场地要求

甲方提供的场地内需要有使用方便的电源，电源与安装地点最长距离不超过150米。**否则，因此增加的费用由甲方负责**。

第四条　广告安全责任

乙方负责合同约定期限内的安全保障义务，避免发生安全事故。**否则，因此产生的一切责任由乙方承担**。

第五条　亮灯时间

合同约定期限内，广告牌每晚亮灯时间为5小时：**为每天18点30分到23点30分**。

第六条　知识产权

乙方受甲方委托制作的广告作品，其知识产权归甲方所有，未经甲方书面同意，乙方不得用于商业用途，否则乙方承担侵权责任。

第七条　保密事项

双方在本协议履行过程中知悉的对方商业秘密，未经对方书面同意，不得向任何第三方泄露，否则承担违约责任。**保密期限直至相关信息已经被合法公开。**

第八条　广告费用

甲方向乙方支付的全部费用为××元（大写）人民币。该费用为乙方完成本合同约定的各项工作的所有费用，**包括但不限于广告制作费用、发布费用、场地租金、广告牌建设费、电费、维修维护费、场地租金、拆除费用以及其他费用。**

该费用由甲方在乙方安装完成后的3天以内一次性支付。

第九条　广告安装、维护与拆除

本合同广告牌在由乙方妥善安装后由乙方进行日常维护，保持广告完好无损，内容清晰可见，如出现广告牌破损、字迹或者内容模糊，乙方应当及时修复，维护费用已经计算在报酬之内，甲方不再另行支付。

甲方可以随时拆除本合同项下的广告，乙方应当在接到甲方拆除通知后3日内拆除完毕，拆除后的材料归甲方所有，费用由乙方承担。

拆除过程中，若造成乙方自身，或者造成甲方、第三方人身损害及财产损失的，均由乙方承担赔偿责任。

第十条　违约责任

乙方逾期完成制作与安装的，每逾期一天，按照合同约定总价款的1%支付违约金。

因乙方制作的广告存在质量问题或者广告安装存在的安全隐患问题，造成甲方、乙方或者第三方人身损害或者财产损失的，皆由乙方承担赔偿责任。

乙方违反本合同第五条约定的，亮灯时间顺延，并且每日向甲方支付违约金××元。

乙方未及时履行维修、拆除义务的，每日向甲方支付违约金××元。造成损失的，还需要赔偿损失。

甲方逾期支付报酬的。按照逾期部分1%的标准支付违约金。

第十一条　争议处理

双方未尽事宜，可由双方协商解决，协商不成的，双方均可向乙方所在地人民法院提起诉讼。

第十二条　其他

本合同一式两份，自双方签字盖章之日起生效。双方封存签字的广告图纸为合同的组成部分，具有与合同相同的法律效力。

甲方：

乙方：

2019年××月××日

第七章　委托合同的审查与修改

第一节　委托合同的概念与主要特征

一、委托合同的概念

委托合同是委托人和受托人约定，由受托人处理委托人事务的合同。也就是说，合同一方付出的是劳务，处理另一方委托的事务，获得的可能是报酬，也可能没有报酬，而另一方可以支付报酬，获取的是另一方的劳务。

二、委托合同的主要特征

（一）委托合同是劳务合同的一种

劳务合同种类繁多，各种服务类合同均属于劳务合同。委托合同也是其中一种。《民法典》第919条规定："委托合同是委托人和受托人约定，由受托人处理委托人事务的合同。"所以，委托合同属于服务类合同，自然也是劳务合同的一种。

（二）委托合同的双方都可以随时解除合同

由于委托合同是基于当事人之间的相互信任而签订的合同，所以具有一定的人身依附关系，法律赋予当事人可以随时解除合同的权利。对于这一问题，《民法典》有相关规定。《民法典》第933条规定："委托人或者受托人可以随时解除委托合同。……"

（三）委托合同可以是有偿合同，也可以是无偿合同

《民法典》第933条规定："……无偿委托合同的解除方应当赔偿因解除

时间不当造成的直接损失，有偿委托合同的解除方应当赔偿对方的直接损失和合同履行后可以获得的利益。”因此，委托合同可以是无偿合同，也有可以是偿合同。

第二节　委托合同的框架审查与修改

一、委托合同的框架依据

（一）法律依据

《民法典》第470条规定：“合同的内容由当事人约定，一般包括下列条款：（一）当事人的名称或者姓名和住所；（二）标的；（三）数量；（四）质量；（五）价款或者报酬；（六）履行期限、地点和方式；（七）违约责任；（八）解决争议的方法。……”因此，一般合同应当包括如下框架：

序号	框架名称
1	双方主体名称
2	标的
3	数量
4	质量
5	价款
6	履行期限
7	履行地点
8	履行方式
9	违约责任
10	争议处理办法

《民法典》第919条规定：“委托合同是委托人和受托人约定，由受托人处理委托人事务的合同。”据此，委托合同除应当具有《民法典》第470条规定的框架外，还应当具有如下独特框架：

序号	框架名称
1	委托事务
2	报酬
3	委托要求
4	其他费用
5	转委托
6	任意解除权

（二）有关委托合同的交易实践依据

在委托合同的实际操作中，有许多交易习惯是行之有效的经验，值得我们在审查与修改合同时借鉴，比如独家代理、排他性条款，保密等条款。因此，在实践中，委托合同还可能存在如下框架：

序号	框架名称
1	独家代理
2	排他性条款
3	保密条款

二、委托合同的主要框架

根据《民法典》第470条的规定，结合《民法典》第919条的规定以及交易实践，委托合同的主要框架有：

序号	框架
1	合同主体
2	委托事务
3	委托要求
4	委托期限
5	排他性条款
6	转委托
7	独家代理
8	任意解除权

序号	框架
9	报酬
10	费用
11	违约责任
12	争议处理
13	其他

三、委托合同主要框架的审查与修改

1. 合同原稿

房地产销售代理合同（合同编号：20191201）

甲方：湖南××房地产开发有限公司

住所：××××

法定代表人：×××

联系方式：××××

乙方：湖南××有限公司

住所：××××

法定代表人：×××

联系方式：××××

甲乙双方在自愿平等的基础上，就乙方接受甲方委托，代理甲方销售房地产一事，达成如下协议：

第一条　委托事务

甲方将其位于怀化市某某地段某某花园的房屋，委托乙方销售。

第二条　委托期限

合同有效期为3年，从本合同签订之日起起算。

乙方自本合同签订之日起一年以内完成本合同约定销售总量的40%以上。第二年完成销售总量30%以上，第三年完成销售总量20%以上。

第三条　广告宣传

乙方负责对本合同约定的销售房屋进行广告宣传，广告方式由乙方自行决定，并且自行招聘、管理销售人员。

第四条　销售价格

乙方销售房屋的价格按照人民币5200元/平方米计算，不得私自提高或者降低房屋销售价格。

第五条　协助

甲方配合乙方各项工作，向乙方提供房屋的有关资料，向乙方提供有关销售辅导等，协助乙方建立销售部门。

第六条　佣金

甲方按照乙方销售房屋总价的5%向乙方支付佣金。

第七条　费用

乙方成立销售部门、进行广告宣传、制作有关文件等所有费用，均由乙方承担，甲方概不负责。

第八条　违约责任

任何一方违约，造成另一方损失的，承担赔偿责任。

第九条　争议处理

在合同履行过程中发生争议，可由双方协商解决，协商不成时，任何一方均可向甲方所在地人民法院提起诉讼。

第十条　其他

本合同共两页，一式两份，自双方签字盖章之日起生效。

甲方：

乙方：

2019年××月　××日

2. 审查原稿框架

审查原稿框架的主要目的，是看看原稿整体框架的情况，看看原稿都有什么框架，看看原稿框架之间有无重复，是否存在有矛盾或者不一致的地方。

序号	原稿条款内容	原稿框架
1	甲方：湖南××房地产开发有限公司 住所：×××× 法定代表人：××× 联系方式：×××× 乙方：湖南××有限公司 住所：×××× 法定代表人：××× 联系方式：××××	合同主体
2	第一条　委托事务 甲方将其位于怀化市某某地段某某花园的房屋，委托乙方销售	委托事务

序号	原稿条款内容	原稿框架
3	第二条　委托期限 合同有效期为3年，从本合同签订之日起起算。 乙方自本合同签订之日起一年以内完成本合同约定销售总量的40%以上。第二年完成约定销售总量30%以上，第三年完成约定销售总量20%以上	委托期限与任务
4	第三条　广告宣传 乙方负责对本合同约定的销售房屋进行广告宣传，广告宣传方式由乙方自行决定，并且自行招聘、管理销售人员	广告宣传
5	第四条　销售价格 乙方销售房屋的价格按照人民币5200元/平方米计算，不得私自提高或者降低房屋销售价格	委托要求
6	第五条　协助 甲方配合乙方各项工作，向乙方提供房屋的有关资料，向乙方提供有关销售辅导等，协助乙方建立销售部门	协助义务
7	第六条　佣金 甲方按照乙方销售房屋数量总价的5%向乙方支付佣金	佣金
8	第七条　费用 乙方成立销售部门、进行广告宣传、制作有关文件等所有费用，均由乙方承担，甲方概不负责	费用
9	第八条　违约责任 任何一方违约，造成另一方损失的，承担赔偿责任	违约责任
10	第九条　争议处理 在合同履行过程中发生争议，可由双方协商解决，协商不成时，任何一方均可向甲方所在地法院提起诉讼	争议处理

3. 对比原稿框架

将原稿框架与一般委托合同框架进行对比的目的，是看看原稿有什么框架，与一般委托合同框架相比，又缺少什么框架。如果缺少某个框架，是否需要增加，如果不增加对本合同有什么影响。我们如果不把一般委托合同的框架与本合同框架进行对比，就难以发现本合同缺少什么框架，进而难以发现本合同还有什么框架需要增加。即使我们不列表对比，起码心中要有一个借款合同框架来用以对比。

通过将一般委托合同框架与本合同框架进行对比，我们可以得到如下的委托合同框架对比表：

序号	委托合同一般框架	原稿框架	对比结果
1	合同主体	合同主体	
2	委托事务	委托事务	
3	委托要求	委托要求	
4	委托期限	委托期限	
5	排他性条款	排他性条款	
6	转委托	转委托	
7	独家代理		缺少
8	任意解除权		缺少
9	报酬	报酬	
10	费用	费用	
11	违约责任	违约责任	
12	争议处理	争议处理	
13	其他	其他	

4. 原稿框架审查与修改

(1) 审查主体。

代表乙方（这里假设为乙方审查）。

合同地位：受托人。

(2) 审查意见。

对于受托人而言，在将原稿框架与一般委托合同的框架相比较之后，可以发现缺少下列框架：

○佣金的支付期限。

○独家代理。

○任意解除权。

①“佣金的支付期限”没有明确。

佣金是乙方的核心利益，而支付期限又是佣金获取的重要保障，如果只有佣金的计算方法，而没有佣金的支付期限，那么佣金条款无疑是水中月、镜中花。所以，合同必须就佣金的支付期限进行约定。

②“独家代理”没有约定。

如果甲方在乙方销售过程中，同时委托他人销售本合同约定的房屋，将严重影响乙方销售目标的实现，对乙方十分不利。所以建议乙方增加独家代理条款，以保护乙方销售目标的顺利实现。

③没有约定“任意解除”的后果。

根据法律规定，委托合同的委托方受托方都可以随时解除合同，所以，如果甲方在合同履行过程中可以随时解除合同，那么乙方的合同利益将受到重大损失。综上所述，建议乙方在合同中增设“任意解除”条款，以求保护乙方的合同利益。

（3）修改示范。

①在合同中增加一条：

“甲方应当于每月 15 日前向乙方支付上月佣金，支付的佣金金额以上月最后一日由乙方汇入甲方指定银行账户的销售额为核算依据。”

②增加“独家代理”条款，如约定：

“乙方为本合同房屋销售的独家代理商，甲方承诺不再委托乙方以外的任何一方销售该范围内的房屋。违反该约定的，乙方可以解除合同，并且视为乙方已经完成合同约定的全部销售任务，由甲方向乙方支付本合同约定的全部佣金。”

③增加“任意解除”条款，约定：

“如果甲方解除本合同的，视为乙方已经完成合同约定的全部销售任务，由甲方向乙方支付本合同约定的全部佣金。”

第三节 委托合同具体条款的审查与修改

一、委托合同主体条款的审查与修改

（一）委托合同主体条款的审查要点

该条款主要有以下审查要点：

○当事人名称与姓名表述是否规范。

○当事人信息是否完备。

○受托人是否具备委托事项处理的资格或者能力。

受托人除了需要具备一般合同主体资格外，一般还需要具有委托人要求的技能或者资格，比如委托人需要销售产品的，一般需要委托具有销售经验的单位或者个人。如果是委托人需要会计核算服务的，一般需要委托会计师事务所。

（二）委托合同主体条款审查与修改示例

下面结合一个具体示例，进一步了解在实务中应如何对委托合同主体条款进行审查与修改。

合同原稿	《委托合同》（合同编号：20191101） 甲方：湖南××房地产开发有限公司 住所：×××× 乙方：湖南××会计师事务所 住所：××××
审查主体	代表甲方
审查意见	甲方在委托的时候，看中的是该会计师事务所的注册会计师王××，因此，为了防止该会计师不参与本合同委托事务，合同应当明确约定该会计师为本合同甲方的指定会计师。 有关指定会计师的内容可以在委托要求中约定，也可以在主体一栏约定。但是不管在合同的哪一部分约定，合同还应当进一步约定乙方违反该约定的违约责任

修改示范	《委托合同》(合同编号：20191101) 甲方：湖南××房地产有限公司 住所：×××× **法定代表人：×××** **银行账户：××××** **统一社会信用代码：××××** **联系方式：××××** 乙方：湖南××会计师事务所 住所：×××× **法定代表人：×××** **银行账号：××××** **统一社会信用代码：××××** **联系方式：××××** **乙方承诺，甲方指定的会计师王××、李××为本合同委托事务的直接负责人，全程参与本合同约定的委托事务，否则，甲方可以随时解除合同，一切损失由乙方承担**

二、委托事务条款的审查与修改

(一) 委托事项条款的审查要点

该条款主要有以下审查要点：

○委托事务是否明确。

○委托权限是否明确。

○委托期限是否明确。

○委托事务是否合法。

委托事务实际上就是委托合同的标的，是委托人对价购买的部分。一般分成两部分：一部分是委托人委托受托人所做的事务，如委托他人销售；另一部分是行为对象，即销售什么，如销售房屋。对于委托事务，《民法典》第920条规定："委托人可以特别委托受托人处理一项或者数项事务，也可以概括委托受托人处理一切事务。"因此，委托事务可以是一项，也可以是数项，可以特别委托，也可以概括委托。但是无论哪种委托，委托事务均需合法。

（二）委托事务条款审查与修改示例

下面结合一个具体示例，进一步了解在实务中应如何对委托事务条款进行审查与修改。

合同原稿	房地产销售代理合同（合审字：20191201） 第一条　委托事项 甲方将其位于怀化市某某地段某某花园的房屋，委托乙方销售
审查主体	代表甲方
审查意见	原稿对于委托事项的范围约定不明确，即乙方代理销售什么范围的房屋，合同没有明确
修改示范	房地产销售代理合同（合审字：20191201） 第一条　委托事项 甲方位于怀化市某某地段某某花园的房屋，*从第一栋到第三栋，共120套住房*，甲方委托乙方销售

三、委托要求条款的审查与修改

（一）委托要求条款的主要内容

委托要求条款是委托合同的核心条款，既是判断受托人是否完成委托事项的标准，也是委托人支付委托报酬的依据。因此，该条款不可或缺，其内容一般包括：

○委托事务是否由受托人独自完成。

○委托事务的完成标准。

○委托事务的期限。

○未完成委托事务的处理办法。

一般情况下，完成委托事务，才可能获得佣金，而完成委托事务的要求与标准，双方可以约定，如约定：

○价格标准，如房屋销售价格应当在7000元/平方米。

○数量标准，如房屋销售量为每年200套以上。

○期限标准，如房屋在四年内全部销售完毕。

○独立完成标准，如亲自完成所有房屋销售。

（二）委托要求条款的审查要点

主要审查委托要求条款的内容是否约定全面，有没有遗漏，如果没有约定，或者约定不全面，法律还有哪些相应规定，这些法律规定是否符合当事人的合同目的。

在审查委托要求时，有以下法律规定需要我们参考：

《民法典》第922条规定："受托人应当按照委托人的指示处理委托事务。需要变更委托人指示的，应当经委托人同意；因情况紧急，难以和委托人取得联系的，受托人应当妥善处理委托事务，但是事后应当将该情况及时报告委托人。"

《民法典》第923条规定："受托人应当亲自处理委托事务。经委托人同意，受托人可以转委托。转委托经同意或者追认的，委托人可以就委托事务直接指示转委托的第三人，受托人仅就第三人的选任及其对第三人的指示承担责任。转委托未经同意或者追认的，受托人应当对转委托的第三人的行为承担责任；但是，在紧急情况下受托人为了维护委托人的利益需要转委托第三人的除外。"

《民法典》第924条规定："受托人应当按照委托人的要求，报告委托事务的处理情况。委托合同终止时，受托人应当报告委托事务的结果。"

（三）委托要求条款审查与修改示例

下面结合一个具体示例，进一步了解在实务中应如何对委托要求条款进行审查与修改。

合同原稿	《销售合同》（合同编号：20191001） 第三条　委托要求 乙方承诺，第一年销售房屋100套以上，第二年销售房屋120套以上，第三年销售房屋120套以上，第四年销售房屋100套以上。上述房屋销售价格均不得低于7000.00元/平方米
审查主体	代表甲方
审查意见	原稿没有约定销售期限的起算日，同时，原稿没有约定在未完成销售任务的情况下如何处理的情形

修改示范	《销售合同》（合同编号：20191001） 第三条　委托要求 *乙方承诺，自合同签订之日起，第一年销售房屋100套以上，第二年销售房屋120套以上，第三年销售房屋120套以上，第四年销售房屋100套以上。上述房屋由乙方亲自销售，销售价格均不得低于7000.00元/平方米。若乙方销售价格低于前述标准的，由乙方补偿该差价部分。若乙方没有完成其中前三期销售任务的，甲方有权委托第三方销售*

四、转委托条款的审查与修改

（一）转委托条款的审查要点

转委托条款实际上是委托要求条款的一个组成部分，但是如果转委托事项需要特别强调的话，便可将此事项作为一个独立条款专门约定。

是否允许受托人转委托，委托人应当充分考虑，因为此事涉及到委托事务的质量与进度。如果委托事务专业性比较强，应当考虑禁止转委托，否则损失可能会由委托人自己承担。如果没有约定转委托事项，则受托人在一般情况下不得转委托，但是为了委托人的利益例外。如果约定可以转委托，受托人仅就第三人的选任及其对第三人的指示承担责任。

对于转委托的问题，《民法典》第923条规定：“受托人应当亲自处理委托事务。经委托人同意，受托人可以转委托。转委托经同意或者追认的，委托人可以就委托事务直接指示转委托的第三人，受托人仅就第三人的选任及其对第三人的指示承担责任。转委托未经同意或者追认的，受托人应当对转委托的第三人的行为承担责任；但是，在紧急情况下受托人为了维护委托人的利益需要转委托第三人的除外。”

（二）转委托条款审查与修改示例

下面结合一个具体示例，进一步了解在实务中应如何对转委托条款进行审查与修改。

合同原稿	《销售合同》（合同编号：20191001） 第五条　亲自完成 受托人必须亲自完成委托事务，不得委托他人

审查主体	代表甲方
审查意见	原稿约定不全，没有约定违反转委托约定的后果
修改示范	《销售合同》（合同编号：20191001） 第五条　亲自完成 *合同所有委托事务，受托人必须亲自完成，非经委托人同意不得委托他人，违反前述约定的，委托人可以解除合同，损失由受托人承担*

五、排他性条款的审查与修改

（一）排他性条款的审查要点

该条款主要有以下审查要点：

○是否约定排他性条款。

○排除范围有哪些。

○违反排他性约定的后果。

在有些委托合同中，受托人接受委托后，还接受了其他同行业的委托事务，与本合同约定委托事务产生冲突。为了排除同行业的恶性竞争，避免委托合同的受托人接受两位以上委托人委托的委托事务，委托合同中往往会约定排他性条款，禁止受托人在办理本委托事务的同时处理相同或者类似事务。如果受托人违反该约定，委托人可以采取相应救济措施。

（二）排他性条款审查与修改示例

下面结合一个具体示例，进一步了解在实务中应如何对排他性条款进行审查与修改。

合同原稿	《委托销售合同》（合同编号：20191101） 第七条 乙方不得代理销售与本合同销售产品相同或者类似产品
审查主体	代表甲方
审查意见	原稿仅仅约定乙方不得代理销售同类产品，而没有约定乙方本人也不得经营销售；同时，原稿没有约定约束期限

修改示范	《委托销售合同》（合同编号：20191101） 第七条 **在合同销售期内，以及本合同终止后两年内，乙方不得代理任何第三方销售或者自己经营销售与本合同相同的或者类似的产品**

六、独家代理条款的审查与修改

（一）独家代理条款的审查要点

该条款主要有以下审查要点：

○是否明确为独家代理。

○违反独家代理约定的后果。

如果说，排他性条款是禁止受托人同时接受相同委托事务的话，那么，独家代理条款是禁止委托人将同一委托事务委托给两个以上的受托人处理。如果委托合同约定委托人可以委托受托人之外的第三人处理委托事务，那么，受托人处理委托事务就增加了难度，对受托人完成委托事务极其不利。所以，有些受托人会在合同中明确自己独家代理的地位，不允许委托人另行委托他人处理委托事务。否则，受托人可以请求赔偿。《民法典》第931条规定："委托人经受托人同意，可以在受托人之外委托第三人处理委托事务。因此造成受托人损失的，受托人可以向委托人请求赔偿损失。"因此，如果委托合同没有约定是否为独家代理的，那么按照法律规定，受托人为独家代理。

（二）独家代理条款审查与修改示例

下面结合一个具体示例，进一步了解在实务中应如何对独家代理条款进行审查与修改。

合同原稿	委托服务合同（合审字：20201030） 第五条　乙方为甲方代理销售房屋，在合同期内，甲方不得委托乙方以外的任何第三方处理委托事务
审查主体	代表甲方

审查意见	原稿对于独家代理的范围约定不明确，那乙方是代理销售什么范围的房屋，合同没有明确
修改示范	委托服务合同（合审字：20201030） *第五条　乙方为甲方代理商，代为销售××花园第二栋的所有房屋。在委托期限内，甲方不得委托乙方以外的任何第三方处理该委托事务*

七、费用条款的审查与修改

（一）费用条款的主要内容

费用条款如果没有约定，或者约定不明确，费用则由委托人承担。该条款一般约定如下内容：

○费用范围。

○费用负担。

○费用结算方式。

如果处理委托事务产生的费用种类较多，委托合同可以明确约定费用范围，可以明确约定费用的结算方式。是约定受托人先行垫付，还是约定委托人先行预付；如果是约定委托人先行预付的，预付多少，如何预付，也需要约定；如果是约定受托人先行垫付的，如何垫付，垫付费用的利息如何计算，也要约定。当然，合同也可以约定将全部费用包含在报酬里面，委托人不再另行支付。《民法典》第921条规定："委托人应当预付处理委托事务的费用。受托人为处理委托事务垫付的必要费用，委托人应当偿还该费用并支付利息。"因此，如果双方没有约定，受托人为处理委托事务垫付的费用，委托人是应该偿还该费用并支付利息的。

（二）费用条款审查与修改示例

下面结合一个具体示例，进一步了解在实务中应如何对费用条款进行审查与修改。

合同原稿	《委托合同》（合同编号：20201101） 第十条　甲方需向乙方支付因履行委托事务而垫付的各种费用

审查主体	代表乙方
审查意见	首先，原稿漏项，没有约定费用支付的期限。其次，费用范围比较笼统，没有细化。建议对于本合同费用范围采取概括加列举表述，避免漏项
修改示范	《委托合同》（合同编号：20201101） 第十条　甲方需向乙方支付因履行委托事务而垫付的各种费用，**包括但不限于委托期间因处理委托事务产生的交通费、餐饮费、住宿费，以及代为垫付的其他各种费用。甲方需于上述费用产生之日起7日内支付**

八、报酬条款的审查与修改

（一）报酬条款的主要内容

报酬是委托合同的核心条款，一般具有如下内容：

○报酬计算方法。

○报酬支付方式。

○逾期支付报酬的后果。

报酬条款一般与委托要求挂钩，委托事务完成圆满，委托人支付全部报酬，委托事务部分完成，支付的报酬相应减少，有的甚至不支付报酬。虽然法律规定因不可归责于受托人的事由致使委托事务不能完成的，委托人也应当向受托人支付相应的报酬。但法律同时规定，当事人另有约定的，按照其约定。对于这一问题，《民法典》第928条规定："受托人完成委托事务的，委托人应当按照约定向其支付报酬。因不可归责于受托人的事由，委托合同解除或者委托事务不能完成的，委托人应当向受托人支付相应的报酬。当事人另有约定的，按照其约定。"

（二）报酬条款审查与修改示例

下面结合一个示例，进一步了解在实务中应如何对报酬条款进行审查与修改。

合同原稿	《委托销售合同》（合同编号：20200712） 第八条　乙方完成本合同甲方委托的委托事务，甲方按照乙方已销售总额的 3% 向乙方支付佣金
审查主体	代表甲方
审查意见	原稿约定不全，双方的本意是如果乙方没有全部完成甲方委托事务的，支付佣金的比例下调，如果乙方完成的事务不足合同约定的委托事务总数 50% 以上的，甲方不支付乙方任何佣金，还可能需要乙方承担违约责任。而合同原稿没有体现当事人这一意思，需要补充
修改示范	《委托销售合同》（合同编号：20200712） 第八条　乙方完成本合同甲方委托的事务，甲方按照乙方已销售总额的 3% 向乙方支付佣金。**乙方未全部完成本合同甲方委托事务的，甲方按照乙方已销售总额 2% 向乙方支付佣金。乙方未完成本合同约定的委托事务总数 50% 以上的，甲方不向乙方支付任何佣金**

九、任意解除权条款的审查与修改

（一）任意解除权条款的审查要点

该条款主要有以下审查要点：

○是否约定了任意解除权。

○是否排除任意解除权。

○是否约定了损失范围。

对于任意解除权问题，《民法典》第 933 条规定："委托人或者受托人可以随时解除委托合同。因解除合同造成对方损失的，除不可归责于该当事人的事由外，无偿委托合同的解除方应当赔偿因解除时间不当造成的直接损失，有偿委托合同的解除方应当赔偿对方的直接损失和合同履行后可以获得的利益。"根据该法律规定，委托合同双方均可以随时解除合同，造成对方损失的应当承担赔偿责任。赔偿范围明确规定为直接损失和合同履行后可以获得的利益。

由于法律规定委托合同双方可以随时解除合同，因此，实践中很多委托合同约定，任何一方不得解除合同，这种做法与法律规定相违背。那么，这种约定是否有效，实践中容易产生争议，多半会被确认为无效。因此，在约定双方不得解除合同的同时，还需要进一步约定，如果一方解除合同的，视为另一方已经按照约定履行合同，解约方应按照约定标准赔偿对方全部损失。

（二）任意解除权条款审查与修改示例

下面结合一个具体示例，进一步了解在实务中应如何对任意解除条款进行审查与修改。

合同原稿	《委托合同》（合同编号：20201201） 第十二条　合同签订后，甲乙双方均不得解除合同。否则，赔偿另一方全部损失
审查主体	代表乙方
审查意见	《民法典》第933条明确规定双方可以随时解除合同，所以，该约定可能无效，在约定不得解除合同的同时，还应当同时约定因此造成的损失范围
修改示范	《委托合同》（合同编号：20201201） 第十二条　合同签订后，甲乙双方均不得解除合同，**乙方因解除合同造成甲方损失的，乙方应当赔偿，甲方解除合同的，视为乙方已经履行完成本合同所有委托事务，甲方应当按照本合同第××条支付乙方全部佣金**

十、违约责任条款的审查与修改

（一）违约责任条款的主要内容

委托合同的违约责任条款一般具有如下内容：

1. 委托人的违约情形下应当具备的内容

○违反独家代理条款的。

○擅自解除合同的。

○未按照约定期限支付报酬的。

○未按照约定方式结算有关费用的。

2. 受托人的违约情形下应当具备的内容

○违反排他性条款的。

○擅自解除合同的。

○未按照委托人的要求完成委托事务的。

○未按照约定的期限完成委托事务的。

因此，违约责任应根据以上情形设定。

（二）违约责任条款审查与修改示例

下面我们结合一个示例，进一步了解在实务中应如何进行对违约责任条款的审查与修改。

合同原稿	《委托销售合同》（合同编号：20191101） 甲方委托受托人以外的第三人处理委托事务的，乙方可以解除合同，并且要求甲方支付合同约定的全部佣金；甲方擅自解除合同的，视为乙方完成全部委托事务，甲方应向乙方支付合同约定的全部佣金；甲方逾期支付佣金的，每逾期一日，向乙方支付逾期佣金金额万分之五的违约金。 乙方擅自解除合同的，赔偿甲方因此受到的一切损失；乙方未完成任何一期委托事务的，甲方可以解除合同
审查主体	代表甲方
审查意见	原稿没有根据违约情形设定违约责任：在合同原稿第7条约定，“乙方在合同销售期内，以及本合同终止后两年内，乙方不得代理任何第三方销售或者自己经营销售与本合同相同的或者类似的产品”。而本合同对该情形没有约定相应的违约责任
修改示范	《委托销售合同》（合同编号：20191101） 甲方委托受托人以外的第三人处理委托事务的，乙方可以解除合同，并且要求甲方支付合同约定的全部佣金；甲方擅自解除合同的，视为乙方完成全部委托事务，甲方应向乙方支付合同约定的全部佣金；甲方逾期支付佣金的，每逾期一日，向乙方支付逾期佣金金额万分之五的违约金。 乙方擅自解除合同的，赔偿甲方因此受到的一切损失；乙方未完成任何一期委托事务的，甲方可以解除合同。 **乙方违反合同第七条约定的，甲方可以解除合同，并且有权要求乙方按照本合同总额的5%向甲方支付违约金**

第四节　委托合同的综合审查与修改示例

下面结合一个具体示例，进一步了解在实务中应如何对委托合同进行审查与修改。

一、委托合同原稿

房地产销售代理合同（合同编号：20191201）

甲方：湖南××房地产开发有限公司

住所：××××

法定代表人：×××

联系方式：××××

乙方：湖南×××经纪有限公司

住所：××××

法定代表人：×××

联系方式：××××

甲乙双方在自愿平等的基础上，就乙方接受甲方委托，代理甲方销售房地产一事，达成如下协议：

第一条　委托事务

甲方将其位于怀化市某某地段某某花园的房屋，委托乙方销售。

第二条　委托期限

本合同有效期为3年，自本合同签订之日起起算。

乙方需自本合同签订之日起一年以内完成本合同约定的销售总量的40%以上。第二年完成销售总量30%以上，第三年完成销售总量20%以上。

第三条　广告宣传

乙方负责对本合同约定的销售房屋进行广告宣传，广告方式由乙方自行决定，并且自行招聘、管理销售人员。

第四条　销售价格

乙方销售房屋的价格按照人民币5200元/平方米计算，不得私自提高或者降低销售房屋价格。

第五条　协助

甲方配合乙方各项工作，向乙方提供房屋有关的资料，向乙方提供有关销售辅导等，协助乙方建立销售部门。

第六条　佣金

甲方按照乙方销售房屋数量总价款的5%向乙方支付佣金。甲方逾期支付佣金的，每日按照逾期金额的千分之三向乙方支付违约金。

第七条　费用

乙方成立销售部门、进行广告宣传、制作有关文件等所有费用，均由乙方承担，甲方概不负责。

第八条　违约责任

任何一方违约，造成另一方损失的，承担赔偿责任。

第九条　争议处理

在合同履行过程中发生争议，可由双方协商解决，协商不成时，任何一方均可向甲方所在地人民法院提起诉讼。

第十条　其他 本合同共两页，一式两份，自双方签字盖章之日起生效。 甲方： 乙方： 2019 年 × ×月 × ×日

二、委托合同修改过程稿（这里代表委托人一方，与框架审查代表主体不一）

（一）关于第一条

合同原稿	第一条　委托事务 甲方将其位于怀化市某某地段某某花园的房屋，委托乙方销售
审查意见	委托事项可以再具体一些。合同双方的真实意思也是乙方只销售该花园的部分房屋，因此需要明确销售范围
修改示范	第一条　委托事务 *甲方位于怀化市某某地段某某花园的房屋，从第一栋到第三栋，共120套住房，甲方委托乙方销售*

（二）关于第二条

合同原稿	第二条　委托期限 本合同有效期为 3 年，自本合同签订之日起起算。 乙方需自本合同签订之日起一年以内完成本合同约定销售总量的 40%以上。第二年完成销售总量 30% 以上，第三年完成销售总量 20% 以上
审查意见	标题与内容不一致，内容范围超出标题范围。标题中只有委托合同的委托期限，而条款内容不仅有委托期限，还有委托要求。为了合同严谨，要么增加标题内容，要么将条款中有关委托要求的内容转移出去，另行表述。另外，本合同没有单独的违约责任，这里约定了违约情形，却没有约定相应的违约责任
修改示范	第二条　委托期限**与委托要求** 本合同有效期为 3 年，自本合同签订之日起起算。乙方需自本合同签订之日起一年以内完成本合同约定房屋销售量的 40% 以上。第二年完成销售量的 30% 以上，第三年完成销售量的 20% 以上。**如果乙方未完成任何一期销售量，甲方可以解除合同**。 或者拆分为两个条款，分别作为第二条与第三条，并且在第三条增加

	违约责任，如： 第二条　委托期限 本合同有效期为3年，自本合同签订之日起起算。 第三条　委托要求 乙方需自本合同签订之日起一年以内完成本合同约定房屋销售量的40%以上。第二年完成销售量的30%以上，第三年完成销售量的20%以上，**如果乙方未完成任何一期销售量，甲方可以解除合同，并且另行委托他人销售或者自行销售。并且乙方向甲方支付未销售部分10%的违约金**

（三）关于第四条

合同原稿	第四条　销售价格 乙方销售房屋的价格按照人民币5200元/平方米计算，不得私自提高或者降低销售房屋价格
审查意见	此处仅约定了销售价格的标准，而没有约定违反该标准的后果是什么。即没有约定违约责任
修改示范	第四条　销售价格 乙方销售房屋的价格按照人民币5200元/平方米计算，不得私自提高或者降低销售房屋价格。**低于前述约定的，由乙方补足差额；高于前述约定的，乙方按照其提高的价格向甲方承担违约责任**

（四）关于第六条

合同原稿	第六条　佣金 甲方按照乙方销售房屋数量总价的5%向乙方支付佣金。甲方逾期支付佣金的，每日按照佣金金额的千分之三向乙方支付违约金
审查意见	原稿约定："甲方按照乙方销售房屋数量总价的5%向乙方支付佣金。"在"乙方"后面少了一个"已"字，一字之差，形成歧义。乙方可以理解为，佣金是按照合同约定销售部分的总价款的比例支付；而甲方则理解为，是按照乙方实际已经销售的总价款的比例支付。同时，原稿约定不全，如果乙方没有全部完成甲方委托销售事务的，是否也是按照这个比例支付佣金呢？不是，双方协商时明确表示，未完成委托事项的，佣金比例减少或者不支付佣金。这个意思，应当在合同中予以明确
修改示范	第六条　佣金 甲方按照乙方已销售房屋总价款的5%向乙方支付佣金。**如果乙方未全部完成本合同甲方委托事务的，甲方按照乙方已销售房屋总价款的2%向乙方支付佣金。但乙方未完成本合同约定的委托事务总价款50%的，甲**

	方不向乙方支付任何佣金。 甲方逾期支付佣金的，每日按照逾期金额的千分之三向乙方支付违约金

三、委托合同修改意见稿

房地产销售代理合同（合同编号：20191201）

甲方：湖南××房地产有限公司

住所：××××

法定代表人：×××

联系方式：××××

乙方：湖南×××经纪有限公司

住所：××××

法定代表人：×××

联系方式：××××

甲乙双方在自愿平等的基础上，就乙方接受甲方委托，代理甲方销售房地产一事，达成如下协议：

第一条　委托事务

甲方位于怀化市某某地段某某花园的房屋，从第一栋到第三栋，共120套住房，甲方委托乙方销售。

第二条　委托期限**与委托要求**

本合同有效期为3年，自本合同签订之日起起算。乙方需自本合同签订之日起一年以内完成本合同约定房屋销售量的40%以上。第二年完成销售量的30%以上，第三年完成销售量的20%以上。**如果乙方未完成任何一期销售量，甲方可以解除合同**。

第三条　广告宣传

乙方负责本合同约定的销售房屋广告宣传，广告方式由乙方自行决定，并且自行招聘、管理销售人员。

第四条　销售价格

乙方销售房屋的价格按照人民币5200元/平方米计算，不得私自提高或者降低销售房屋价格。**低于前述约定的，由乙方补足差额；高于前述约定的，乙方按照其提高的价格向甲方承担违约责任**。

第五条　协助

甲方配合乙方各项工作，向乙方提供与房屋有关的资料，向乙方提供有关销售辅导等，协助乙方建立销售部门。

第六条　佣金

甲方按照乙方已销售房屋总价款的5%向乙方支付佣金。**如果乙方未全部完成本合同甲方委托事务的，甲方按照乙方已销售房屋总价款的2%向乙方支付佣金**。**但乙方未**

完成本合同约定的委托事务总价款50%的，甲方不支付乙方任何佣金。

甲方逾期支付佣金的，每日按照逾期金额的千分之三向乙方支付违约金。

第七条　费用

乙方成立销售部门、进行广告宣传、制作有关文件等所有费用，均由乙方承担，甲方概不负责。

第八条　违约责任

任何一方违约，造成另一方损失的，承担赔偿责任。

第九条　争议处理

在合同履行过程中发生争议，可由双方协商解决，协商不成的，任何一方均可向甲方所在地人民法院提起诉讼。

第十条　其他

本合同共两页，一式两份，自双方签字盖章之日起生效。

甲方：

乙方：

2019年××月××日

第八章　承揽合同的审查与修改

第一节　承揽合同的概念与主要特征

一、承揽合同的概念

承揽合同是指承揽人按照定作人的要求完成工作，交付工作成果，定作人支付报酬的合同。承揽包括加工、定作、修理、复制、测试、检验等工作。

二、承揽合同的主要特征

（一）承揽合同是劳务与成果相结合的合同

根据《民法典》第 770 条的规定，承揽合同是承揽人按照定作人的要求完成工作，并且交付工作成果的合同。因此，承揽合同可以说是劳务与成果相结合的合同，这也是承揽合同与其他劳务性合同的主要区别。

（二）承揽合同的种类多种多样

承揽包括加工、定作、修理、复制、测试、检验等工作。

（三）承揽合同具有一定的人身依附性

《民法典》第 772 条规定："承揽人应当以自己的设备、技术和劳力，完成主要工作，但是当事人另有约定的除外。……"因此，承揽合同具有一定的人身依附性。

（四）承揽合同的定作人可以随时解除合同

委托合同的双方当事人可以随时解除合同，而承揽合同，法律仅赋予定作人在完成工作前有随时解除合同的权利。这主要是基于合同交易目的作出的考量。对于这一问题，《民法典》第787条规定："定作人在承揽人完成工作前可以随时解除合同，造成承揽人损失的，应当赔偿损失。"

第二节　承揽合同的框架审查与修改

一、承揽合同主要框架的依据

审查合同，首先需要从整体上入手，看看本合同主要有哪些基本条款，与同类合同相比，本合同缺少哪些条款，多出哪些条款，要有一个总体把握。承揽合同主要有下列依据：

（一）法律依据

《民法典》第470条规定："合同的内容由当事人约定，一般包括下列条款："（一）当事人的名称或者姓名和住所；（二）标的；（三）数量；（四）质量；（五）价款或者报酬；（六）履行期限、地点和方式；（七）违约责任；（八）解决争议的方法。……"因此，一般合同应当包括如下框架：

序号	框架名称
1	双方主体名称
2	标的
3	数量
4	质量
5	价款
6	履行期限
7	履行地点
8	履行方式
9	违约责任
10	争议处理办法

《民法典》第770条规定："承揽合同是承揽人按照定作人的要求完成工作，交付工作成果，定作人支付报酬的合同。……"《民法典》第771条规

定："承揽合同的内容一般包括承揽的标的、数量、质量、报酬，承揽方式，材料的提供，履行期限，验收标准和方法等条款。"据此，承揽合同除应当具有《民法典》第470条规定的框架外，还应当具有如下独特框架：

序号	框架名称
1	承揽的标的
2	报酬
3	承揽方式
4	材料的提供
5	验收标准
6	验收方法

（二）有关承揽合同的交易实践依据

在实践中，承揽合同中有许多交易习惯是行之有效的经验，值得我们在审查与修改合同的时候借鉴，比如包工包料、支付定金等条款。因此，实践中，承揽合同还可能存在如下框架：

序号	框架名称
1	定金
2	知识产权
3	保密

二、承揽合同的主要框架

按照《民法典》第470条、第771条的规定，结合当事人有关需要，承揽合同的主要框架有：

序号	框架名称
1	合同主体
2	承揽方式
3	材料提供
4	工作成果
5	履行期限、地点

序号	框架名称
6	质量标准
7	验收方法
8	定金
9	报酬
10	知识产权
11	合同解除
12	违约责任
13	争议处理

三、承揽合同主要框架的审查与修改

下面结合一个具体示例，进一步了解在实务中应如何对承揽合同的主要框架进行审查与修改。

1. 合同原稿

长筒靴定制合同（合同编号：20191109）
甲方：湖南××环保有限公司
住所：××××
法定代表人：×××
联系人：×××
乙方：怀化××鞋厂
住所：××××
负责人：×××
因甲方需要一定数量用于湿地工作的特制工作靴，故甲乙双方经友好协商，达成如下协议：
第一条　长筒靴
男女长筒靴：150双。
第二条　质量标准
甲乙双方共同封存男女服装样品各一套，质量必须符合样品标准。
第三条　工作要求
本合同全部工作均由乙方单独完成，不得委托他人协助完成。
第四条　成果交付
自本合同签订之日起50天内交货。

第五条　验收

货到甲方办公地点后，由甲乙双方共同比对样品与约定，进行验收，如有质量问题，甲方应当当场提出。

第六条　报酬

男式长筒靴：每双300.00元。

女式长筒靴：每双400.00元。

总价款：50,000.00元。

第七条　结算

乙方预付3000元定金，报酬在交货时经检验合格后一次性结清。

第八条　违约责任

乙方逾期交货的，按照逾期交货金额的千分之二支付违约金。

甲方逾期支付报酬的，按照逾期支付金额的千分之二支付违约金。

第九条　管辖

双方未尽事宜，可由双方协商解决，协商不成，双方均可向乙方所在地人民法院提起诉讼。

第十条

本合同一式两份，自双方签字盖章之日起生效。双方封存签字的服装图纸为本合同的组成部分，与本合同具有相同的法律效力。

甲方：

乙方：

2019年11月××日

2. 审查原稿框架

审查原稿框架的主要目的是看看原稿整体内容情况，看看原稿都有什么框架，看看原稿框架之间有无重复，是否存在有矛盾或者不一致的地方。

序号	原稿条款内容	得出原稿框架
1	甲方：湖南××环保有限公司 住所：×××× 法定代表人：××× 联系人：××× 乙方：怀化××鞋厂 住所：×××× 负责人：×××	合同主体
2	第一条　长筒靴 男女长筒靴：150双	工作成果

序号	原稿条款内容	得出原稿框架
3	第二条　质量标准 甲乙双方共同封存男女服装样品各一套，质量必须符合样品标准	质量标准
4	第三条　工作要求 本合同全部工作均由乙方单独完成，不得委托他人协助完成	承揽方式
5	第四条　成果交付 自本合同签订之日起 50 天内交货	交付
6	第五条　验收 货到甲方办公地点后，由甲乙双方共同比对样品与约定，进行验收，如有质量问题，甲方应当当场提出	验收方法
7	第六条　报酬 男式长筒靴：每双 300.00 元。 女式长筒靴：每双 400.00 元。 总价款：50,000.00 元	报酬
8	第七条　结算 乙方预付 3000 元定金，报酬在交货时经检验合格后一次性结清	结算方式
9	第八条　违约责任 乙方逾期交货的，按照逾期交货金额的千分之二支付违约金。 甲方逾期支付报酬的，按照逾期支付金额的千分之二支付违约金	违约责任
10	第九条　管辖 双方未尽事宜，可由双方协商解决，协商不成，双方均可向乙方所在地法院提起诉讼	争议处理

3. 对比原稿框架

将原稿框架与一般承揽合同框架进行对比的作用，是看看原稿有什么框架，与一般承揽合同相比，缺少什么框架。如果缺少某个框架，是不是必须增加，如果不增加对本合同有什么重要影响，会不会导致合同有严重缺陷。如果我们不把一般承揽合同的框架与本合同框架进行对比，那就有可能发现不了本合同还缺少什么框架，就不知道还有什么框架可以增加。即使我们不列表对比，起码心中要有一个合同框架来对比。

通过将一般承揽合同框架与本合同框架进行对比，我们可以得到如下的承揽合同框架对比表：

序号	承揽合同一般框架	原稿合同框架	对比结果
1	合同主体	合同主体	
2	承揽方式	承揽方式	
3	材料提供		缺少
4	工作成果	工作成果	
5	履行期限、地点	履行期限与履行地点	
6	质量标准	质量标准	
7	验收方法	验收方法	
8	定金		缺少
9	报酬	报酬	
10	知识产权		缺少
11	解除合同		缺少
12	违约责任	违约责任	
13	争议处理	争议处理	

4. 原稿框架审查与修改

（1）审查主体。

代表甲方。

合同地位：定作人。

（2）审查意见。

对于甲方，本合同缺少下列条款，当事人考虑是否有必要增加：

○材料提供条款。

○知识产权归属条款。

①材料提供条款。

合同原稿没有约定材料由谁提供，也没有约定材料的材质，而材料在合同中是一笔不小的开支。

与当事人沟通得知，本合同甲方委托乙方购买材料，并且将该材料成本计入报酬当中。为了明确双方权利义务，合同有必要对该内容进行约定。既然材料由乙方提供，那么，材料的质量问题，双方也应当进行约定。

②知识产权归属条款。

这里可以参照适用买卖合同的有关法律规定。《民法典》第600条规定："出卖具有知识产权的标的物的，除法律另有规定或者当事人另有约定外，该标的物的知识产权不属于买受人。"参照买卖合同的法律规定，如果没有约定，知识产权不属于甲方。因此，如果甲方不能将知识产权约定归于己方，可以忽略该条款。

（3）修改示范。

增加材料提供条款，约定：

"承揽人提供的材料符合如下要求"

材料名称	规格	型号	单位	生产厂家	数量	质量	价格

"该材料的费用包含在报酬内，甲方不需要向乙方另行支付。"

第三节　承揽合同具体条款的审查与修改

一、工作成果条款的审查与修改

承揽合同的标的物具有特定性，是承揽人按照定作人的特殊要求，依靠承揽人的劳动完成的特定工作成果。因此，审查合同时，应当了解定作人对工作成果的质量要求等特殊要求。

（一）工作成果条款的审查要点

该条款主要有以下审查要点：

○工作成果是否合法。

○工作成果的表述是否规范。

○工作成果质量约定是否明确。

工作成果首先要合法，否则承揽合同双方就有可能承担不必要的法律责任，比如加工物或者定作物为法律禁止或者限制流通的物品，或者含有侵犯他人合法权益的标志、商标等，如果承揽人未加审查而承揽制作，那么加工物或定作物就可能被有关机关查封扣押，造成不必要的损失。

工作成果的质量要求是承揽合同的核心内容，关系到承揽合同目的的实现。约定一定要具体、明确。如果质量标准为统一标准的，则需要明确其名称、代号。如果质量标准是按照样品来确定的，则需要审查合同是否明确以样品为标准，且该样品是否由双方当面签字贴封。如果质量标准是以说明书为标准的，则需要审查说明书是否明确、详尽，有没有说明工作成果的结构、材料、性能与使用方法等。

（二）工作成果条款审查与修改示例

合同原稿	《承揽合同》（合同编号：20200506） 第一条　纸箱要求与数量 水蜜桃包装纸箱 10,000 只
审查主体	代表甲方
审查意见	承揽物表述比较笼统，不明确，没有判断标准，容易产生争议，需要进一步明确
修改示范	《承揽合同》（合同编号：20200506） 第一条　纸箱要求与数量 水蜜桃包装纸箱 10,000 只，**具体标准如下：** **材质：××××** **规格：××××** **形状：××××** **封面标示：水蜜桃名称、产地、等级、重量、联系方式**

二、材料条款的审查与修改

工作成果质量的优劣，往往与材料有关，有些工作成果对材料的要求非常苛刻，所以，材料条款不是可有可无，在承揽合同中具有十分重要的地位。

（一）材料条款的主要内容

材料可以由定作人提供，也可以由承揽人提供，不管谁提供，合同都应当明确约定。该条款主要有以下内容：

○材料的提供主体。

○材料的品种、规格、型号、数量、质量要求。

○材料的检验。

○材料费用的承担。

○材料提供的方式与期限。

实践中，材料条款很少遗漏，但是材料条款的内容往往不全，其中材料质量、材料的提供主体遗漏较多，审查该条款时需要注意。

对于上述两个问题，法律也作出了相关规定。《民法典》第774条规定：“承揽人提供材料的，应当按照约定选用材料，并接受定作人检验。”《民法典》第775条规定：“定作人提供材料的，应当按照约定提供材料。承揽人对定作人提供的材料应当及时检验，发现不符合约定时，应当及时通知定作人更换、补齐或者采取其他补救措施。承揽人不得擅自更换定作人提供的材料，不得更换不需要修理的零部件。”

（二）材料条款审查与修改示例

下面结合一个具体示例，进一步了解在实务中应如何对材料条款进行审查与修改。

合同原稿	《加工承揽合同》（合同编号：20191215） 第四条　所有原材料均由乙方提供，原材料的费用另行计算，不计算在报酬之中，以乙方提供的发票为准，但单价事先需经甲方确认
审查主体	代表甲方

<table>
<tr><td>审查意见</td><td>材料提供人已经明确，材料的价格是否计算在报酬里面也有交代。但是缺少材料的质量要求，需要补充</td></tr>
<tr><td>修改示范</td><td>《加工承揽合同》（合同编号：20191215）
第四条　所有原材料均由乙方提供，材料质量与样品一致。原材料的费用另行计算，不计算在报酬之中，以乙方提供的发票为准，但单价事先需经甲方确认。
或者如下表：
第四条
承揽人提供的材料要求为：
<table><tr><td>材料名称</td><td>规格</td><td>型号</td><td>单位</td><td>数量</td><td>质量</td><td>价格</td></tr><tr><td></td><td></td><td></td><td></td><td></td><td></td><td></td></tr><tr><td></td><td></td><td></td><td></td><td></td><td></td><td></td></tr><tr><td></td><td></td><td></td><td></td><td></td><td></td><td></td></tr></table>
原材料的费用另行计算，不计算在报酬之中，以乙方提供的发票为准，但单价事先需经乙方确认</td></tr>
</table>

三、承揽方式条款的审查与修改

承揽合同是承揽人以自己的设备、技术和劳力按照定作人的要求完成工作，交付工作成果的合同。因此，原则上承揽人应当亲自完成工作成果。

定作人选择承揽人，往往是看中承揽人的做工或者技术手段，因此，具有一定的人身依附性，只要没有特别约定，承揽人就不能将主要工作交由第三人帮助完成，但辅助工作例外。《民法典》第772条规定：“承揽人应当以自己的设备、技术和劳力，完成主要工作，但是当事人另有约定的除外。承揽人将其承揽的主要工作交由第三人完成的，应当就该第三人完成的工作成果向定作人负责；未经定作人同意的，定作人也可以解除合同。”

但我们也不能排除承揽人确实需要将其承揽的主要工作交由第三人完成的情形。《民法典》第773条规定：“承揽人可以将其承揽的辅助工作交由第三人完成。承揽人将其承揽的辅助工作交由第三人完成的，应当就该第三人完成的工作成果向定作人负责。”因此，承揽人如果需要将主要工作交由第三人帮助完成的，就需要合同特别约定。同理，如果定作人不希望承揽人将辅助工作交由第三人完成，需要承揽人单独完成的，也需要在合同中约定。

（一）承揽方式条款审查要点

该条款主要有以下审查要点：

○是否约定承揽人可以将其承揽的主要工作交由第三人完成。

○是否约定承揽人可以将辅助工作交由第三人完成。

○违反上述约定的后果。

（二）承揽方式条款审查与修改示例

下面结合一个具体示例，进一步了解在实务中应如何对承揽方式条款进行审查与修改。

合同原稿	《加工承揽合同》（合审字：20191215） 缺少该条款约定
审查主体	代表甲方
审查意见	根据法律规定，当事人没有约定的，承揽人可以将辅助工作交由第三人完成。而甲方的真实意思是由承揽人亲自完成全部工作，因而合同应当补充约定
修改示范	《加工承揽合同》（合审字：20191215） **本合同全部工作由乙方亲自完成，不得交由第三人完成任何工作**

四、交付与检验条款的审查与修改

承揽人完成工作成果之后，需要将工作成果交付给定作人，由定作人验收，确定是否按照约定完成。因此，该条款十分重要。

（一）交付与检验条款的审查要点

该条款主要有以下审查要点：

○交付内容。

○交付期限。

○交付方式。

○交付不合格的救济途径。

交付的内容不仅仅是工作成果，跟工作成果有关的技术资料与使用说明等辅助材料也应一同交付。如果是定作人提供材料的，还需要交付剩余材料。

交付工作成果，以及交付工作成果的时间、地点和方式，都需要在合同中约定。《民法典》第780条规定："承揽人完成工作的，应当向定作人交付工作成果，并提交必要的技术资料和有关质量证明。定作人应当验收该工作成果。"

交付的工作成果是否合格，还需要定作人检验，而检验时间、检验标准、检验方式、检验异议的处理等事宜都需要双方在合同中约定。对于交付的工作成果有瑕疵、不合格的，应该如何处理，合同也应当进行明确约定。对于这种情形，合同可以约定一种固定的处理方式，也可以根据不同情况约定不同的处理方式，如合理选择请求承揽人承担修理、重作、减少报酬、赔偿损失等违约责任。《民法典》第781条规定："承揽人交付的工作成果不符合质量要求的，定作人可以合理选择请求承揽人承担修理、重作、减少报酬、赔偿损失等违约责任。"因此，如果当事人没有约定的，定作人可以根据不同情况进行不同处理。

（二）交付与检验条款审查与修改示例

下面结合一个具体示例，进一步了解在实务中应如何对交付与检验条款进行审查与修改。

合同原稿	《承揽合同》（合同编号：20201201） 第七条　甲方须在本合同签订之后60天内交货，由甲方负责送货至乙方指定地点，双方按照合同约定标准验收
审查主体	代表甲方
审查意见	由于本合同交货成本较大，合同应当约定运输费用与装卸费用等由谁承担，并且对于工作成果的验收程序、验收标准、验收时间、验收方式也应当进行明确约定
修改示范	《承揽合同》（合同编号：20201201） 第七条　甲方须在本合同签订之后60天内交货，由甲方负责送货至乙方指定地点。**运输费用由甲方承担**。 *甲方在收到乙方交付的工作成果后7天内按照约定的质量标准进行检验，检验不合格的，应当及时通知乙方确认，乙方应当在接到通知后10日内负责重做或者修复*

五、报酬条款的审查与修改

（一）报酬条款的审查要点

承揽合同的报酬条款审查相对复杂，这是因为承揽合同工作成果本身就比较复杂，我们需要根据不同的承揽合同工作成果来设定不同的报酬条款。

承揽合同的报酬条款主要有以下审查要点：

○报酬的计算方法。

○报酬的范围。

○报酬的支付期限。

○报酬的支付方式。

关于报酬的范围，是否包括材料等其他费用在内，合同应当予以明确。

关于报酬的支付期限与支付方式，对于定作人来说，当然希望交付工作成果后支付一部分，使用一段时间再支付一部分。定作人之所以有这样的倾向，是基于对工作成果质量的考虑作出的选择。而对于承揽人来说，当然是希望预先支付一部分报酬，同时明确剩余款项在交付工作成果时一次性支付。《民法典》第792条规定："定作人应当按照约定的期限支付报酬。对支付报酬的期限没有约定或者约定不明确，依据本法第五百一十条的规定仍不能确定的，定作人应当在承揽人交付工作成果时支付；工作成果部分交付的，定作人应当相应支付。"

实践中，经常出现定作人恶意拖欠报酬，找各种理由拒付的情况，但同时也存在工作成果交付后，定作人因质量问题而讨不到说法的情形。因此，在确定合同条款的时候，双方都需要根据自己的合同地位以及合同目的尽最大可能来保护自己的权利。《民法典》第783条规定："定作人未向承揽人支付报酬或者材料费等价款的，承揽人对完成的工作成果享有留置权或者有权拒绝交付，但是当事人另有约定的除外。"因此，当事人如果不能达成一致，那么，就需要了解相关法律规定，按照法律有关规定执行。

（二）报酬条款审查与修改示例

下面结合一个具体示例，进一步了解在实务中应如何对报酬条款进行审查与修改。

合同原稿	《承揽合同》（合同编号：20200601） 第七条　报酬标准 男女式皮鞋总价款：五万元整（50,000.00 元）。 本合同签订后 3 日内，甲方向乙方支付预付款三万元整（30,000.00 元）。其余款项在乙方交付本合同约定的工作成果后一次性支付
审查主体	代表乙方
审查意见	原稿仅约定了总价款，没有约定单价，报酬约定不明确，容易产生争议。同时，原稿虽然约定其余款项在乙方交付本合同约定的工作成果后一次性支付。但是交付工作成果后多长时间支付剩余价款，合同中没有约定，容易引起争议
修改示范	《承揽合同》（合同编号：20200601） 第七条　报酬标准 **男式皮鞋：每双三百元整（300.00 元）。** **女式皮鞋：每双四百元整（400.00 元）。** 总价款：五万元整（50,000.00 元）。 本合同签订后 3 日内，乙方向甲方支付预付款三万元整（30,000.00 元）。**乙方将货物送至甲方指定地点经甲方验收合格后 7 日内支付全部余款**

六、质量保证条款的审查与修改

（一）质量保证条款的主要内容

承揽人的主要义务是交付工作成果，而在工作成果交付之初定作人往往发现不了成果有什么问题，一般都是在使用过程中出现问题的，因此，双方应当在合同中设置质量保证条款，就工作成果在使用过程中出现的问题进行约定。质量保证条款的主要内容有：

○是否免费对工作成果保修。

○保修范围。

○保修期限。

○保修方式比如是上门服务，还是提货服务。

○保修不能的处理方式。

〇是否需要保留质量保证金。

〇质量保证金退还的退还时间。

（二）质量保证条款审查与修改示例

下面结合一个具体示例，进一步了解在实务中应如何对质量保证条款进行审查与修改。

合同原稿	《承揽合同》（合同编号：20200705） 第十条　质量保证 甲方预留合同总额的10%作为质量保证金。 乙方为甲方免费提供三年的质量保修服务，自合同签订之日计算
审查主体	代表乙方
审查意见	原稿约定对于乙方极为不利。首先，质量保证金比例过高，10%相当于50万元报酬，严重侵害承揽人的合同利益。其次，承揽合同的质量问题范围过大，合同没有划出质量保证范围。最后，三年的质量保证期限过长
修改示范	《承揽合同》（合同编号：20200705） 第十条　质量保证 甲方预留合同总额的*5%*作为*后期服务*质量保证金。 *乙方为甲方免费提供一年的质量保修服务期，自合同签订之日起计算。但下列情况除外：* *由于不可抗力造成的故障；* *由于人为原因造成的故障*

七、任意解除条款的审查与修改

（一）任意解除条款的审查要点

在承揽合同与委托合同中，法律规定的单方解除权主体有所不同。在委托合同中，委托人与受托人都可以随时解除合同；而在承揽合同中，只有定作人随时可以解除合同，而承揽人没有这种权利。《民法典》中可找到相关法律依据。《民法典》第787条规定：“定作人在承揽人完成工作前可以随时解除合同，造成承揽人损失的，应当赔偿损失。”

同时，承揽合同的定作人除了有权随时解除合同以外，还拥有法律赋予的中途变更合同的权利，这也是承揽合同的一个特点。当然，定作人中途变更合同造成承揽人损失的，也需要承担赔偿责任。《民法典》中可找到相关法律依据。《民法典》第777条规定："定作人中途变更承揽工作的要求，造成承揽人损失的，应当赔偿损失。"

既然法律赋予了定作人享有合同解除权与中途变更合同的权利，那么，合同可以约定定作人行使这两项权利的时候所需要承担的法律后果，比如约定由定作人承担合同总额××%的违约责任。

（二）任意解除条款审查与修改示例

下面结合一个具体示例，进一步了解在实务中应如何对任意解除条款进行审查与修改。

合同原稿	《承揽合同》（合同编号：20200705） 第十一条　合同解除 合同履行期限内，任何一方均不得擅自解除合同
审查主体	代表乙方
审查意见	原稿这一约定与法律规定相违背，在实践中很难得到支持，因此，需要增加有关解除合同后果的约定
修改示范	《承揽合同》（合同编号：20200705） 第十一条　合同解除 合同履行期限内，任何一方均不得擅自解除合同。**否则，解约方应赔偿另一方因此造成的所有损失**

八、违约责任条款的审查与修改

（一）违约责任条款的审查要点

承揽合同中，承揽人的主要义务是在约定期限内，按照约定质量完成工作成果，那么，其主要违约情形为：

○没有按期交付工作成果。

○没有按照约定质量标准完成工作成果。

而定作人在承揽合同中的主要义务是按照约定期限支付约定的报酬。那么，定作人的违约情形主要有：

〇没有按照约定期限支付报酬。

〇没有按照约定期限支付其他费用。

〇没有按照约定要求提供材料。

关于承担违约责任的方式，因违约情形不同，可以有不同约定。对于承揽人违约，定作人可以约定由承揽人承担修理、重作、减少报酬、赔偿损失等违约责任。《民法典》第781条规定："承揽人交付的工作成果不符合质量要求的，定作人可以合理选择请求承揽人承担修理、重作、减少报酬、赔偿损失等违约责任。"需要注意的是，法律虽然规定承揽人享有留置承揽物的权利，但同时也规定，当事人另有约定的除外，也就是说，承揽人的留置权利可以通过合同约定排除。

而对于定作人违约，承揽人可以约定由定作人承担继续履行、逾期支付违约金等违约责任，承揽人还享有留置权或者拒绝交付的权利。《民法典》第783条规定："定作人未向承揽人支付报酬或者材料费等价款的，承揽人对完成的工作成果享有留置权或者有权拒绝交付，但是当事人另有约定的除外。"

（二）违约责任条款审查与修改示例

下面结合一个具体示例，进一步了解在实务中应如何对违约责任条款进行审查与修改。

合同原稿	承揽合同（合审字：20211010） 第八条　违约责任 乙方逾期交货的，按照逾期交货金额的10%支付违约金。 乙方交付的货物不符合质量要求的，应当重做或者修复，并且承担相应违约责任。 甲方逾期支付报酬的，按照逾期支付金额的10%支付违约金
审查主体	代表甲方
审查意见	质量方面的违约责任约定得过于简单，没有根据不同违约情形设置不同的违约责任。 另外，逾期交付是否应当按照日计算违约金，合同约定不明确

修改示范	承揽合同（合审字：20211010） 第八条　违约责任 乙方逾期交货的，每日按照逾期交货金额的10%支付违约金。 **乙方交付的货物不符合约定质量要求的，需要重做或者修复，并且按照逾期交货处理。如果在交货后30天内仍未完成重做的，或者重做后仍然不符合样品要求的，甲方可以解除合同，并且有权要求乙方按照合同约定报酬总价款的10%支付违约金。** 甲方逾期支付报酬的，每日按照逾期支付金额的10%支付违约金

第四节　承揽合同的综合审查与修改示例

下面结合一个具体示例，进一步了解在实务中应如何对承揽合同进行综合审查与修改。

一、承揽合同原稿

长筒靴定制合同（合同编号：20191109）

甲方：湖南××环保有限公司

住所：××××

法定代表人：×××

联系人：×××

乙方：怀化××鞋厂

住所：××××

负责人：×××

因甲方需要一定数量用于湿地工作的特制工作靴，故甲乙双方经友好协商，达成如下协议：

第一条　长筒靴

男女长筒靴：150双。

第二条　质量标准

甲乙双方共同封存男女服装样品各一套，质量必须符合样品标准。

第三条　工作要求

本合同全部工作均由乙方单独完成，不得委托他人协助完成。

第四条　成果交付

乙方自本合同签订之日起50天内交货。

第五条　验收

货到甲方办所在地点后，由甲乙双方共同比对样品与约定验收，如有质量问题，甲方应当当场提出。

第六条　报酬

男式长筒靴：每双 300.00 元。

女式长筒靴：每双 400.00 元。

总价款：50,000.00 元。

第七条　结算

乙方预付 3000 元定金，报酬在交货时经检验合格后一次性结清。

第八条　违约责任

乙方逾期交货的，按照逾期交货金额的千分之二支付违约金。

甲方逾期支付报酬的，按照逾期支付金额的千分之二支付违约金。

第九条　管辖

双方未尽事宜，可由双方协商解决，协商不成时，双方均可向乙方所在地人民法院提起诉讼。

第十条

本合同一式两份，自双方签字盖章之日起生效。双方封存签字的服装图纸为本合同的组成部分，与本合同具有相同的法律效力。

甲方：

乙方：

2019 年 11 月 × × 日

二、承揽合同修改过程稿（代表定作人一方）

（一）关于合同主体

合同原稿	甲方：湖南 × × 环保有限公司 住所：× × × × 法定代表人：× × × 联系人：× × × 乙方：怀化 × × 鞋厂 住所：× × × × 负责人：× × ×
审查意见	原稿主体信息不全

修改示范	甲方：湖南××环保有限公司 住所：×××× 法定代表人：××× 联系人：××× **统一社会信用代码：××××** **银行账户：××××** 乙方：怀化××鞋厂 住所：×××× 负责人：×××

（二）关于第一条

合同原稿	第一条　长筒靴 男女长筒靴：150 双
审查意见	合同没有根据需要区分男女长筒靴各是多少双，从本合同第 6 条约定的报酬来看，乙方制作这两种长筒靴所领的报酬是不一样的，所以需要分别表述
修改示范	第一条　长筒靴 *男式长筒靴：100 双。* *女式长筒靴：50 双*

（三）关于第二条

合同原稿	第二条　质量标准 甲乙双方共同封存男女服装样品各一套，质量必须符合样品标准
审查意见	合同原稿中关于样品的封存时间，封存地点都没有交代。同时，质量标准约定过于笼统
修改示范	第二条　质量标准 本合同签订之后 3 日内，甲乙双方共同封存男女长筒靴各一双，**存放于乙方处。** **乙方制作的男女长筒靴除对皮质另有约定的以外，长筒靴的尺码、颜色、样式与样品一致，质量符合样品标准**

（四）关于第四条

合同原稿	第四条　成果交付 乙方自本合同签订之日起 50 天内交货
审查意见	原稿约定了交付期限，却没有约定交付地点与交付方式，也没有约定交付过程中的费用由谁承担
修改示范	第四条　成果交付 *自本合同签订之日起 50 天内，乙方将制作完成的长筒靴运送至甲方所在地，运输费用由乙方承担*

（五）关于第五条

合同原稿	第五条　验收 货到甲方所在地点后，由甲乙双方共同比对样品与约定验收，如有质量问题，甲方应当当场提出
审查意见	原稿没有约定质量问题的处理程序，需要增加质量不合格处理方式的约定
修改示范	第五条　验收 货到甲方所在地点后，由甲乙双方共同比对样品与约定验收，如有质量问题，甲方应当当场提出，**乙方确认后应当于 30 日内提供合格产品，否则按照逾期交货处理**

（六）关于第八条

合同原稿	第八条　违约责任 乙方逾期交货的，按照逾期交货金额的千分之二支付违约金。 甲方逾期支付报酬的，按照逾期支付金额的千分之二支付违约金
审查意见	违约责任过于简单，有些条款约定了违约情形，却没约定违约责任，如原稿第二条约定了货物的质量标准，而违约责任一栏却没有约定该违约责任。另外，逾期交付是否应当按照日计算违约金，合同约定不明确。
修改示范	第八条　违约责任 乙方逾期交货的，**每日**按照逾期交货金额的千分之二支付违约金。 **乙方交付的货物不符合质量要求的，需要重做，并且按照逾期交货处理。如果在交货后 30 天内仍未完成重做的，或者重做后仍然不符合样品要求的，甲方可解除合同，一切损失由乙方承担。** 甲方逾期支付报酬的，**每日**按照逾期付款金额的千分之二支付违约金

（七）关于合同框架

1. 缺少材料提供条款

合同原稿没有约定材料由哪一方提供，也没有约定材料的材质，而材料在合同中是一笔不小的开支。与当事人沟通得知，本合同甲方委托乙方购买材料，并且将该材料成本计入报酬当中。因此，合同有必要对该内容进行约定。

2. 缺少知识产权归属条款

《民法典》第600条规定："出卖具有知识产权的标的物的，除法律另有规定或者当事人另有约定外，该标的物的知识产权不属于买受人。"参照买卖合同的法律规定，如果没有约定，知识产权不属于甲方。因此，如果甲方希望标的物的知识产权归于自己，就必须明确约定。但是，当事人明确表示，不需要增加该条款。

3. 修改示范

增加材料提供条款，作为第3条，约定：

承揽人提供材料，材料应当符合如下要求：

材料名称	规格	型号	单位	生产厂家	数量	质量	价格

该材料的费用包含在报酬内，甲方不需要向乙方另行支付。

三、承揽合同修改意见稿

长筒靴定制合同（合同编号：20191109）（可以作为该类承揽合同的示范文本使用）

甲方：湖南××环保有限公司

住所：××××

法定代表人：×××

联系人：×××

统一社会信用代码：××××

银行账户：××××

乙方：怀化××鞋厂

住所：××××

负责人：×××

因甲方需要一定数量用于湿地工作的特制工作靴，故甲乙双方经友好协商，达成如下协议：

第一条　长筒靴

男式长筒靴：100双。

女式长筒靴：50双。

第二条　质量标准

本合同签订之后3日内，甲乙双方共同封存男女长筒靴各一双，**存放于乙方处**。

乙方制作的男女长筒靴除对皮质另有约定的以外，长筒靴的尺码、颜色、样式与样品一致，质量符合样品标准。

第三条　材料提供

承揽人提供材料，材料应当符合如下要求：

材料名称	规格	型号	单位	生产厂家	数量	质量	价格

该材料的费用包含在报酬内，甲方不需要向乙方另行支付。

第四条　工作要求

本合同全部工作均由乙方单独完成，不得委托他人协助完成。

第五条　成果交付

自本合同签订之日起50天内，乙方将制作完成的长筒靴运送至甲方所在地，运输费用由乙方承担。

第六条　验收

货到甲方所在地点后，由甲乙双方共同比对样品与约定验收，如有质量问题，甲方应当当场提出，**乙方确认后应当于30日内提供合格产品，否则按照逾期交货处理**。

第七条　报酬

男式长筒靴：每双300.00元。

女式长筒靴：每双400.00元。

总价款：50,000.00元。

第八条　结算

乙方预付3000元定金，报酬在交货时经检验合格后一次性结清。

第九条　违约责任

乙方逾期交货的，**每日**按照逾期交货金额的千分之二支付违约金。

乙方交付的货物不符合质量要求的，需要重做，并且按照逾期交货处理。**如果在交货后30天内仍未完成重做的，或者重做后仍然不符合样品要求的，甲方可解除合同，一切损失由乙方承担**。

甲方逾期支付报酬的，**每日**按照逾期付款金额的千分之二支付违约金。

第十条　管辖

双方未尽事宜，可由双方协商解决，协商不成时，双方均可向乙方所在地人民法院提起诉讼。

第十一条　本合同一式两份，自双方签字盖章之日起生效。双方封存签字的服装图纸为本合同的组成部分，与本合同具有相同的法律效力。

甲方：

乙方：

2019 年 11 月 × × 日

第九章　运输合同的审查与修改

第一节　运输合同的概念与主要特征

一、运输合同的概念

运输合同是承运人将旅客或者货物从起运地点运输到约定地点，旅客、托运人或者收货人支付票款或者运输费用的合同。

二、运输合同的主要特征

（一）运输合同的形式多种多样

虽然有口头形式的运输合同，但运输合同主要是书面合同，在书面形式的运输合同中，又以格式合同居多，尤其是客运合同，多半是格式合同，不允另一方当事人修改，只能表示接受或者不接受。

对于运输合同的形式，《民法典》作出了如下规定：《民法典》第814条规定："客运合同自承运人向旅客出具客票时成立，但是当事人另有约定或者另有交易习惯的除外。"《民法典》第815条规定："旅客应当按照有效客票记载的时间、班次和座位号乘坐。旅客无票乘坐、超程乘坐、越级乘坐或者持不符合减价条件的优惠客票乘坐的，应当补交票款，承运人可以按照规定加收票款；旅客不支付票款的，承运人可以拒绝运输。实名制客运合同的旅客丢失客票的，可以请求承运人挂失补办，承运人不得再次收取票款和其他不合理费用。"

（二）运输合同的运输对象复杂

运输合同的对象既包括人，又包括物，而物又有普通货物与特殊货物，比如危险物品等货物便属于特殊货物。而人在运输合同中，既可能是运输对象，又可能是合同主体。

《民法典》第809条规定："运输合同是承运人将旅客或者货物从起运地点运输到约定地点，旅客、托运人或者收货人支付票款或者运输费用的合同。"从该规定可以看出，运输合同的运输对象既可以是人，也可以是物。

（三）运输合同往往牵涉到第三方主体

在合同中往往设定了第三方主体的一些义务。比如，《民法典》第831条规定了收货人及时检验货物的义务。《民法典》第831条规定："收货人提货时应当按照约定的期限检验货物。对检验货物的期限没有约定或者约定不明确，依据本法第五百一十八条的规定仍不能确定的，应当在合理期限内检验货物。收货人在约定的期限或者合理期限内对货物的数量、毁损等未提出异议的，视为承运人已经按照运输单证的记载交付的初步证据。"

（四）运输合同的标的是运输行为

按照《民法典》第809条的规定，运输合同是承运人将旅客或者货物从起运地点运输到约定地点，旅客、托运人或者收货人支付票款或者运输费用的合同。据此，运输合同的标的是运输行为，而非运输对象。

第二节　运输合同框架的审查与修改

运输合同框架主要涉及三个环节。一是托运环节，托运人在托运环节中需要如实报告货物的有关情况、提交审批或者检验手续给承运人、妥善包装货物。二是承运环节，承运人应当按照约定的时间和地点起运，应当按照约定时间将货物送至约定地点，保证途中运输安全。三是货交收货人环节，承运人需要核对收货人的身份，让收货人验收货物，然后签字确认。

上述三个环节的具体程序，构成了合同的履行条款。双方当事人未按照上述程序履行三个环节的义务的，应当承担什么后果，需要设置违约责任条款加以约束。

一、运输合同主要框架的依据

（一）法律依据

1. 《民法典》第470条规定："合同的内容由当事人约定，一般包括下列条款：（一）当事人的姓名或者名称和住所；（二）标的；（三）数量；（四）质量；（五）价款或者报酬；（六）履行期限、地点和方式；（七）违约责任；（八）解决争议的方法。……"因此，一般合同应当包括如下框架：

序号	框架名称
1	双方主体名称
2	标的
3	数量
4	质量
5	价款
6	履行期限
7	履行地点
8	履行方式
9	违约责任
10	争议处理办法

上述法律规定，实际上提供了一般合同应当具备的条款，是大部分合同都可能用到的条款，因此，审查合同框架的时候，应当以此为参考依据。但是，审查运输合同，仅仅了解一般合同的基本条款或者基本框架是远远不够的，还要根据运输合同的自身特点确定运输合同独有的一些框架或者基本条款。

2. 对于运输合同，《民法典》中有下列专门规定。《民法典》第809条规定："运输合同是承运人将旅客或者货物从起运地点运输到约定地点，旅客、托运人或者收货人支付票款或者运输费用的合同。"《民法典》第825条规定："托运人办理货物运输，应当向承运人准确表明收货人的姓名、名称或者凭指示的收货人，货物的名称、性质、重量、数量，收货地点等有关货物运输的必要情况。因托运人申报不实或者遗漏重要情况，造成承运人损失的，托运人应当承担赔偿责任。”据此，运输合同除应当具有《民法典》第470条规定的框架外，还应当具有如下独特框架：

序号	框架名称
1	托运手续
2	货物信息
3	运输安全
4	托运人义务
5	承运人义务
6	合同变更
7	运输起止时间
8	运输起止地点

（二）实践依据

实践中还会有一些法律规定以外的框架供我们参考，比如货物的包装、货物保险等框架。

序号	框架名称
1	货物包装
2	货物保险
3	联系收货人

二、运输合同的主要框架

序号	框架
1	合同主体
2	托运
3	运输对象
4	运输手续
5	装货与发送
6	运输路线

序号	框架
7	运输安全
8	货物保险
9	合同变更
10	其他费用
11	交货
12	运输费
13	违约责任
14	争议处理
15	其他

三、运输合同主要框架的审查与修改

下面结合一个具体示例，进一步了解在实务中应如何对运输合同的主要框架进行审查与修改。

1. 合同原稿

运输合同（合同编号：20190929）
甲方：湖南省××县活水乡××村第××村民小组
乙方：怀化市××公司
甲乙双方经友好协商，达成如下协议：
第一条　承运货物
货物名称：金秋梨。
重量：××吨。
包装：纸箱包装，共500箱，每箱25千克。
第二条　运输起止地点
货物起运地：湖南××县。
货物到达地：南宁市城区。
第三条　发单、接单与装货
甲方应当提前一天向乙方发出运输指令。
乙方应当及时派出驾驶人员及车辆到达装载起始地点。
装车时由双方共同进行验货，甲方按照验货情况出具验货单给乙方，验货单信息应当填写完整。

第四条　途中安全与合同变更

乙方根据运输货物的性质，妥善确定雨棚、摆放等防范措施，确保货物安全。

运输途中，甲方有权变更送货地点与收货人，也有权要求乙方将货物运回原地，因此增加的费用由甲方承担。

第五条　货交收货人

货物到达目的地后，乙方按照验货单载明的信息及时通知收货人。

乙方应当充分配合收货人，尽量满足收货人的合理卸货要求，不得与收货人发生争执。

第六条　运输费用及结算方式

运输费用的结算依据：按照甲方位置与送货人位置之间的路程计算，每吨运费为每公里××元。

结算方式：甲方预先支付总运输费用的50%，货交收货人之后3天内付清剩余运输费用。

第七条　争议处理办法

合同履行过程中发生争议，可由双方协商解决，协商不成时，任何一方均可向原告所在地人民法院提起诉讼。

第八条　合同签署

本合同一式两份，甲乙双方各执一份。未尽事项由双方另行协商，并且签订补充合同。

甲方：

乙方：

2019年××月××日

2. 审查原稿框架

序号	原稿条款内容	得出原稿框架
1	甲方：湖南省××县活水乡××村第××村民小组 乙方：怀化市××公司	合同主体
2	第一条　承运货物 货物名称：金秋梨。 重量：××吨。 包装：纸箱包装，共500箱，每箱25千克	运输对象

序号	原稿条款内容	得出原稿框架
3	第二条　运输起止地点 货物起运地：湖南××县。 货物到达地：南宁市城区	运输起止地点
4	第三条　发单、接单与装货 甲方应当提前一天向乙方发出运输指令。 乙方应当及时派出驾驶人员及车辆到达装载起始地点。 装车时由双方共同进行验货，甲方按照验货情况出具验货单给乙方，验货单信息应当填写完整	发货
5	第四条　途中安全与合同变更 乙方根据运输货物的性质，妥善确定雨棚、摆放等防范措施，确保货物安全。 运输途中，甲方有权变更送货地点与收货人，也有权要求乙方将货物运回原地，因此增加的费用由甲方承担	合同安全与合同变更
6	第五条　货交收货人 货物到达目的地后，乙方按照验货单载明的信息及时通知收货人。 乙方应当充分配合收货人，尽量满足收货人的合理卸货要求，不得与收货人发生争执	交货
7	第六条　运输费用及结算方式 运输费用的结算依据：按照甲方位置与送货人位置之间的路程计算，每吨运费为每公里××元。 结算方式：甲方预先支付总运输费用的50%，货交收货人之后3天内付清剩余运输费用	运费
8	第七条　争议处理办法 合同履行过程中发生争议，可由双方协商解决，协商不成时，任何一方均可向原告所在地人民法院提起诉讼	管辖

3. 对比原稿框架

将原稿框架与一般合同框架进行对比之后，我们可以得到如下的框架对比表。

序号	一般运输合同框架	原稿合同框架	对比结果
1	合同主体	合同主体	
2	托运	运输起止地点	
3	运输对象	运输对象	
4	运输手续		缺少
5	装货与发送	发货	
6	运输路线		缺少
7	运输安全	合同安全	
8	货物保险		缺少
9	合同变更	合同变更	
10	其他费用		缺少
11	交货	交货	
12	运费	运费	
13	违约责任		缺少
14	争议处理	争议处理	
15	其他		

4. 原稿修改

(1) 审查主体。

代表托运人。

(2) 审查意见。

将原稿框架与一般运输合同的框架相比较后，发现缺少如下条款：

○货物安全。

○其他费用。

○运输路线。

○违约责任。

长途运输，难免会发生过路费、住宿费、伙食费等费用，而这些费用是否包含在运输费用里面，合同没有明确。另外据当事人表述，本合同可供选择的路线一共有三条。而对于托运人来讲，本合同的运输费用是按照路程计算的，因此，运输路线的约定，关系到运输路程的远近，进而关系到费用的承担，同时还关系到风险承担。

此外，本合同没有约定违约责任，属于重大遗漏，必须增加有关的约定。

(3）修改示范。

经过与当事人沟通，运输路线条款与违约责任条款需要增加，而其他遗漏条款不必要增加。

①增加运输路线条款，作为第7条，约定：“本合同运输路线经通道、融水、柳州高速线路到达南宁。”

②增加违约责任条款，作为第8条，约定各种违约情形的违约责任：

“乙方未按照约定的时间将货物交付收货人的，每日向甲方支付本合同约定运费总额的××%的违约金。但因不可抗力原因除外。

货物在运输途中发生遗失或者损毁的，由乙方按照货运单约定的价格赔偿。但因不可抗力原因除外。

甲方未按照合同约定的期限支付运输费用的，每日向乙方支付逾期运费的××%的违约金。”

第三节　运输合同具体条款的审查与修改

一、运输合同主体条款的审查与修改

（一）运输合同主体条款的审查要点

该条款主要有以下审查要点：

○双方主体资格。

○承运人履行能力。

○承运人的资质。

运输合同主体与其他合同主体略有不同，运输合同的承运人一方，需要有运输资质，如果承运人没有运输资质，可能就会存在合同履行不能风险。审查承运人是否具备运输资格，主要审查其是否持有《道路运输经营许可证》。《道路运输经营许可证》是交通运输部统一制发的经营道路运输的合法凭证。

托运人主体资质虽然没有特别要求，但是仍然需要具备一般的合同主体资格。

（二）运输合同主体条款审查与修改示例

下面结合一个具体示例，进一步了解在实务中应如何对运输合同主体条款进行审查与修改。

合同原稿	《运输合同》（合同编号：20191109） 甲方：怀化××有限公司 住所：×××× 乙方：湖南××运输服务有限公司 住所：××××
审查主体	代表甲方
审查意见	乙方具有运输资质，为合格主体，但是原稿主体信息不全，需要补充
修改示范	《运输合同》（合同编号：20191109） 甲方：怀化××有限公司 住所：×××× **法定代表人：×××** **统一社会信用代码：××××** 乙方：湖南×××运输服务有限公司 住所：×××× **法定代表人：×××** **统一社会信用代码：××××** **开户银行：××××** **银行账号：××××**

二、运输对象条款的审查与修改

运输对象关系到运输工具的选择，关系到运输中的防范措施的选择，也关系到运输费，等等。因此，在运输合同中十分重要。

（一）运输对象条款的审查要点

该条款主要有以下审查要点：

○货物名称是否规范。

○货物基本信息是否齐全。

货物名称，一定要按照货物的正式名称书写，既不能书写其别名，也不能表述其俗称。因为俗称或者别名在此处可能是此种叫法，在别处可能是另一种叫法，很可能不一致，容易引起争议。

表述货物信息时，一般要求表述完整，不能遗漏货物的重要信息，如货物性质、货物体积、货物重量、货物数量、货物规格、货物型号、厂家等，都需要在合同中明确。它既是判断承运人是否按照约定将这些货物运送到指定地点，中间是否掉包、遗失的重要依据，同时还是运输费用的计算依据。

货物信息表述的问题在《民法典》中有专门规定。《民法典》第825条规定："托运人办理货物运输，应当向承运人准确表明收货人的姓名、名称或者凭指示的收货人，货物的名称、性质、重量、数量，收货地点等有关货物运输的必要情况。因托运人申报不实或者遗漏重要情况，造成承运人损失的，托运人应当承担赔偿责任。"

（二）运输对象条款审查与修改示例

合同原稿	《棉花运输合同》（合同编号：20191101） 第一条　运输货物 货物名称：棉花。 重量：10,000千克
审查主体	代表乙方
审查意见	原稿对棉花的包装、品质都没有明确，并且连棉花的数量与单价也没有明确，一旦出现货物遗失或者损毁，其损失数量与价格很难举证证明

<table>
<tr>
<td>修改示范</td>
<td>
《棉花运输合同》（合同编号：20191101）
第一条　运输货物
<table>
<tr><th>货名</th><th>件数</th><th>包装</th><th>重量与数量</th><th>体积</th><th>单价</th><th>总价</th></tr>
<tr><td>棉花</td><td></td><td></td><td></td><td></td><td></td><td></td></tr>
</table>
</td>
</tr>
</table>

三、托运条款的审查与修改

（一）托运条款的审查要点

该条款主要有以下审查要点：

○托运人的如实报告义务。

○托运人提供有关托运手续的义务。

○托运人进行货物包装的义务。

有些货物运输，需要办理有关手续，在托运之前，托运人就应当办理好审批、检验等手续，并且将办理完有关手续的文件提交给承运人。《民法典》第826条规定："货物运输需要办理审批、检验等手续的，托运人应当将办理完有关手续的文件提交承运人。"

托运人办理货物运输时，还应当向承运人准确告知收货人的姓名、名称或者凭指示的收货人，货物的名称、性质、重量、数量，以及收货地点等有关货物运输的必要情况。《民法典》第825条规定："托运人办理货物运输，应当向承运人准确表明收货人的姓名、名称或者凭指示的收货人，货物的名称、性质、重量、数量，收货地点等有关货物运输的必要情况。因托运人申报不实或者遗漏重要情况，造成承运人损失的，托运人应当承担赔偿责任。"

同时，托运人应当妥善包装货物，以利于货物装卸与搬运。《民法典》第827条规定："托运人应当按照约定的方式包装货物。对包装方式没有约定或者约定不明确的，适用本法第六百一十九条的规定。托运人违反前款规定的，承运人可以拒绝运输。"《民法典》第828条规定："托运人托运易燃、易爆、有毒、有腐蚀性、有放射性等危险物品的，应当按照国家有关危险物品运输的规定对危险物品妥善包装，做出危险物品标志和标签，并将有关危险物品的名称、性质和防范措施的书面材料提交承运人。托运人违反前款规定的，承运人可以拒绝运输，也可以采取相应措施以避免损失的发生，因此产生的费用由托运人负担。”

（二）托运条款审查与修改示例

下面结合一个具体示例，进一步了解在实务中应如何对托运条款进行审查与修改。

合同原稿	《运输合同》（合同编号：20181201） 第一条　托运 甲方应当包装好需要运输的货物，并且如实填写《货物运输单》，否则，因此产生的一切后果由甲方承担
审查主体	代表乙方
审查意见	原稿约定不全，遗漏了甲方的相关托运义务，另外本合同需要办理审批手续，但是合同却没有涉及该内容，需要补充
修改示范	《运输合同》（合同编号：20181201） 第一条　托运 甲方应当办理本次运输的相关审批、检验手续，**将该相关手续的文件提交承运人随货同行，并且按照要求妥善包装好需要运输的货物**，如实填写《货物运输单》，否则，因此产生的一切后果由甲方承担

四、装货与验货条款的审查与修改

（一）装货与验货条款的审查要点

该条款主要有以下审查要点：

○装货时间与地点。

○验货方式。

○货运单内容。

装货时间与装货地点是运输合同必不可少的内容，因为这些事项关系到货物的起运时间与地点，因此务必要在合同中明确。起运的时候，双方应当就货物的名称、货物的数量、货物的包装、货物的质量情况等进行清点，清点无误后双方在货运单上签字确认。这个环节很重要，因为这是确定承运人责任的主要依据。途中货物是否有遗失、损坏，主要就是根据货运单记载的情况来判断。

（二）装货与验货条款审查与修改示例

下面结合一个具体示例，进一步了解在实务中应如何对装货与验货条款进行审查与修改。

<table>
<tr><td>合同原稿</td><td>《货物运输合同》（合同编号：20170404）
第二条　发单、接单与装货
乙方应当及时派出驾驶人员及车辆到达装载起始地点装货，验收后发车</td></tr>
<tr><td>审查主体</td><td>代表乙方</td></tr>
<tr><td>审查意见</td><td>原稿内容不全，没有约定装货与清点货物的内容</td></tr>
<tr><td>修改示范</td><td>《货物运输合同》（合同编号：20170404）
第二条　发单、接单与装货
乙方应当及时派出驾驶人员及车辆到达装载起始地点装货，经甲乙双方共同装载、清点承运货物无误后签收货运单，货运单主要包括如下内容：
<table>
<tr><th>货物名称</th><th>包装方式</th><th>体积</th><th>件数</th><th>重量</th><th>数量</th><th>件数价值</th><th>运输方式</th><th>装货地点</th><th>装货时间</th><th>卸货地点</th><th>卸货时间</th><th>收货人</th></tr>
<tr><td></td><td></td><td></td><td></td><td></td><td></td><td></td><td></td><td></td><td></td><td></td><td></td><td></td></tr>
</table>
</td></tr>
</table>

五、货物安全条款的审查与修改

（一）货物安全条款的审查要点

该条款主要有以下审查要点：

○运输途中的防范措施。

○货物毁损责任。

○事故处理程序等。

货物承运人将货物安全送达，才算是圆满完成任务。如果中途遗失货物，将货物损坏，那么运输目的便不能实现，乙方的任务就没有完成。因此，货物需要承运人安全运输，妥善保管好运输货物，做好货物保护工作，防止货物遗失或者毁损。

货物在运输途中，如果是由于第三方责任造成货物毁损或者灭失，承运人没有过错的，双方可以约定由承运人先行赔偿，而后再由承运人向第三方追偿，如果货物已投保的，承运人应当及时通知托运人，并且协助托运人获得赔付，否则，承运人承担因此造成的一切损失。

对于货物安全问题，《民法典》有以下规定：

《民法典》第832条规定："承运人对运输过程中货物的毁损、灭失承担赔偿责任。但是，承运人证明货物的毁损、灭失是因不可抗力、货物本身的自然性质或者合理损耗以及托运人、收货人的过错造成的，不承担赔偿责任。"《民法典》第833条规定："货物的毁损、灭失的赔偿额，当事人有约定的，按照其约定；没有约定或者约定不明确，依据本法第五百一十条的规定仍不能确定的，按照交付或者应当交付时货物到达地的市场价格计算。法律、行政法规对赔偿额的计算方法和赔偿限额另有规定的，依照其规定。"

（二）货物安全条款审查与修改示例

下面结合一个具体示例，进一步了解在实务中应如何对货物安全条款进行审查与修改。

合同原稿	《道路运输合同》（合同编号：20191201） 第六条　货物安全 乙方根据运输货物的性质，妥善确定货物的遮盖、捆绑等防范措施，确保货物安全，本合同货物需要防雨、防晒，以确保货物的品质及外观。 乙方应当妥善保管运输货物，若在承运过程中发生货物遗失、毁损，由乙方负责
审查主体	代表乙方
审查意见	原稿对于乙方来说，有些不公，货物损坏责任的承担，应当区分情况，哪些情况由乙方承担责任，哪些情况不能由乙方承担责任，需要区别对待，不能一概而论
修改示范	《道路运输合同》（合同编号：20191201） 第六条　货物安全 乙方根据运输货物的性质，妥善确定货物的遮盖、捆绑等防范措施，确保货物安全，本合同货物需要防雨、防晒，以确保货物的品质及外观。 乙方应当妥善保管运输货物，若在承运过程中发生货物遗失、毁损，由乙方负责，**但下列情况例外：** **毁损是因不可抗力造成的；** **毁损是因乙方无责任的交通事故造成的；** **毁损是因甲方原因造成的**

六、交货条款的审查与修改

（一）交货条款的主要内容

交货条款是运输合同的主要内容之一，一般具有如下内容：

○到达期限。

○联系收货人。

○收货人清点货物。

○收货人签字。

○乙方取回签收单。

交付货物，是承运人的义务，承运人按照合同约定的期限将货物运送到发货单载明的地址，并且及时联系收货人，让收货人接收货物，在货运单上签字。《民法典》第830条规定："货物运输到达后，承运人知道收货人的，应当及时通知收货人，收货人应当及时提货。收货人逾期提货的，应当向承运人支付保管费等费用。"《民法典》第831条规定："收货人提货时应当按照约定的期限检验货物。对检验货物的期限没有约定或者约定不明确，依据本法第五百一十条的规定仍不能确定的，应当在合理期限内检验货物。收货人在约定的期限或者合理期限内对货物的数量、毁损等未提出异议的，视为承运人已经按照运输单证的记载交付的初步证据。"

如果收货人地址不对，或者收货人联系不上，或者收货人对货物有异议，收货人拒不验货与签字，承运人应当立即采取相关措施，向托运人汇报，并听从托运人的指示进行处理。

（二）交货条款审查与修改示例

下面结合一个具体示例，进一步了解在实务中应如何对交货条款进行审查与修改。

合同原稿	《货物运输合同》（合同编号：20171209） 第九条　货交收货人 货物到达目的地后，乙方应当及时通知收货人。 因甲方交代不清或者运输通知单载明的信息不准确，无法找到收货人的，乙方不承担责任

审查主体	代表甲方
审查意见	原稿约定不全，没有约定收货人不明或者拒收的救济途径，需要完善
修改示范	《货物运输合同》（合同编号：20171209） 第九条　货交收货人 货物到达目的地后，乙方应当及时通知收货人。 *因甲方交代不清或者运输通知单载明的信息不准确，无法联系收货人或者收货人有异议的，乙方应当向及时托运人报告，并且根据托运人的指示处理*

七、运费条款的审查与修改

这是运输合同的对价，是运输合同必不可少的内容，需要明确。

（一）运费条款的主要内容

运费条款是运输合同的核心条款，一般需要约定如下内容：

○运费的计算方法。

○运费的承担主体。

○运费的支付期限。

○运费的支付方式。

○承运人的留置权。

运费的支付主体是托运人，一般由托运人支付运费，但是有些时候，如果有托运人与收货人不一致的情形，合同也会约定由收货人支付运费。因此，如果约定由收货人支付运费，合同还需要进一步约定收货人支付运费的时间。如果收货人拒绝支付，还需要约定救济途径，如承运人可以留置货物，或者不留置货物，但可以要求托运人支付运费等。《民法典》第836条规定：“托运人或者收货人不支付运费、保管费或者其他费用的，承运人对相应的运输货物享有留置权，但是当事人另有约定的除外。”

关于运费的计算方法，对于运费的支付方式，可以约定如何包干，也可以约定按照里程计算。关于支付方式，可以约定先支付一半，也可以约定运输完成之后一次性支付。对于运费的支付方式，可以约定银行转账支付也可以约定电汇、支票支付。

（二）运费条款审查与修改示例

下面结合一个具体实例，进一步了解在实务中应如何对运费条款进行审查与修改。

合同原稿	《运输合同》（合同编号：20200908） 第八条　运费 按照托运人位置与收货人位置之间的路程计算，每吨货物运费为每公里××元
审查主体	代表乙方
审查意见	原稿表述不规范，运费应当按照货物发送地点与货物交付地点的距离计算，托运人位置、收货人位置可能与货物位置不一致。同时，原稿内容约定不完整，没有约定运费的支付期限与支付方式
修改示范	《运输合同》（合同编号：20200908） 第八条　运费 按照货物发送地点到货物目的地之间的路程计算，每吨货物运费为每公里××元。 **每月结算一次，每月7日前结算上月发生的运输费用**

八、其他费用条款的审查与修改

（一）其他费用条款的审查要点

该条款主要有以下审查要点：

○其他费用的范围。

○其他费用的承担。

○其他费用的支付方式。

○拒付其他费用的处理方式。

其他费用，主要是运输途中必然发生的过路费、过桥费、装卸费等费用。虽然运输途中时有发生这些费用，但是在合同审查实践中，经常发现许多合同没有约定这些费用，既没有约定本合同中所谓其他费用有哪些费用，也没有约定这些费用由谁承担，也没有表明所有费用是否已经包含在报酬里面，导致合同履行时产生争议，引发纠纷。

对于运输途中的费用问题，《民法典》第836条规定："托运人或者收货人不支付运费、保管费或者其他费用的，承运人对相应的运输货物享有留置权，但是当事人另有约定的除外。"因此，如果没有其他约定，托运人或者收货人不支付保管费或者其他费用的，承运人对相应的运输货物享有留置权。

（二）其他费用条款审查与修改示例

下面结合一个具体示例，进一步了解在实务中应当如何对其他费用条款进行审查与修改。

合同原稿	《货物运输合同》（合同编号：20200905） 第七条　费用 运输途中发生的过路费、过桥费、装卸费等所有费用由甲方承担
审查主体	代表乙方
审查意见	原稿约定不全，没有约定费用的支付方式。而且途中费用可能远远不止上述费用
修改示范	《货物运输合同》（合同编号：20200905） 第七条　费用 运输途中发生的过路费、过桥费、装卸费等所有费用由甲方承担，**甲方须在支付运费时一并支付给乙方**

九、运输保险条款的审查与修改

（一）运输保险条款的主要内容

该条款不是必备条款，但是对于某些货物运输合同来说却是必不可少的条款，一般包括如下内容：

○是否需要办理运输保险与保价手续。

○由谁办理运输保险与保价手续。

○办理费用由谁承担。

○未办理保价与保险手续的后果。

为了防止发生意外，运输合同可以约定保险与保价条款，这些事务可以由托运人办理，也可以由承运人办理，目的是防止货物意外受损。

（二）运输保险条款审查与修改示例

下面结合一个具体示例，进一步了解在实务中应如何对运输保险条款进行审查与修改。

合同原稿	《运输合同》（合同编号：20171101） 第十条　保险 为了运输安全，本合同约定的运输货物，需要办理运输保险
审查主体	代表乙方
审查意见	当事人的真实意思是，保险手续由承运人办理，费用由托运人承担，因此，原稿约定过于笼统，没有约定保险条款的具体内容，需要完善
修改示范	《运输合同》（合同编号：20171101） 第十条　保险 *为了运输安全，本合同约定的运输货物，由承运人办理运输保险，所需费用由托运人承担*

第四节　运输合同综合审查与修改示例

下面结合一个具体示例，进一步了解在实务中应如何对运输合同进行综合审查与修改。

一、运输合同原稿

运输合同（合同编号：20190607）
甲方：湖南省××县活水乡××村第××村民小组
乙方：怀化市××公司
甲乙双方经友好协商，达成如下协议：
第一条　承运货物
货物名称：金秋梨。
重量：××吨。
包装：纸箱包装，共500箱，每箱25千克。
第二条　运输起止地点
货物起运地：湖南省××县。
货物到达地：南宁市城区。
第三条　发单、接单与装货
甲方应当提前一天向乙方发出运输指令。

乙方应当及时派出驾驶人员及车辆到达装载起始地点。

装车时由双方共同进行验货，甲方按照验货情况出具验货单给乙方，验货单信息要填写完整。

第四条　途中安全与合同变更

乙方根据运输货物的性质，妥善确定雨棚、摆放等防范措施，确保货物安全。

运输途中，托运人有权变更送货地点与收货人，也有权要求乙方将货物运回原地，因此增加的费用由甲方承担。

第五条　货交收货人

货物到达目的地后，按照验货单载明的信息及时通知收货人。

乙方应当充分配合收货人，尽量满足收货人的合理卸货要求，不得与收货人发生争执。

第六条　运输费用及结算方式

运输费用的结算依据：按照托运人位置与送货人位置之间的路程计算，每吨运费为每公里××元。

结算方式：甲方预先支付总运输费用的 50%，货交收货人之后 3 天内付清剩余运输费用。

第七条　争议处理办法

合同履行过程中发生争议，可由双方协商解决，协商不成时，任何一方均可向原告所在地人民法院提起诉讼。

第八条　合同签署

本合同一式两份，甲乙双方各执一份。未尽事项由双方另行协商，并且签订补充合同。

甲方签字：

乙方签字：

2019 年××月××日

二、运输合同修改过程稿（代表托运人一方）

（一）关于合同主体

合同原稿	甲方：湖南省××县活水乡××村第××村民小组 乙方：怀化市××公司
审查意见	首先，主体表述不规范，主要是承运人没有按照营业执照上的表述填写，把“怀化市××运输有限公司”简称为“怀化市××公司”。 其次，主体信息不全。原稿仅仅约定了双方主体名称，而联系方式、承运人运输资质等都没有体现在合同文本上，无法判断承运人是否具备货物运输资质。如果没有运输资质，可能导致运输合同难以履行

修改示范	甲方：湖南省某某县××乡××村第××村民小组 **住所：××××** **负责人：×××** **联系人：×××** **开户银行：××××** **银行账号：××××** 乙方：怀化市××运输有限公司 **住所：××××** **法定代表人：×××** **开户银行：××××** **银行账号：××××** **统一社会信用代码：××××**

（二）关于第一条

合同原稿	第一条　承运货物 货物名称：金秋梨。 重量：××吨。 包装：纸箱包装，共500箱，每箱25千克
审查意见	运输对象信息不全，除了上述信息以外，货物的价值也应当表述，避免货物损毁时对赔偿金额进行举证
修改示范	第一条　承运货物 货物名称：金秋梨。 **货物属性：水果**。 **货物品质：优良**。 总重量：××吨。 包装：纸箱包装，共500箱，每箱25千克。 **单价：××人民币/千克**

（三）关于第二条

合同原稿	第二条　运输起止地点 货物起运地：湖南省××县。 货物到达地：南宁市城区
审查意见	“湖南省××县”不是一个具体的地址，需要纠正。“南宁市城区”范围稍微具体一些，但仍然可以再详细一些

修改示范	第二条　运输起止地点 货物起运地：*湖南省××县活水乡龙盘村第十村民小组。* 货物到达地：*南宁市××××路××号。* **收货人：×××**

（四）关于第三条

合同原稿	第三条　发单、接单与装货 甲方应当提前一天向乙方发出运输指令。 乙方应当及时派出驾驶人员及车辆到达装载起始地点。 装车时由双方共同进行验货，甲方按照验货情况出具验货单给乙方，验货单信息要填写完整
审查意见	货运发送单是双方发货与交货的重要凭据，应当在合同中明示，而原稿中没有
修改示范	第三条　发单、接单与装货 甲方应当提前一天以货运发送单形式向乙方发出运输指令，**货运发送单内容应当包括下列信息：** **运送货物名称；** **货物属性；** **货物重量；** **货物数量；** **货物价值；** **起运时间；** **运输方式与运输路线；** **起运地点；** **到达时间；** **目的地地址；** **收货人及其联系方式。** **乙方应当按照甲方货运发送单里载明的内容装载、清点承运货物，无误后双方签收**

（五）关于第五条

合同原稿	第五条　货交收货人 货物到达目的地后，应当按照验货单载明的信息及时通知收货人。 乙方应当充分配合收货人，尽量满足收货人的合理卸货要求，不得与收货人发生争执

审查意见	原稿约定不全，没有约定收货人不明或者拒收的救济途径，需要完善
修改示范	第五条 货交收货人 货物到达目的地后，应当按照验货单载明的信息及时通知收货人。 **因甲方交代不清或者运输通知单载明的信息不准确，无法找到目的地或者收货人的，乙方应当向托运人报告，并且根据托运人的指示处理。** **若收货人对货物提出异议，乙方应当及时向甲方报告收货人的异议内容，并且根据托运人的指示处理。** **乙方于货物送达后3天内将运输通知单交付甲方**

（六）关于第六条

合同原稿	第六条 运输费用及结算方式 运输费用的结算依据：按照托运人位置与送货人位置之间的路程计算，每吨运费为每公里××元。 结算方式：甲方预先支付总运输费用的50%，货交收货人之后3天内付清剩余运输费用
审查意见	综观整个合同，没有看到燃油费、过路费、过桥费、食宿费、保险费等这些费用的负担。这些费用是承运人承担，还是托运人承担，原稿没有明确
修改示范	第六条 运输费用及结算方式 *运输费用的结算依据：按照货物起运地点与目的地之间的路程计算，每吨运费为每公里××元。* 结算方式：甲方预先支付总运输费用的50%，货交收货人之后3天内付清剩余运输费用。 **甲方支付的运费包含了燃油费、人工费、过路费、过桥费、食宿费、保险费等**

（七）关于合同的整体问题

1. 缺少框架

○运输路线。

○违约责任。

合同没有约定违约责任，这是本合同的严重缺陷。应当补充。

2. 修改建议

合同增加两条，分别作为第7条与第8条，第7条标题为运输路线，第8条标题为违约责任。

第7条约定："本合同运输路线经通道、融水、柳州高速线路到达南宁。"

第8条约定："乙方未按照约定的时间将货物交付收货人的，每日向甲方支付本合同约定运费总额的××%的违约金。但因不可抗力原因除外。"

"货物在运输途中发生遗失或者毁损的，由乙方按照货运单约定的价格赔偿。但因不可抗力原因除外。"

"甲方未按照合同约定的期限支付运输费用的，每日向乙方支付逾期运费总额的××%的违约金。"

三、运输合同修改意见稿

运输合同（合同编号：20190929）
甲方：湖南省某某县××乡××村第××村民小组
住所：××
负责人：××
联系人：×××
开户银行：×××
银行账号：××××
乙方：怀化市××运输有限公司
住所：××
法定代表人：×××
开户银行：×××
银行账号：××××
统一社会信用代码：××××
第一条　承运货物
货物名称：金秋梨。
货物属性：水果。
货物品质：优良。
总重量：××吨。
包装：纸箱包装，共500箱，每箱25千克。
单价：××人民币/千克。
第二条　运输起止地点
货物起运地：*湖南省××县活水乡龙盘村第十村民小组。*
货物到达地：*南宁市××××路××号。*
收货人：×××。

第三条　发单、接单与装货

甲方应当提前一天以货运发送单形式向乙方发出运输指令，**货运发送单内容应当包括下列信息：**

运送货物名称；

货物属性；

货物重量；

货物数量；

货物价值；

起运时间；

运输方式与运输路线；

起运地点；

到达时间；

目的地地址；

收货人及其联系方式。

乙方应当按照甲方货运发送单里载明的内容装载、清点承运货物，无误后双方签收。

第四条　途中安全与合同变更

乙方根据运输货物的性质，妥善确定雨棚、摆放等防范措施，确保货物安全。

运输途中，甲方有权变更送货地点与收货人，也有权要求乙方将货物运回原地，因此增加的费用由甲方承担。

第五条　货交收货人

货物到达目的地后，应当按照验货单载明的信息及时通知收货人。

因甲方交代不清或者运输通知单载明的信息不准确，无法找到目的地或者收货人的，乙方应当向甲方报告，并且根据甲方的指示处理。

若收货人对货物提出异议，乙方应当及时向甲方报告收货人的异议内容，并且根据甲方的指示处理。

乙方于货物送达后3天内将运输通知单交付甲方。

第六条　运输费用及结算方式

运输费用的结算依据：按照货物起运地点与目的地之间的路程计算，每吨运费为每公里××元。

结算方式：甲方预先支付总运输费用的50%，货交收货人之后3天内付清剩余运输费用。

甲方支付的运费包含了燃油费、人工费、过路费、过桥费、食宿费、保险费等。

第七条　运输路线

本合同运输路线经通道、融水、柳州高速线路到达南宁。

第八条　违约责任

乙方未按照约定的时间将货物交付收货人的，每日向甲方支付本合同约定运费总额的××%的违约金。但因不可抗力原因除外。

货物在运输途中发生遗失或者毁损的，由乙方按照货运单约定的价格赔偿。但因

不可抗力原因除外。

甲方未按照合同约定的期限支付运输费用的，每日向乙方支付逾期运费总额的××%的违约金。

第九条　争议处理办法

合同履行过程中发生争议，可由双方协商解决，协商不成时，任何一方均可向原告所在地人民法院提起诉讼。

第十条　合同签署

本合同一式两份，甲乙双方各执一份。未尽事项由双方另行协商，并且签订补充合同。

甲方签字：

乙方签字：

2019年××月××日